小学科学实验教学研究

主编 — 盖立春 杨玉 张宣

副主编 — 刘晓超 庞丽娟 陈放

高等院校小学教育专业方向课精品教材

XIAOXUE KEXUE
SHIYAN JIAOXUE
YANJIU

U0646190

北京师范大学出版集团
BEIJING NORMAL UNIVERSITY PUBLISHING GROUP
北京师范大学出版社

图书在版编目(CIP)数据

小学科学实验教学研究/盖立春,杨玉,张宣主编. 一北京:北京师范大学出版社,2025.3

高等院校小学教育专业方向课精品教材

ISBN 978-7-303-29606-4

Ⅰ.①小… Ⅱ.①盖… ②杨…③张… Ⅲ.①科学实验－教学研究－小学－高等学校－教材 Ⅳ.①G623.62

中国国家版本馆 CIP 数据核字(2023)第 224075 号

XIAOXUE KEXUE SHIYAN JIAOXUE YANJIU

出版发行:北京师范大学出版社 https://www.bnupg.com

北京市西城区新街口外大街 12-3 号

邮政编码:100088

印　　刷:北京溢漾印刷有限公司

经　　销:全国新华书店

开　　本:787 mm×1092 mm　1/16

印　　张:21

字　　数:415 千字

版　　次:2025 年 3 月第 1 版

印　　次:2025 年 3 月第 1 次印刷

定　　价:52.00 元

策划编辑:王建虹　　　　　　责任编辑:梁民华

美术编辑:李向昕　　　　　　装帧设计:李向昕

责任校对:陈　荟　　　　　　责任印制:赵　龙

本书编委会

总　序

当前，我国全面进入高质量教育体系建设新时代。如何培养造就一大批中小学卓越教师，是我国教师教育发展面临的重大课题。其中，卓越小学全科教师的培养更是重中之重。2018年，《教育部关于实施卓越教师培养计划2.0的意见》明确提出了"面向培养素养全面、专长发展的卓越小学教师，重点探索借鉴国际小学全科教师培养经验、继承我国养成教育传统的培养模式"的任务，指明了卓越小学教师培养改革的基本方向。

卓越小学全科教师的培养是一项系统工程，需要从目标、课程、教学、管理和评价等各方面开展改革探索。在明确了卓越小学全科教师培养规格的基础上，如何架构科学合理的课程体系？如何编写出高质量的小学教育专业教材？这是至关重要的问题。编写高质量的小学教育专业教材，需要努力处理好三重关系：一是理论学习与实践操作之间的关系；二是学习兴趣和学习效果之间的关系；三是知识储备与教学胜任力之间的关系。基于这种认识，河北师范大学和北京师范大学出版社组织众多高校、科研院所的专家学者和小学一线名师编写了一套"高等师范院校小学教育专业课程教材系列丛书"。整体来看，这套丛书具有以下几个特点。

一是编写人员构成具有广泛代表性。这套丛书的编写者有的来自高等院校，有的来自教研部门，有的来自小学一线；在编写过程中，理论专家与实践名家携手共进、优势互补、协同创新。这种编写团队的优化组合，使得整套教材既有理论品格，又具实用价值，较好地解决了教材中常见的理论与实践脱节的问题。

二是教材内容生动直观。这套教材以实际案例引出章节内容，将学习者带入真实情境中；正文部分引入大量一线教师生动而鲜活的教学案例，并围绕教学案例进行教学设计说明和案例分析；在阐述理论知识的同时，直观呈现实际教学操作思路和程序、教学策略与方法运用。这对于增强学习者学习兴趣、提升学习效果具有重要意义。

三是教材体系完整，覆盖学科全面。从小学全科教师培养的实际需求出发，编写团队编写了覆盖小学语文、数学、英语、科学、美术各学科的"课程标准解读和教材分析"教材和"教学设计和案例分析"教材，形成了较完整的关于课程标准解读与教学设计

2

的教材系统。

　　这套教材是理论专家和一线教师共同探索建构卓越小学全科教师培养内容体系的新起点和新成果。我们期待更多的教育同仁携起手来，围绕小学教育专业教材进行理论探讨与实践研究，为小学全科教师的培养贡献力量。

王本陆

2022 年 1 月 6 日于北京师范大学

前　言

　　"小学科学实验教学研究"是高等师范院校小学教育专业本科师范生的一门必修课。开设这门课的目的是引导本科师范生树立现代小学科学实验教学理念，熟悉小学科学实验内容体系，提高小学科学实验基本操作技能和教学技能，了解小学生的知识基础和认知能力，把握小学科学实验的教学原则和教学方法，运用多种方式对小学生的科学实验学习情况进行诊断和评价。为了达到此目的，我们编写了本套教材。本套教材具有体系完整、内容翔实和便教易学等特点。

　　本书编写分工如下：第一章"小学科学实验基础理论"由河北师范大学初等教育系盖立春、东北师范大学化学教育研究所李艳梅和南京师范大学教师教育学院任红艳共同编写；第十四章"小学科学实验室建设与管理"由河北师范大学初等教育系盖立春、重庆师范大学化学学院孙佳林和通化师范学院化学学院付立海共同编写；第二章"小学科学实验基本技能"，第五章"力学实验"，第十三章"技术与工程领域实验教学案例"以及第六章"声、光、热、电、磁实验"中的实验1"声音的产生"、实验2"声音的传播"和实验3"不同的声音"由河北师范大学初等教育系张宣和唐山师范学院教育学院刘小双共同编写；第三章"固体物质的性质实验"，第十章"物质科学领域实验教学案例"，第六章"声、光、热、电、磁实验"中的实验4"光的传播"、实验5"七色光实验"以及第九章"技术与工程领域实验"中的实验2"再生纸"由河北师范大学初等教育系杨玉和邢台学院教师教育学院乔建生共同编写；第六章"声、光、热、电、磁实验"中的实验6"热胀冷缩"、实验7"热传递"，第七章"生命科学领域实验"中的实验8"制作肺模型"以及第九章"技术与工程领域实验"中的实验4"杠杆"、实验5"滑轮"、实验6"斜面"、实验7"齿轮"、实验8"轮轴"和实验9"制作小吊车"由河北师范大学附属实验中学刘晓超编写；第十一章"生命科学领域实验教学案例"由天津师范大学教育学部庞丽娟编写；第十二章"地球与宇宙科学领域实验教学案例"由重庆师范大学初等教育学院陈放编写；第四章"水和空气的性质实验"，第七章"生命科学领域实验"中的实验1"观察金鱼"、实验2"观察蚂蚁"和实验3"观察蚯蚓"由河北师范大学附属实验中学李冬晓和邢台学院初等教育学院王金淑共同编写；第六章"声、光、热、电、磁实验"中的实验8"导体和绝缘体"、实验9"电路实验"、实验10"磁铁实验"、实验11"制作电磁铁"，第八章"地球与宇宙科学领域实验"中的实验1"观察土壤"、实验2"渗水比赛"、实验3"制作地球内部构造模型"、实验4"自制钟乳石"以及第九章"技术与工程领域实验"中的实验1"拧螺丝"由河北师范大学附属实验中学刘华飞和河北民族师范学院化学与化工学院佛丽共同编写；第七章"生命科学领域实验"中的实验 4"小草和大树"、实验 5"用显微镜观察洋葱表皮细胞"、实验 6"种子的萌发"、实验 7"制作生态瓶"，第八章"地球与宇宙科学领域实验"中的实验 5"温度对岩石的影响"、实验 6"四季的形成"、实验 7"月相"、实验 8"模拟火山喷发"，第九章"技术与工程领域实验"中的实验 3"制作太阳钟"由石家庄市栾城区宏远路小学付静文编写。河北省教育技术中心副主任陈京、石家庄市桥西区教育局教研室副主任梁忠辉、保定市高阳县教育和体育局宋博阳就小学科学实验室建设与管理提供了宝贵的参考资料。全书由盖立春、张宣和杨玉统稿，由天津师范大学教育学部靳莹主审。

  本书出版得到了北京师范大学出版集团，特别是王剑虹编辑的鼎力支持，在此深表谢意。

  本书在编写过程中，引用了大量的参考文献并一一做了标注。本书观点可能存在不足之处，请专家和学者们不吝指正。

盖立春

目　录

🔍 章结构图

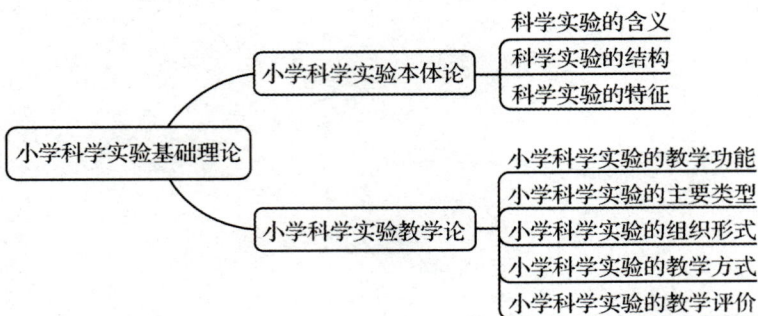

本章概述

科学实验是自然科学产生和发展的基础，是检验科学知识合理性的标准，是科学教学中学生获取科学知识、掌握实验技能、养成科学思维方式并最终发展科学素养的重要媒介和手段。科学实验对于自然科学发展和学生科学素养提升具有重要意义。要想成为一名合格的小学科学教师，不仅要掌握小学科学实验本体论的有关知识，还要掌握小学科学实验教学论的有关知识。本章主要针对小学科学实验本体论和教学论进行论述。

☕ 问题情境

一名小学科学教师的困惑：小学科学实验的基础是什么？

张老师是一名小学科学教师。最近他发现自己虽然有很多教学经验，也知道如何让学生学习小学科学，有一定的教学实践能力，但是对小学科学理论的认识不够。比如，他对小学科学实验的含义、结构和特征的理解比较模糊，对小学科学实验的教学论知识也不是很了解。

张老师面临的问题其实是很多小学科学教师面临的共同问题。小学科学教师不仅要提升自己的实践能力，而且要丰富自己的理论知识。那么，小学科学教师应该了解哪些有关小学科学实验的理论呢？什么是小学科学实验？可以从哪几个方面对小学科学实验进行界定？小学科学实验包括哪些部分和环节？小学科学实验有什么特征？小学科学实验有什么教学功能？小学科学实验有哪些类型？如何组织小学科学实验，有哪些教学方式？这些问题是小学科学教师在课堂上经常遇到的。下面，我们带着这些问题来学习小学科学实验本体论和教学论。

第一节
小学科学实验本体论

一、科学实验的含义

科学实验的含义具有多维性。在不同领域，科学实验具有不同含义。对自然科学而言，我们可以从科学认识和教学认识这两个领域来理解科学实验的含义。

(一)科学实验作为一种科学认识活动

科学认识是指科学家为了认识人类未知的自然现象和规律而进行的一种科研活动。在科学认识活动中，科学家经常通过控制或模拟自然现象来获得新知识。这种控制或模拟活动便是科学实验。科学认识活动中的科学实验一般发生在科研实验室，科学家往往使用高精尖的仪器和设备，实验周期较长。

(二)科学实验作为一种教学认识活动

教学认识是指为了继承人类已知的科学知识而进行的一种教学活动。在教学认识活动中，学生也会通过控制或模拟自然现象来获取知识，这种控制或模拟活动也是科学实验。教学认识活动中的科学实验一般发生在教学实验室，学生一般使用较为简单的仪器和设备，实验周期较短。

二、科学实验的结构

所谓系统是指具有特定功能的、相互间具有有机联系的许多要素构成的一个整体。① 科学实验也是一个系统。从静态角度看，科学实验主要由实验主体、实验手段和实验对象三部分构成。从动态角度看，科学实验主要由实验准备、实验实施和实验结果三个环节组成。

---

① 霍绍周：《系统论》，24 页，北京，科学技术文献出版社，1988。

（一）科学实验的静态结构

1.实验主体

马克思主义认识论认为，主体是指有实践能力和认识能力并从事社会实践活动和认识活动的个人和社会集团。[①] 科学实验的主体不仅需要具备一定的科学知识和问题解决能力，而且需要具备坚韧不拔的科学精神和实事求是的科学态度。在科学认识领域，实验主体是科学家；在教学认识领域，实验主体是学生。

2.实验手段

实验手段是指由实验仪器、装置、工具和设备等组成的，为使实验主体变革和控制实验对象而使用的实在物体的总和。[②] 实验手段的本质是实验主体感觉器官的延长（如电子显微镜是人眼向微观方向的延长），是联系实验主体和实验对象的媒介。

3.实验对象

实验对象是指在实验过程中被实验主体变革的物质对象。世界上的物质有很多，并不是所有的物质都是实验对象，只有和实验主体建立认识关系的物质才能成为实验对象。

（二）科学实验的动态结构

1.实验准备阶段

在实验准备阶段，提出实验问题和设计实验方案是两项重要工作。

（1）提出实验问题

实验问题是指在某个给定的科学实验中实验主体的当前状态与目标状态之间的差距。当前状态是指实验主体当前已知的科学知识，目标状态是指实验主体当前未知但正准备去探索的新科学知识。实验问题是联系已知和未知的桥梁。实验主体正是通过提出和解决一个又一个实验问题增长科学知识的。

（2）设计实验方案

设计实验方案是指实验主体在实验之前，运用已有的科学知识，根据实验目的，对实验装置和实验步骤所做的规划。设计实验方案在科学研究和科学教学中具有极其重要的作用。实验方案设计得好坏直接关系到实验的成功或者失败。

设计实验方案主要包括以下几个方面：设计实验目标，设计实验原理，设计实验仪器、设备和装置，设计实验步骤和实验方法，设计实验现象记录表，设计实验结果处理方法等。

---

① 梁慧姝、郑长龙：《化学实验论》，32页，南宁，广西教育出版社，1996。
② 梁慧姝、郑长龙：《化学实验论》，49页，南宁，广西教育出版社，1996。

　　设计实验方案的原则主要包括以下几个。一是科学性原则。科学性原则是实验设计的首要原则。科学性是指实验原理、实验操作步骤和实验方法等必须与已知的科学理论知识和实验知识相一致。二是可行性原则。可行性是指实验原理在实施时切实可行，所选用的实验仪器、设备、工具、药品、环境等的要求能够在现有条件下得到满足。三是安全性原则。安全性是指在设计实验时，应尽量避免选用有毒、易燃易爆的物品，尽量避免具有一定危险性的实验操作。如果必须使用，需要在实验方案中添加注意事项，注明安全的、详细的操作步骤和方法。四是简约性原则。简约性是指实验设计应尽可能采用简单的实验装置，运用尽可能少的实验步骤，在尽可能短的时间内完成。

　　同一个实验可以有多种实验方案。究竟哪种方案好，这就涉及实验方案的优选标准。一般来说，实验方案的优选要遵循以下标准：一是效果明显，这是选择实验方案的首要标准；二是操作安全；三是装置简单；四是步骤少，时间短。

　　2. 实验实施阶段

　　在实验实施阶段，控制实验条件和观察记录实验现象是两项重要工作。科学实验和科学观察较大的不同就是科学实验需要控制条件，而科学观察不需要控制条件。

　　(1)控制实验条件

　　任何一项科学实验都必须在一定条件下进行，不存在不需要任何条件的科学实验。例如，在空气中点燃木炭，木炭就会燃烧。点燃就是木炭在空气中燃烧的实验条件。实验条件不同，物质的状态、性质和变化就不同。例如，在通常情况下，水在0℃以下就会结冰，在100℃就会沸腾。温度就是水的状态发生变化的条件。我们可以看出，实验条件是指同特定实验对象相联系，并对其状态、性质和变化发生影响的诸因素的总和。[①] 实验条件是物质发生变化的外因，要通过物质的本质属性或内部结构发生作用。例如，木炭在氧气充足的条件下燃烧就会生成二氧化碳，在氧气不充足的条件下燃烧就会生成一氧化碳，这是由实验条件决定的；而只要是木炭，在氧气中燃烧就只能生成一氧化碳或二氧化碳，不能生成其他物质，这是由物质的本质属性决定的。

　　既然实验条件如此重要，就需要控制实验条件，从而使物质保持某种状态或者发生某种变化。控制实验条件，就是通过改变实验条件，运用各种不同的实验比较法，来探寻最佳实验条件的一种科学的操作方法和思考方法。[②] 对实验条件的控制是科学实验的灵魂。实验条件控制得好，可能获得重大发现；实验条件控制得不好，可能导致实验失败甚至得出错误的实验结论。实验条件的类型主要有实验药品、实验仪器和装置以及实验操作三类。实验条件的控制方式主要有单因素控制和多因素控制两种。实

① 梁慧姝、郑长龙：《化学实验论》，120页，南宁，广西教育出版社，1996。
② 梁慧姝、郑长龙：《化学实验论》，121页，南宁，广西教育出版社，1996。

验条件的控制方法主要有全面比较法、优选法、简单比较法以及综合比较法(正交实验法)等。

（2）观察、记录实验现象

科学观察是指人们有目的、有计划地通过感觉器官或者科学仪器对观察对象进行感知的一种科学方法。根据是否对观察对象进行人为控制，科学观察可以分为自然观察和实验观察。自然观察不对观察对象进行人为控制，实验观察需要对观察对象进行人为控制。科学观察大多是实验观察。

实验观察在科学认识中具有重要作用。首先，实验观察是提出科学问题的重要途径；其次，实验观察是获得实验事实的基本方法；最后，实验观察是验证科学假设和科学理论的直接手段。

实验观察的原则主要有目的性原则、客观性原则、全面性原则和辩证性原则。目的性原则是指进行实验观察要有明确的观察目的。例如，在"研究金属的性质"这一实验中，实验操作有三步：第一步是选择金属棒（铜棒、铁棒、铝棒），然后用砂纸打磨金属棒表面，除去金属锈，目的是让学生观察金属有光泽；第二步是把铝棒、塑料棒、木筷放进热水中，几分钟后摸一摸三者，感觉一下有什么不同，目的是让学生观察金属的导热性；第三步是用铁锤敲打铜丝、铁丝、铝丝，目的是让学生观察金属的延展性。客观性原则是指在实验观察中，观察到了什么，就如实地反映什么。全面性原则是指在实验观察中尽可能地运用多种感觉（视觉、触觉、嗅觉、听觉等），从多个方面（实验对象、实验装置、实验过程和实验结果等）进行观察。辩证性原则是指既要观察实验本身，又要注意观察实验环境和实验条件。这是因为在不同的实验环境和条件中，实验过程、实验现象和实验结果都会有所不同。

实验现象记录是指在实验观察的过程中，运用文字、图表等方式，及时准确地记录实验现象。实验现象的记录原则如下：一是实事求是原则，观察到了什么，就如实地记录什么，不能篡改或凭空捏造数据；二是完整周密原则，要尽可能完整周密地记录实验数据；三是翔实有序原则，按照实验过程的先后顺序，依次详细地记录数据，不能只记录主要的或者明显的实验现象，而忽略次要的和不突出的实验现象。做好实验记录还要注意以下几点：一是要有专门的实验记录本；二是要尽可能在实验之前设计好实验记录表格；三是不允许用铅笔做实验记录；四是实验记录完成后，要注意核对数值和单位；五是实验记录的字体应工整，容易辨认。

3. 实验结果阶段

实验结果处理是科学实验的最后一个阶段，主要有三种形式。第一种是科学用语化。经过长期的发展，每一门学科都有自己的科学术语。科学用语就是尽可能利用科学术语来准确、规范地表述实验结果。第二种是表格化。用事先设计好的表格，对实验结果进行系统、简明的处理，更容易显示实验数据所隐含的规律。第三种是线图化。

利用折线图或者其他图形对实验结果进行系统、简明的处理，一般适用于一个量的变化引起另一个量的变化的情况。

三、科学实验的特征

(一)科学实验能排除次要因素和偶然因素的干扰，揭示主要因素和本质规律

科学实验的对象具有复杂性。这种复杂性表现在：不仅科学实验的对象与外部环境之间具有复杂的联系，而且科学实验的对象内部也存在复杂的联系。这些复杂的联系很有可能把科学实验的对象的本质属性掩盖起来。通过科学实验，可以排除次要因素和偶然因素的影响，找出主要因素和必然因素。例如，在"探究摩擦力大小与什么因素有关"这个实验中，主要实验内容有两项。一是木块先后放在光滑的和粗糙的木板上，用测力计慢慢地拉动。观察发现：在光滑的木板上拉动木块，用的力比较小；在粗糙的木板上拉动木块，用的力比较大。这说明摩擦力的大小与光滑程度有关。二是将木块放在光滑的木板上，在木块上先后放一个和三个砝码，用测力计慢慢拉动木块。观察发现：放一个砝码时，用的力比较小；放三个砝码时，用的力比较大。这说明摩擦力的大小与物体的轻重有关。通过这个实验，可以找出光滑程度和物体轻重这两个主要影响因素。实际上，影响摩擦力大小的因素是多方面的，物体的材质、形状、干燥程度等因素都会影响摩擦力的大小。马克思曾经指出：物理学家是在自然过程表现得最确实、最少受干扰的地方观察自然过程的，或者，如有可能，是在保证过程以其纯粹形态进行的条件下从事实验的。[①]　实际上，不仅仅是物理学家，所有的科学家都是如此。

(二)科学实验能揭示极端条件下物质运动的规律性

在通常条件下，物质的某些性质不能显示出来，但是通过科学实验，创造高温、深冷、高压、真空等特殊条件，物质的一些性质就会显示出来。例如，石墨在高温高压等条件下，可以转变为金刚石；在超低温条件下，某些物质就会失去电阻，变成超导体；在真空条件下，放在牛顿管里的羽毛和金属球可以以同样的速度下落。

(三)科学实验比较经济

科学认识是一个复杂曲折、长期反复的过程，往往在遭到多次挫折和失败后才能成功。在科学认识的过程中，科学实验具有规模小、周期短和花钱少的特点，即使实

---

① 《马克思恩格斯选集》(第二卷)，82 页，北京，人民出版社，2012。

验失败了，损失也不大。只有在科学实验室里，经过反复探索取得成功后，才能大规模投入生产。因此，科学实验可以超越生产实践，走在生产实践的前面，直接为生产实践提供可靠的路径、方法和经验。例如，20 世纪初期，很多化学家从事合成氨的工艺理论和实验研究，结果发现在高温高压、使用催化剂的条件下，可以促进化学反应。

（四）科学实验可以重复进行，具有可靠性

自然界中存在的物质往往受到多种因素的影响，具有复杂性。因此自然界中物质的存在、结构、性质和变化都是多种因素综合作用的结果。通过科学实验，能排除次要因素和偶然因素的干扰，而且科学实验能重复进行，这样能得到可靠的实验数据。

第二节
小学科学实验教学论

通过第一节，我们学习了小学科学实验的含义、结构和特征，这些都属于科学实验本体论的有关内容。第二节我们学习小学科学实验教学论的有关内容，具体来说，包括科学实验的教学功能、主要类型、组织形式、教学方式和教学评价。

一、小学科学实验的教学功能

（一）激发科学兴趣

兴趣是最好的老师。小学生通过参与科学实验，可以激发好奇心，满足求知欲；如果能通过科学实验解决问题，就可以获得成功的喜悦，增强学习动力。例如，在"再生纸"实验中，通过打碎、去色和制浆等过程，废纸可以变为再生纸；在"水的净化"实验中，含有泥沙的天然水经过过滤可以变为净化水。这些实验都可以激发学生的科学兴趣。

（二）训练实验技能

科学实验包含多种实验技能。例如，"固体的溶解和分离"实验包含固体质量和液体体积的称量，高锰酸钾、食盐等物质的溶解，溶液的过滤。学生通过做实验，可以训练观察、记录实验现象的实验技能。

（三）获取科学知识

通过科学实验，学生可以获取科学知识，包括事实性知识、理论性知识和程序性知识。例如，在"蜡烛燃烧的变化"实验中，学生通过观察蜡烛的颜色、形状、状态、硬度、气味，认识蜡烛的主要特点，即事实性知识。学生通过点燃蜡烛，用夹子夹住蒸发皿在火焰上烧一段时间，观察蒸发皿的变化，待蒸发皿冷却后用手擦拭蒸发皿，发现蒸发皿上有黑色物质，说明蜡烛燃烧生成了新物质；将一个干燥的烧杯倒斜着罩在蜡烛的火焰上方，烧杯内壁会出现水滴，说明蜡烛燃烧有水生成；在烧杯内壁涂满澄清石灰水，把烧杯放在蜡烛火焰的上方，缓慢转动烧杯，烧杯内壁澄清的石灰水会变混浊，说明蜡烛燃烧生成二氧化碳。这些都是有关蜡烛燃烧的理论性知识。在点燃酒精灯时，要先检查酒精和灯芯再点燃，使用完毕后要用灯帽盖灭酒精灯，盖灭后再重复一次，以避免之后使用时灯帽打不开。这些都属于程序性知识。

（四）发展科学观念

科学观念是指对科学的看法。科学观念三要包括科学探究观和科学本质观。科学探究是指科学家运用科学方法，经过一定程序，形成科学知识的过程。科学探究观是指对科学探究的看法。常见的科学探究观主要有以下几个方面：第一，科学探究始于问题；第二，科学探究没有单一的步骤和方法；第三，科学探究的问题指引科学探究的过程；第四，科学家通过相同的科学探究过程不一定得出相同的结论；第五，科学探究的过程会影响科学探究的结果；第六，科学探究的结论必须与收集的数据一致；第七，科学数据与科学证据不同；第八，科学解释是根据收集的数据和已有知识共同得出的。科学本质观是指科学知识的特征。常见的科学本质观主要有以下几个方面：第一，科学知识具有暂时性；第二，科学知识具有创造性；第三，科学观察和科学推理不同；第四，科学知识具有主观性；第五，科学理论和科学定律不同；第六，科学根植于社会和文化；第七，科学知识具有实证性。

（五）养成科学精神

科学知识的产生和发展是以科学实验为基础的。学生通过参与科学实验可以培养科学精神。习近平《在科学家座谈会上的讲话》（2020年9月11日）中指出："科学成就离不开精神支撑。科学家精神是科技工作者在长期科学实践中积累的宝贵精神财富。新中国成立以来，广大科技工作者在祖国大地上树立起一座座科技创新的丰碑，也铸就了独特的精神气质。"2019年，《关于进一步弘扬科学家精神加强作风和学风建设的意见》要求，大力弘扬胸怀祖国、服务人民的爱国精神，勇攀高峰、敢为人先的创新精神，追求真理、严谨治学的求实精神，淡泊名利、潜心研究的奉献精神，集智攻关、团结协作的协同精神，甘为人梯、奖掖后学的育人精神。广大科技工作者要肩负起历史赋予的科技创新重任。

二、小学科学实验的主要类型

小学科学实验的内容有很多，我们可以分门别类地进行学习和研究。

(一)根据内容和作用，小学科学实验可以分为以下几种类型

1. 科学实验基本操作

科学实验基本操作是开展科学实验的基础。在小学阶段，科学实验的基本操作主要有：用刻度尺测量长度，用量筒测量体积，用天平测量质量，用温度计测量温度，用时钟和秒表测量时间；过滤器的制作，物质的溶解；酒精灯的使用，铁架台的组装，药品的取用，蒸馏装置的组装，三棱镜的使用，磁铁的使用，电磁铁的制作，放大镜的使用，显微镜的使用，培养皿的使用，滑轮的使用，齿轮的使用，轮轴的使用；等等。

2. 物质的性质实验

物质的性质实验是小学科学实验的重要组成部分，对于学生了解物质的存在、结构和变化具有重要作用。例如，研究金属的性质、固体的溶解和分离、蜡烛燃烧的变化、水的性质、化冰实验、雨的形成、风的形成、咸水变淡水等。

3. 揭示基本概念和基础理论的实验

科学概念和科学理论是科学知识的重要内容。小学阶段的科学概念和科学理论虽然比较浅显，但也要通过科学实验来获得。例如，可以通过"蜡烛燃烧"实验帮助学生形成物质的变化可以分为没有新物质生成的变化(物理变化)和有新物质生成的变化(化学变化)这两个科学概念。在蜡烛燃烧实验中，点燃蜡烛之前，蜡烛是固态；点燃之后，蜡烛是液态；熄灭之后，蜡烛又变为固态。蜡烛的变化仅仅是状态的变化，没有新物质生成。蜡烛在燃烧过程中会生成二氧化碳和水，这种变化有新物质生成。综合上述两种情况，可以得出结论：蜡烛燃烧时，同时发生了两种变化，即一种有新物质生成，另一种没有新物质生成。

(二)定性实验和定量实验

1. 定性实验

定性实验是判断实验对象具有哪些性质，并判断物质的成分、结构或鉴别某种因素是否存在以及某些因素之间是否具有某种关系的一种实验方法。[①] 一般来说，定性实

---

① 吴浩：《定性实验与定量实验的区别及应用》，载《中学生物学》，2008，24(12)。

验要解决的是"有或无""是与否"的问题。例如，观察不同物质在一定量水中的溶解情况，知道是否搅拌和温度高低是影响物质在水中溶液快慢的常见因素。

2. 定量实验

定量实验是研究对象的性质、组成和影响因素之间的数量关系。[①] 例如，在化冰实验中，将冰块砸碎后放入烧杯，用温度计测量初始温度。将烧杯放在陶土网上，使温度计的液泡浸到液面以下，点燃酒精灯开始加热，用秒表开始计时，每隔两分钟观测一次冰屑、温度计的变化情况，并记录下来。当冰完全化成水时，记录下时间和温度计的示数。认真观察可以发现，当水开始沸腾时，有小气泡往水面冒，到达水面时破裂。记录水开始沸腾的时间和温度，最后得出冰融化成水的温度和水沸腾的温度。

三、小学科学实验的组织形式

根据组织形式，小学科学实验可以分为演示实验、边讲边实验和学生实验。

(一)演示实验

演示实验是教师在课堂上进行示范操作和讲解，并指导学生进行观察和思考的一种实验组织形式。在演示实验中，教师首先要明确实验目的，这样才能突出重点，有的放矢；其次要注意操作规范，讲解清晰；最后要保证演示实验安全可靠，现象明显，所用时间较短。在演示的过程中，教师要引导学生注意观察并进行思考。

(二)边讲边实验

边讲边实验又称随堂实验、并进实验，是一种在课堂教学中教师讲解与学生动手操作相结合的实验组织形式。通过这种实验组织形式，学生既可以获取知识，又可以发展实验能力。教师要想把边讲边实验组织好，关键是自己讲解和学生实验协调一致。为了保证实验成功，教师在课前要预做实验，对于实验成功的关键要做到心中有数，并且采取有效措施，保证实验成功。

(三)学生实验

学生实验一般是指学生在教师的组织和指导下，到实验室进行的实验，一般采取分组的形式进行，因此又称分组实验。学生实验是发展实验能力的重要途径。学生实验的一般要求如下。首先，教师要和实验员协调，做好实验前的准备工作。实验员要

---

① 吴浩：《定性实验与定量实验的区别及应用》，载《中学生物学》，2008，24(12)。

准备好实验所要用到的实验仪器和药品，任课教师要做好实验方案的设计。其次，任课教师要组织学生做好实验预习，按照要求撰写实验预习报告。最后，当学生来到实验室后，教师要做好组织和指导工作。一般程序如下：一是做好实验室安全教育，让学生了解实验室守则和实验操作规范；二是做好学生实验预习报告的检查工作；三是结合学生的预习，讲解实验流程，强调实验成功的关键和需要注意的事项；四是在实验过程中，任课教师要做好巡回指导，及时发现并解决问题；五是在实验结束后，教师要做好实验总结，并要求学生完成实验报告。

四、小学科学实验的教学方式

根据教学方式，小学科学实验可以分为探究性实验和验证性实验。

(一)探究性实验

探究性实验是指为寻找问题的答案而设计并实施的科学实验。探究性实验最大的特点就是有问题而无答案，因此，探究性实验是实验在先、结论在后。例如，为了解决"西瓜虫有耳朵吗"这个问题，我们就可以设计并实施探究性实验。

(二)验证性实验

验证性实验是指为了证明或者证伪一个结论而设计并实施的科学实验。验证性实验最大的特点就是有结论但是缺乏证据，因此，验证性实验是结论在先、实验在后。例如，为了解决"如何证明西瓜虫有耳朵"这个问题，我们就可以设计并实施验证性实验。

五、小学科学实验的教学评价

(一)小学科学实验的趣味化

保护小学生的好奇心和求知欲是小学科学实验教学的重要理念。增强小学科学实验的趣味性是小学科学实验教学评价的重要理念。所谓趣味化，就是小学科学实验的设计和实施要注重激发学生的实验兴趣。例如，阻碍物体相对运动（或相对运动趋势）的力叫作摩擦力。为了验证摩擦力的存在，可以使用多种实验方法，如演示"筷子提米"实验，可以大大增加实验的趣味性。这个实验的方法如下：在玻璃杯里装上大半杯大米，把一根筷子插在中间，将米压紧，使筷子直立，再继续往里加少许水，等一会儿，拿起筷子就可以把装米的玻璃杯提起来。

（二）小学科学实验的生活化

充分考虑小学生的年龄特点和认知规律是小学科学实验教学的重要理念。由于小学生的生活经验和知识基础都不够丰富，因此小学科学实验教学要尽量贴近小学生的生活实际。所谓生活化，就是小学科学实验的设计与实施要尽量选择小学生日常生活中常见的物质、仪器和小学生能够掌握的方法。例如，在"研究金属的性质"实验中，所使用的材料有：实验记录单，玻璃棒，丝状、棒状、片状、块状的铜、铁、铝，热水，烧杯，砂纸，铁锤，铁毡，天平，塑料棒，木筷等。采用的实验方法为：一是用砂纸打磨铜棒、铁棒、铝棒的表面，目的是让学生知道金属会生锈；二是把铝棒、塑料棒、木筷放进热水里，几分钟后摸一摸三者，感觉一下有什么不同，目的是让学生观察金属具有导热性；三是用铁锤敲打金属铜丝、铁丝、铝丝并记录实验现象，目的是让学生知道金属具有延展性；四是用铜片、铁片、铝片相互刻划，目的是让学生比较其硬度；五是取体积相同的铜块、铁块、铝块，分别用天平称其质量，目的是让学生比较其密度。

（三）小学科学实验的绿色化

由于小学生的自我保护意识和环境保护意识都不强，因此倡导小学科学实验的绿色化势在必行。所谓绿色化，就是小学科学实验应尽量使用无毒无害的安全环保实验用品，在实验过程中不产生或者尽量少产生有毒有害的废液、废气和废渣。例如，在"研究固体的溶解和分离"实验中，所使用的固体为食盐，而不能使用重金属盐；在"研究金属的性质"实验中，可以使用铁、铜和铝等金属，而不能使用铅。

（四）小学科学实验的探究化

倡导探究式学习是小学科学实验教学的重要理念。所谓探究化，就是小学科学实验教学应尽量按照探究的方式进行设计和实施，让小学生亲身体验探究过程。例如，在"影响蒸发快慢的因素"实验中，首先提出问题"影响蒸发快慢的因素有哪些"，接着做了三个实验。第一个实验是在两块玻璃片上分别滴上一滴水，把 1 号玻璃片放置在教室窗台阳光照射不到的地方（温度较低），把 2 号玻璃片放置在教室窗台阳光能照射到的地方（温度较高），每隔 30 分钟，观察记录两块玻璃片上水的蒸发情况。结果发现：温度高，水蒸发快；温度低，水蒸发慢。第二个实验是在两块玻璃片上分别滴上一滴水，把两块玻璃片放在桌面上，中间固定一个硬纸板，用小电风扇给 1 号玻璃片吹风，每隔 30 分钟，观察记录两块玻璃片上水的蒸发情况。结果发现：有风吹，水蒸发快；无风吹，水蒸发慢。第三个实验是在两块玻璃片上分别滴上一滴水，用玻璃棒将 1 号玻璃片上的水抹开，将两块玻璃片放在阳光照射到的窗台上，每隔 30 分钟，观察记录两块玻璃片上水的蒸发情况。结果发现：水的表面积大，蒸发快；表面积小，蒸发慢。总结起来，影响蒸发快慢的因素有三个，即液体温度的高低、液面上空气流动的快慢，以及液体与空气接触的表面积大小。液体温度越高、液体表面空气流动越快、液体与空气接触的表面积越大，液体蒸发得越快。

本章小结

本章主要讨论了三个问题。

第一个问题是什么是科学实验，即科学实验的含义。科学实验需要从科学认识和教学认识两个领域去理解。科学实验既是一种科学认识活动，也是一种教学认识活动。

第二个问题是从小学科学实验本体论的角度认识科学实验，介绍了科学实验的结构和相关特征。

第三个问题是从小学科学实验教学论的角度认识科学实验，分别介绍了科学实验的教学功能、主要类型、组织形式、教学方式和教学评价。

关键术语

科学实验；科学实验教学

拓展阅读

1. 王强，孙铭明，郑萍，等．科学实验——教学·研究·学习·方法[M]．北京：科学出版社，2013.

该书首次提出"科学实验课程"的概念，把科学实验从科学教学论中提取出来，将"科学实验"中的"教学与研究""课程与学习""方法与技能"等要点贯穿全书并相互融合，内容涉及物理、化学、生物、地理、天文、环境等学科知识及案例，为科学实验研究提供了广阔的空间和丰富的素材。

2. 李营．疯狂的科学实验[M]．天津：天津科学技术出版社，2013.

该书主要分四个部分进行介绍，包括"科学实验很大胆""生物实验很危险""物理实验很痴狂""化学实验很剧烈"。通过易懂的文字和通俗的语言，揭示一个个科学实验，帮助师范生积累科学实验的素材，认识不一样的科学实验。

3. 刘深、残荷．科学实验[M]．福州：福建少年儿童出版社，2001.

该书主要介绍了一些实验的过程和成果，分为四个部分："上下求索""生命之光""挑战经典""探索极限"。师范生可以通过本书学习科学实验的过程和方法。

体验练习

为了深入理解和巩固本章所学的内容，建议你进一步进行以下活动。

1. 列出本章的基本概念和基本问题，回忆其内容并尝试给出自己的答案。

2. 成立研究小组，对下列内容展开讨论。

①关于"什么是科学"，为什么没有一个统一的答案？

②怎样激发小学生的科学兴趣？

③怎样指导小学生"做探究"和"理解探究"？

④怎样在小学科学课中实施"科学本质教育"？

3. 观摩一节小学科学常态课。

观摩要求：

第一，观摩小学教师怎样激发学生的科学兴趣。

第二，观摩小学教师怎样指导学生"做探究"和"理解探究"。

第三，观摩小学教师怎样实施"科学本质教育"。

第四，就以上三个问题写一份观课心得。

第二章

小学科学实验基本技能

🔍 章结构图

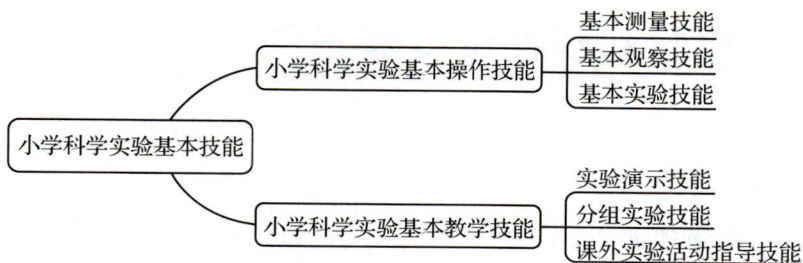

本章概述

　　本章主要介绍了小学科学实验基本技能。小学科学实验基本技能包括两个方面：一是小学科学实验基本操作技能，二是小学科学实验基本教学技能。小学科学实验基本操作技能包括基本测量技能、基本观察技能和基本实验技能三部分。小学科学实验基本教学技能包括实验演示技能、分组实验技能和课外实验活动指导技能。

☕ 问题情境

　　李老师最近遇到了困扰，他发现班上的学生虽然了解课本上有关实验的内容，但是不能理解为什么要如此进行实验，甚至有的学生搞不清实验的前后步骤。李老师感到很困惑，也征求了同事的意见，并与同事进行了讨论。他的同事认为，小学科学实验主要的目的是培养小学生的科学实验基本操作技能。那么小学科学实验基本操作技能包括哪些方面？教师应该从哪些方面提升小学生的科学实验基本操作技能，应该如何培养小学生的科学实验基本技能？我们带着这些问题来进行下面的学习。

第一节
小学科学实验基本操作技能

一、基本测量技能

小学科学课程标准涉及诸多关于测量的教学内容。培养和提高小学生的测量能力是小学科学课程教学中的一项重要任务。由于小学生年纪尚幼，学习能力和动手能力都相对较差，因此，教师在教学过程中应当不断地引导小学生，提高他们的测量能力。具体来讲，测量能力包括测量质量、测量体积、测量温度、测量长度、测量时间五个方面的能力。在测量过程中，常用到的测量仪器有托盘天平、量筒、温度计、刻度尺、时钟和秒表等。在使用这些测量仪器时，熟练掌握它们的正确使用方法是必不可少的。下面将逐一介绍小学科学实验中必备的一些测量技能和注意事项。

(一)测量质量

托盘天平(图 2-1)是小学科学实验中使用频率较高的称量仪器，主要用于称量精确度要求不高的物体，一般能精确到 0.1 克。在称量前，应先调平，具体操作方法如下：将托盘天平放在水平台上，把游码移动到横梁标尺左端的零刻度线处，之后，调节托盘下面的平衡螺母，使天平的指针指在刻度盘的中线处，此时横梁平衡。当指针偏向中线左边时，应将平衡螺母往右调；反之，将平衡螺母往左调，直至指针左右摆动幅度相同。在称量过程中，不得再次调节平衡螺母。托盘天平不能称量热的物体，被称量的物体不能直接放在托盘上，应提前在左右托盘上放上相同质量的称量纸。称量时，左盘放被称量的物体，右盘放砝码。取用砝码时，要用镊子。添加砝码时，应先加质量大的砝码，后加质量小的砝码。如果通过添加或取下砝码的方法，仍不能使天平两边达到平衡，那么需要通过调节游码在横梁标尺上的位置来使托盘天平两边达到平衡。读数时，被称量的物体的质量等于砝码和游码(以游码左侧所对的刻度线为准)质量的和。称量完毕，用镊子将砝码逐个放回砝码盒，并将游码归零，保持托盘天平干燥、整洁。

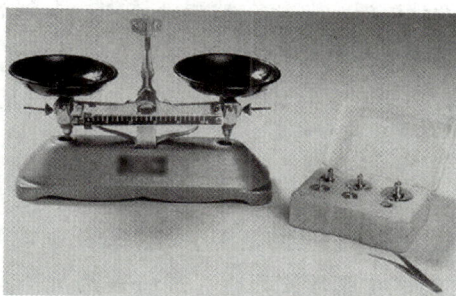

图 2-1　托盘天平

(二)测量体积

量筒是用来量取一定量液体体积的一种玻璃仪器，一般有 10 毫升、25 毫升、50 毫升、100 毫升、200 毫升、1000 毫升等规格。使用量筒量取液体前，首先应注意选择适宜规格的量筒，并对量筒的量程、最小刻度进行仔细观察和记录。一般选用量筒的量程应该等于或者略大于所量液体的体积。在向量筒中注入液体时，应用左手拿住量筒，使其略微倾斜，右手拿试剂瓶，使瓶口紧挨着量筒口，让液体缓缓流入量筒（图 2-2）。待注入液体的量接近于所需要的量时，将量筒放在水平桌面上，改用胶头滴管滴加到所需刻度处。若不慎将液体滴加过多，应手持量筒，倒出少量液体至指定容器内，再用滴管小心滴加至所需刻度处。读数时，量筒要放平，视线应保持与液体的凹液面最低处相平（图 2-3）。

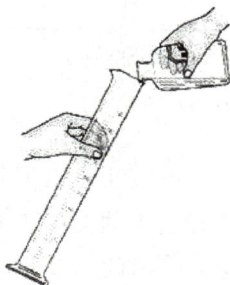

图 2-2　向量筒中注入液体　　图 2-3　读数

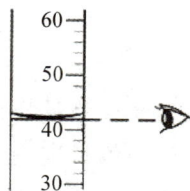

(三)测量温度

温度是表示物体冷热程度的物理量，温度计是测量温度高低的仪器。玻璃液体温度计在结构上是由装有感温液的感温泡、玻璃毛细管和刻度标尺三部分组成的。在测量前，要仔细观察所要使用的温度计，了解它的量程和分度值（每一个小格所对应的温度值）。测量液体温度时，温度计下端的感温泡要完全浸没在液体的中心位置，不能碰触到容器的底和侧壁。读数时，温度计感温泡要留在被测液体中，直到温度计内的液柱不再上升或下降时才能认读，并且视线要与温度计液柱的顶端保持水平。需要特别引起注意的是，由于玻璃温度计是易碎品，使用时要轻拿轻放，使用完毕后应及时放回到指定位置。

(四)测量长度

刻度尺(图 2-4)是测量物体的长度的基本工具。要正确地测量物体的长度，必须掌握测量的方法和要点。首先，在测量前，应养成检查测量工具(刻度尺)的习惯，具体来讲包括"三查"：一查刻度尺的尺身是否平直，刻度是否均匀，刻线是否清晰；二查刻度尺的零刻度线位置，若零刻度线在刻度尺的端头，应检查端头是否磨损；三查刻度尺相邻两条刻度线之间的距离对应的长度(刻度尺的最小刻度值)以及刻度尺一次能够测量出的最大长度。其次，在使用刻度尺时，要做到"五会"：一是"会认"，即正确认识刻度尺的零刻度、最小刻度和测量范围；二是"会放"，即刻度尺的刻度尽可能与被测物体接近，不能歪斜；三是"会看"，读数时，视线应垂直于被测物体和刻度尺；四是"会读"，不但要读出最小刻度以上的各位数字，还要估读出最小刻度下一位的数字；五是"会记"，即记录测量数据，包括准确值、估计值以及单位(特别需要注意的是，没有单位的数值记录是毫无意义的)。

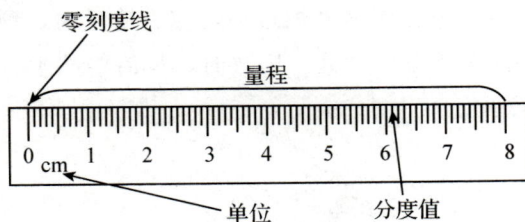

图 2-4　刻度尺

除此之外，在使用刻度尺测量物体长度时，还应注意以下几点。一要根据被测物体的实际情况和所要达到的测量准确程度，选择适当的测量工具。例如，要测量一支铅笔的长度，需估读到毫米，可选用最小刻度是厘米的刻度尺；要测量门窗时，需精确到毫米，应选用最小刻度是毫米的钢板尺或者钢卷尺。此外，工厂或实验室还有用游标卡尺和千分尺(螺旋测微器)来精确测量的。二要根据被测物体的特点，选择适当的测量方法。用刻度尺测量物体的长度，有基本测量法和特殊测量法两种。例如，测量书本的长和宽，可用刻度尺对其进行直接测量，这种方法是基本测量法。还有一些情况不能直接用刻度尺测量，而需要用刻度尺对物体的尺寸进行间接测量，或借助特殊工具进行测量，这就是特殊测量法。例如，欲测量墨水瓶的高或圆锥体的高，需要用三角板和刻度尺配合测量；欲测量圆柱体的底面周长，需先用棉线量出曲线的长度，再用刻度尺测量棉线的长，即可得出底面周长的长度(化曲为直测量法)；欲测量小学科学教科书每页纸的厚度，可将教科书压紧，测出整本书的厚度，然后通过计算，得出每页纸的厚度（化零为整测量法）。这些方法都属于特殊测量法。

（五）测量时间

时钟（图 2-5）和秒表（图 2-6）是小学科学实验中常用的两种计时工具。我们以指针式钟表为例，介绍时钟的正确读数方法。一是了解钟面的划分。可以看到，钟面被数字分成了 12 个部分，顶部对应的是数字"12"。"12"的右边是数字"1"，且沿顺时针方向转一圈，依次排列到数字"12"。每个部分标注的数字即为小时。每两个数字之间的部分被平均分成了五个小格。二是认识钟面上的各个指针。最短的指针是时针，其次是分针，最长的指针是秒针。例如，图 2-5 中的时间大约是 10 时 9 分 18 秒。

图 2-5　时钟　　　　图 2-6　秒表

秒表又称停表，是实验室以及体育运动中常用的测量工具，可分为电子秒表和机械秒表两类。电子秒表是一种较为先进的电子计时器，其准确值可达到 0.01 秒，基本显示的计时状态为"时""分""秒"。机械秒表的准确值仅为 0.1 秒，在读数时，应分别读出分（小盘）和秒（大盘）上对应的数字，并将它们相加，得出时间。

二、基本观察技能

观察是一种由多种感官共同参与的分析活动。科学观察技能是指通过对客观事物和现象的观察来区别它们的特征的一种能力。观察是科学研究的开端，也是获得感性材料的重要途径，更是检验科学理论最重要的方法之一。

我国小学科学课程的设定注重"科学活动生活化，生活意识科学化"，旨在引导心智相对不成熟且缺乏严密逻辑思维能力的小学生通过用眼睛看、耳朵听、鼻子闻等方式对周围的事物进行仔细观察，探索和体会科学学习的重要性。例如，在探究声音的产生与传播时，利用听觉系统倾听和辨别各种声音；在认识动植物的特征时，通过视觉系统对金鱼的身体结构以及植物的根、茎、叶等外观结构进行观察；在学习温度的相关概念时，用手触摸加热过程中的烧杯外壁（教师把握触摸时间，以免烫伤学生），感受水温的升高等。这些都是人们利用感官系统观察学习的过程。有时为了提高观察学习的灵敏度、精确性和准确性，必须借助一些辅助的工具，如放大镜、显微镜等，从而使观察结果更为可靠、准确。

（一）放大镜的使用

放大镜主要用于放大物体的影像，是用来观察物体细节的简单目视光学器件。它的结构主要分为镜片、镜框和镜柄三部分，其中镜片是一块透明的中间厚、边缘薄的凸透镜。在我们的生活、工作、学习中，放大镜有着十分广泛的用途。例如，在修理精密仪器时，人们用放大镜来放大仪器；农业科技人员使用放大镜来观察植物的花、种子或者观察病虫害；公安人员在拆除危险物品、观察现场找到的指纹时，也需要利用放大镜；考古学家用它来鉴宝；实验研究人员用它查看比例尺较大的地图，或者汇聚光线取火等。

使用放大镜观察物体时，有两种正确的操作方法：一种方法是观察对象不动，保持人眼和观察对象之间的距离不变，手持放大镜在物体和人眼之间来回移动，直至人眼观察到的图像大而清晰；另一种方法是把放大镜移至眼前，保持人眼和放大镜之间的距离不变，移动被观察的物体，直至看到的图像大而清晰。这里强调三个操作要点：一是不论采用哪种方法进行观察，在移动放大镜或是移动物体时，都应缓缓地进行操作，以免不能及时观察到清晰、大小适中的像，浪费实验时间；二是观察时，视线应与放大镜的镜面保持垂直；三是切忌拿着放大镜对着太阳看。使用完毕后，应用软布进行擦拭，保持放大镜清洁，并将其放回到指定位置，以防划伤镜面。

【阅读资料】

人类可能早在几千年前就发现了凸透镜的光学原理，并且得知使用透明水晶或宝石磨制成的透镜具有放大影像的功能；但是真正将透镜嵌入镜架做成眼镜，据说是在13世纪末，同时出现在中国与欧洲。

有人说放大镜是中国一位不知名的工艺匠发明的，有人说是中世纪意大利多斯加尼的亚历山大·史毕那（Alessandro della Spina）发明的，也有人说是13世纪英国学者罗杰·培根（Roger Bacon）发明的。

在1260年，马可·波罗就曾经描述中国老人戴着眼镜看小字的景象。据说，中国古代的眼镜呈大椭圆形，镜片由水晶石、石英、黄玉或紫晶磨制而成，镶在龟壳做的镜框里，把铜制的眼镜脚卡在鬓角上，或用细绳拴在耳朵上，或者直接把眼镜固定在帽子上。而且当时的眼镜造价不菲，因此被当作身份地位的象征。

在欧洲，眼镜是13世纪末在意大利被发明的。当时的威尼斯与纽伦堡就以制造高透明镜片闻名欧洲。不过，当时的眼镜只能说是放大镜，阅读时才拿在手上。

13世纪中期，英国学者培根看到许多人因视力不好，看不清书上的文字，就想发明一种工具来帮助人们提高视力。为此，他想了很多办法，做了不少实验，但都没有成功。一天雨后，培根来到花园散步，看到蜘蛛网上沾了不少雨珠，他发现透过雨珠看树叶，叶脉被放大了不少，连树叶上细细的毛都能看得见。他看到这个现象，高兴极了。培根立即跑回家中，翻箱倒柜，找到了一颗玻璃球，但透过玻璃球，看书上的文字还是很模糊。他又找来一块金刚石与一把锤子，将玻璃割出一块，拿着这块玻璃片靠近书一看，文字果然放大了。实验成功了，培根欣喜若狂。后来他又找来一块木片，挖出一个圆洞，将玻璃球片装上去，再安上一根柄，以便于手拿，这样人们阅读和写字就方便多了。

（二）显微镜的使用

显微镜（图2-7）是由一个或几个透镜组合成的一种光学仪器，主要用于放大微小的物体，使其成为人的肉眼能够看到的影像。常见的显微镜有光学显微镜和电子显微镜两种。随着科技的进步，人们还发明了隧道扫描显微镜。

根据小学科学课程标准要求，高年级小学生应初步学会利用光学显微镜观察物体。这对于培养学生养成严谨认真的科学态度、具备灵活熟练的操作能力、形成仔细敏锐的观察与描述能力，都有着极其重要的意义。

一台光学显微镜的主要部件包括目镜、镜筒、镜臂、粗准焦螺旋、物镜、载物台、压片夹、反光镜、通光孔、镜座。

显微镜的使用步骤与其他光学仪器相比更为复杂，下面分六步进行详细介绍。第一步，取镜—安放—安装。从镜箱中取镜时，要用右手握住镜臂，左手托住镜座，平稳取出。一般要将显微镜安放在实验桌偏左的位置，镜座后端距离桌子边缘大约8厘米。先安装目镜，转动粗准焦螺旋将镜筒适当调高后，再安装物镜。需要特别注意的是，不要用手触摸镜头。对好光后，务必不要再次随意挪动显微镜的位置。第二步，对光。确认物镜已对准通光孔后，左眼注视目镜，右眼睁开。双手转动反光镜，使外界光线经过反光镜的反射，穿过通光孔、物镜，进入镜筒，直至看到目镜内有明亮的视野。此时注意，手不要触到反光镜的镜面。第三步，安装玻片标本。把要观察的玻片标本放到载物台上，用压片夹夹好，使标本正对通光孔的中心。第四步，观察。转动粗准焦螺旋使镜筒下降，使物镜悬停在尽量接近玻片但又不触及玻片的位置。此时需要我们边操作，边侧过头，目光注视着物镜与玻片的距离。之后，左眼注视目镜，右眼睁开，转动粗准焦螺旋，使镜筒慢慢上升，直到看清楚物像。如果还有些模糊，就要控制好双手转动旋钮的力度与幅度，进行细微调试，直到看清物象。第五步，记录。用文字或图画记录观察结果。第六步，观察完毕，整理显微镜。先将镜筒升高，再取出玻片标本，分别卸下目镜与物镜，将镜筒降至最低，反光镜转成与桌面平行，用棉布将显微镜擦拭干净之后，用与取镜相同的方法将显微镜放回镜箱中。

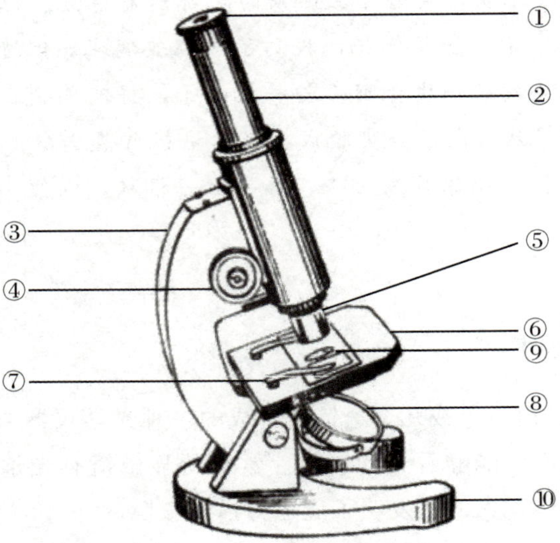

①目镜　②镜筒　③镜臂　④粗准焦螺旋　⑤物镜
⑥载物台　⑦压片夹　⑧反光镜　⑨通光孔　⑩镜座

图 2-7　显微镜

【阅读与思考】

　　我国古代的名匠鲁班上山时被草叶划破了手指，他由草叶边缘呈锯齿形的特征得到启发，发明了锯。1910 年，德国科学家韦格纳（Wegener）在病床上仔细观看一幅世界地图。他发现大西洋两岸的轮廓非常相像，特别是南美洲巴西东部凸出的部分与非洲西海岸的几内亚湾非常吻合。于是他萌生了一个大胆的猜想，非洲大陆和南美洲大陆曾经连在一起，后来才裂开，并由此提出了"大陆漂移假说"。后来该猜想得到证明。生物进化论的创始人达尔文（Darwin）有一次发现许多昆虫落到一种特殊植物的叶子里面，植物受到刺激后，分泌出一种消化液，把昆虫吃掉。后来，达尔文经过 16 年的观察研究，写出了《论食虫植物》一书，为生物学研究做出了突出的贡献。我国医药学家李时珍的医学巨著《本草纲目》，地理学家徐霞客的《徐霞客游记》，都是他们不辞劳苦，有计划、有目的地进行实地观察的结果。

　　想一想，在生活、学习中，你对哪些事物进行过有益的观察，收获是什么，不足之处是什么，未来将会采取哪些措施弥补不足之处？

　　你能否以科学教育出版社小学科学四年级下册课本中的"种子的萌发"为教学内容，设计一个完整的小学科学实验教学案例？

　　在实验过程中，通过观察和测量得到的结果都可以被称为数据。在整个实验中，应该详细记录观察所得的各种实验数据及实验现象，在实验记录本上如实记录得到的所有原始数据，不得随意涂改，这是培养实事求是精神的基础和重要过程。在实验结束后，应对数据进行对比分析，找出变化规律或趋势，认真完成实验报告单的填写。实验报告是常用的记录和总结实验的形式，通常包括实验名称、实验时间、实验目的、实验原理、实验用品、实验过程和讨论反思等。其中，实验过程常用表格形式呈现。表 2-1 为月相模拟实验观察记录单。

表 2-1　月相模拟实验观察记录单

步骤：观察、画弧、涂阴影、完成记录单										
月相	○	○	○	○	○	○	○	○	○	○
日期（农历）	初一	初四	初七、初八	十一	十五	十六	十九	廿二、廿三	廿六	廿九（三十）
月相变化规律	上半月（农历初一到十五）					下半月（农历十六到廿九或三十）				
亮面大小的变化										
亮面的方向										

三、基本实验技能

（一）小学科学实验室常见仪器的使用方法

　　小学科学实验室是小学生进行实验操作、开展科学探究活动的重要场所。实验室中陈列着许多种类的实验仪器，按照常见仪器的用途，大致可以分为计量仪器、分离物质仪器、加热仪器、存放物质的仪器、光学仪器和其他仪器六大类。下面对几种常见仪器的使用方法进行介绍。

　　1. 试管

　　试管是用来盛放少量药品、在常温或加热情况下进行少量试剂反应的容器，也可以用来制取或收集少量气体。盛放在试管内的液体，不加热时应不超过试管容积的 1/2，加热时应不超过 1/3。加热时，应先对试管进行预热，再对试管底部进行集中加热，试管口不可对着任何人(图2-8)。加热试管里的固体时，试管不宜水平放置，管口应略向下倾斜，以防加热时产生的水蒸气在试管口遇冷形成的水珠倒流回试管灼热部位使试管炸裂。加热后，也不宜使试管遇骤冷环境。

图2-8 直接加热

用手直接拿取试管时，应拇指在前，食指和中指在后，其余两指自然内蜷缩，在距试管口约0.5厘米处夹住。振荡时(图2-9a)，用手腕部位的力量，注意力度，避免液体洒出或试管底部碰到其他物体，从而导致破裂，造成不必要的危险和伤害。

使用完毕后，应及时用正确的方法清洗试管。首先，倒净试管内的废液；其次，注入适量水，振荡后把水倒掉，再次注入水，振荡后再倒掉，这样连洗几次。如果试管内壁附有不易洗掉的物质，要用试管刷刷洗(图2-9b)。刷洗时须转动或上下移动试管刷，但不能用力过猛，以防损坏试管。洗过的试管内壁附着的水既不聚成水滴，也不成股流下时，表明已洗干净。洗净的试管应放在试管架上或指定的地方。

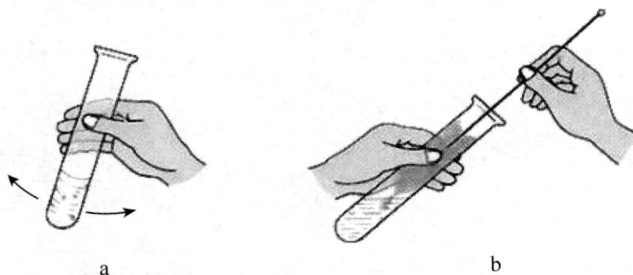

a   b

图2-9 试管的振荡(a)和清洗(b)

2. 烧杯

烧杯常被用作配制溶液和较大量试剂的反应容器，在常温或加热时使用。加热时，应放置在石棉网上(图2-10)，使烧杯受热均匀，不能直接加热；溶解物质时要用玻璃棒搅拌，搅拌时玻璃棒不能触及杯壁或杯底。

3. 烧瓶

烧瓶(图2-11)用于试剂量较大而又有液体物质参加反应的容器，可用于装配气体发生装置。蒸馏烧瓶用于蒸馏，进而分离互溶的沸点不同的物质。

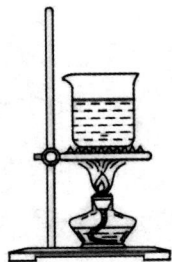

图2-10 加热烧杯

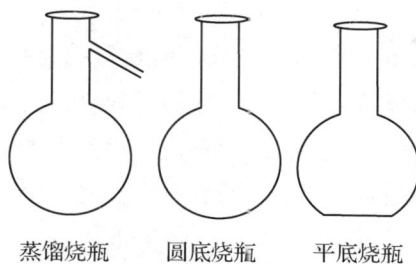

蒸馏烧瓶　　圆底烧瓶　　平底烧瓶

图 2-11　烧瓶

4. 锥形瓶

在小学科学实验中，锥形瓶（图 2-12）可以用来盛放液体，也可以用作少量试剂发生反应的容器或蒸馏时的接收器。其锥形结构相对稳定，不会倾倒。注入液体时，最好不要超过其最大容积的 1/2，过多容易造成喷溅；用作反应器时，不可以直接加热，要垫石棉网。

图 2-12　锥形瓶

5. 蒸发皿

蒸发皿（图 2-13）是可用于蒸发液体、浓缩溶液或灼烧固体的器皿，口大底浅，有圆底和平底带柄两种。常用的为瓷制蒸发皿，也有用玻璃、石英、铂等制成的。质料不同，耐腐蚀性能不同，我们应根据溶液和固体的性质适当选用。蒸发皿可耐高温，不宜骤冷，可固定在三脚架或铁架台上直接加热，也可用石棉网、水浴等间接加热。加热时，可用玻璃棒搅拌使液体受热均匀。取、放蒸发皿时应使用坩埚钳。

图 2-13　蒸发皿

6. 石棉网

石棉网（图 2-14）是用方形铁丝网做成的，其中部两面粘有石棉绒。加热时，可将石棉网垫在热源与玻璃仪器之间，使仪器受热均匀，不致造成局部高温，从而保护仪器不会炸裂。使用前应仔细检查，若石棉绒脱落，则不能使用。使用时不能与水接触，以免石棉绒脱落或铁网生锈。石棉网应轻拿轻放，避免用硬物撞击而使石棉绒脱落，严禁折叠。

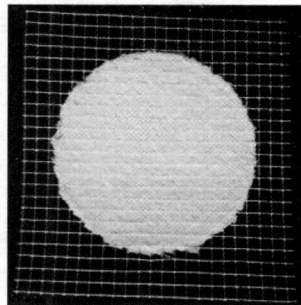

图 2-14　石棉网

7. 酒精灯

酒精灯(图 2-15)是实验室常用的加热源。酒精易燃易挥发，在使用酒精灯时，如果方法错误，就很容易出现危险。因此，在实验过程中，应遵循正确的操作步骤。

在使用前，要检查灯芯是否平整。若出现烧焦或不平的情况时，应及时向指导老师报告，用剪刀剪去少许使之平整或者更换灯芯。在添加酒精时，应使用漏斗，防止酒精溢出，一般添加量不宜超过酒精灯容积的 2/3，严禁向燃烧的酒精灯内添加酒精。如果酒精的量太少，则酒精灯的顶部会形成一层混合有酒精蒸气和空气的易燃气体，会有爆炸的危险。点燃酒精灯时应注意用火柴自下而上点燃，禁止用一个酒精灯点燃另一个酒精灯，以免酒精流出引起火灾。外焰温度最高，因此应使用酒精灯的外焰进行加热。用完酒精灯后，必须用灯帽盖灭，严禁用嘴吹灭火焰。盖灭后，还要再

图 2-15　酒精灯

敞开，再盖上，避免温度降低形成负压，使灯帽被吸住。在使用过程中，一定要小心，千万不要碰倒酒精灯。如果洒到外面的酒精在桌面上燃烧起来，不要惊慌，应立即用湿布扑盖。

8. 胶头滴管

胶头滴管(图 2-16)是主要用于吸取或滴加少量液体试剂的一种仪器，由橡皮胶头和玻璃管组成。

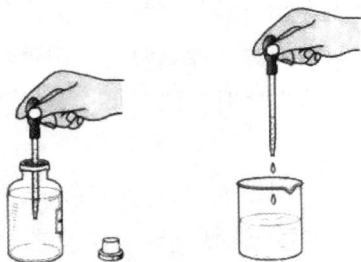

图 2-16　胶头滴管

使用前，要检查橡皮胶头与玻璃管是否结合紧密、不漏气，若胶头老化，要及时更换。使用时，不要只用拇指和食指捏着，要同时用中指和无名指夹住玻璃管部分，以保持稳定。吸液时，先用大拇指和食指挤压橡皮胶头，释放管中的空气，再将玻璃尖嘴伸入液体试剂中，放开拇指和食指，吸入试剂，然后提起滴管。加液时，不能伸入容器，也不能接触容器，应垂直悬空于容器上方 0.5 厘米处。取用试剂后，不能将胶头滴管倒置或平放于桌面上，应插入干净的瓶中或试管中，以防残留在滴管内的液

体倒流，污染试剂或腐蚀胶头。用完后，立即用水洗净。严禁用未清洗过的胶头滴管吸取另一种试剂。如果滴瓶上配有胶头滴管，则这个滴管是该滴瓶专用的，不能吸取其他液体，也不可交叉使用，无须用清水冲洗。

9. 三棱镜

三棱镜(图 2-17)是主截面呈三角形的棱镜。白光经三棱镜折射后，在白屏上从上到下出现红、橙、黄、绿、蓝、靛、紫依次排列的彩色光带，这种现象叫作光的色散。

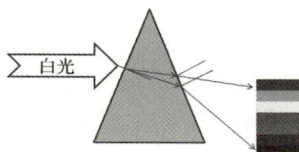

图 2-17　三棱镜

10. 磁铁

磁铁的形状有条形、圆形、环形、马蹄形、槽形等。磁铁具有磁性，能吸引铁制物体。一般情况下，同一块磁铁的磁力大小是固定不变的，不同磁铁的磁力不同。一块磁铁上磁力最强的部分叫磁极。一块磁铁有两个磁极。磁铁能指南北方向，指南的磁极叫南极，用"S"表示；指北的磁极叫北极，用"N"表示。磁铁的同极相互排斥，异极相互吸引。

(二)小学科学实验基本操作

1. 药品的取用

在小学科学实验中，常用的药品有固体、液体两种形态。通常固体药品盛装在易于拿取的广口瓶中，液体药品盛装在易于倒取的细口瓶或带有滴管的滴瓶中。见光易分解的药品应盛放在棕色瓶内。每一个试剂瓶上都要贴上标签，写明药品名称等相关信息。

在取用药品时，应遵循"三不"原则：不触碰、不品尝、不近处闻气味(应采用扇闻法)。并且，要根据实验要求取用药品，避免浪费。如未明确指出用量，则液体取 1～2 毫升，固体盖底即可。

取用液体药品时，若用量较少，可用胶头滴管取；若用量较多，可直接将试剂瓶中的药品倒入容器。从试剂瓶中取用药品时，应先将试剂瓶瓶塞倒放在桌面上。拿试剂瓶时，应使标签朝向手心，以防倒完药品后，残留在瓶口的药液流下，腐蚀标签。倾倒药品时，应使瓶口紧挨着容器口，逐渐倾斜瓶子，把药品缓缓倒入容器中(图 2-18)。取出所需量后，逐渐竖起瓶子，并把瓶口剩余的一滴药品倒入容器中，以防液滴沿着瓶子外壁流下。向容器中倾倒药品时，一定要让药品沿着容器壁或沿着玻璃棒慢慢流入容器，以防药品飞溅伤人。倒完药品后，要立即盖上瓶塞，把试剂瓶放回原处。若要取用定量药品，应使用量筒量取。

取用块状固体药品常用镊子或药匙。取用时，应将试管或其他玻璃容器倾斜，使其沿试管内壁或容器壁滑落下去，切忌竖直放入，防止砸破试管或玻璃容器底部。对于粉状或细小颗粒固体，要用干净的镊子或药匙取用，多取的药品不能倒回原瓶，可放在回收容器中贴上标签，供下次取用。为了避免药品粘在管口和管壁上，应将试管倾斜，用盛药品的药匙或用小纸条折叠成的纸槽将药品小心地送入试管底部，然后将试管直立，让药品全部落到试管底部(图2-19)。

图 2-18　液体的倾倒

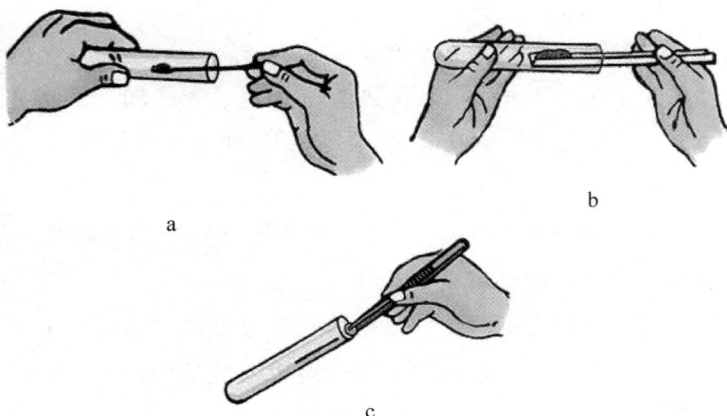

图 2-19　取固体药品

2. 溶解食盐时的搅拌操作

操作时，将烧杯平放在桌面上，先加入固体食盐，然后加入适量水，拿住玻璃棒一端的1/3处，将玻璃棒的另一端伸至烧杯内液体中部，沿烧杯内壁交替按顺时针和逆时针方向做圆周运动，速率不宜过快，用力不宜太大，玻璃棒不能碰触到烧杯内壁(图2-20)。

3. 液体的过滤

过滤前，根据漏斗大小剪好滤纸，放入漏斗，其边缘应低于漏斗边缘约5毫米。向漏斗中放滤纸时，应使之紧贴漏斗内壁，用少量蒸馏水润湿后，再用玻璃棒轻轻按压滤纸，直到滤纸与漏斗内壁间无气泡。过滤时，将漏斗放在漏斗架或铁架台的铁圈上，下方放接收液体的容器，漏斗颈应紧靠容器内壁。倾倒液体时，应使之沿玻璃棒缓缓流入漏斗中，玻璃棒的末端要轻轻靠在三层滤纸的一端，漏斗里的液面必须低于滤纸的边缘(图2-21)。

4. 弹簧测力计的使用

使用时，将弹簧测力计(图2-22)竖直拿取，观察弹簧测力计的指针是否与零刻度线对齐；若没有对齐，要进行

图 2-20　用玻璃棒搅拌

图 2-21　液体的过滤

调整。测力时，要让弹簧测力计内的弹簧轴线方向跟所测力的方向在一条直线上，且弹簧不能靠在刻度盘上。读数时，视线要与刻度盘垂直，指针靠近哪一条刻度线就取哪一条刻度线的数值。

使用完毕后，须调节弹簧测力计，让指针对齐零刻度线，放回原处。

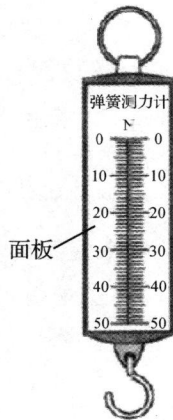

图 2-22　弹簧测力计

5. 串联和并联电路的连接，导体和绝缘体的检验

串联电路(图 2-23)是指把小灯泡、导线、电池依次连接起来形成的电路。在整个串联电路中有且只有一条回路，用电器之间会互相影响。并联电路(图 2-24)是指把小灯泡、导线、电池并列连接起来形成的电路。在并联电路中会出现两条或多条回路，用电器之间不会相互影响。

导体是电流容易通过的物质，绝缘体是电流不容易通过的物质。用电路检测器检测，被检测物体分别连接电流的正负两极，灯泡发光证明被检测物体是导体，灯泡不发光证明被检测物体是绝缘体。

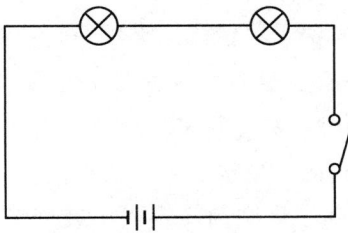

图 2-23　串联电路

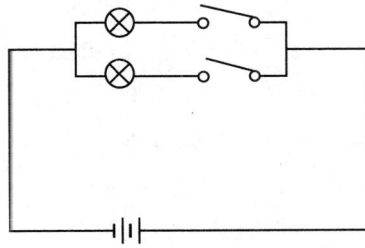

图 2-24　并联电路

第二节
小学科学实验基本教学技能

在小学科学教学实践中，实验基本教学技能是科学教师的主要技能之一。因此，对小学教育专业师范生或在岗科学教师进行小学科学实验基本教学技能培训，是保证他们能够在未来或当下的工作岗位上完成小学科学课程标准各项要求，并顺利开展实验教学实践所必需的重要环节。小学科学实验基本教学技能包括实验演示技能、分组实验技能、课外实验活动指导技能。熟练掌握和灵活运用这些基本教学技能，是提高小学科学实验课堂教学效果的必要手段，也是衡量一名科学教师专业成熟度的重要标尺。

一、实验演示技能

有些科学实验受时间、条件限制，不适宜在课堂教学中让学生进行，教师可以采取演示实验的方式，在演示过程中选定部分学生做小助手参与其中。课堂演示实验能够很好地展示复杂的实验过程，深入浅出地揭示抽象的科学现象，高效、系统地向学生传授科学知识，有利于提高课堂教学的趣味性。

课堂演示实验具有科学性、直观性和启发性三个特点。从目的上来看，课堂演示实验可分为传授新知识的演示实验和验证、巩固知识的演示实验两种；从内容范围上来看，课堂演示实验既可以演示实验的全过程，也可以只演示实验的开始或者实验的结果，即演示实验的片段。

传授新知识的演示实验，即通常所说的边讲解边演示。从逻辑上看，这是一种由特殊到一般的教学过程。采用这种演示方法需要注意的是，在演示前，教师应向学生说明复杂难懂的仪器设备以及它们的正确使用方法，包括注意事项等；在演示过程中，要积极引导学生认真仔细地观察实验过程，并且注意各实验条件和重要的实验现象，让学生看懂整个实验的实施过程；在演示结束后，要解释实验现象，引导和启发学生得出结论，并把从观察到的个别实验现象中得到的结论推广到一般或同类其他事物中，得出具有普遍适用性的科学实验规律，还要培养学生利用文字或图表等形式记录实验结果的能力，使学生巩固所学科学知识。

巩固知识的演示实验以验证和巩固知识为目的，即通常所说的先讲解后演示。这种方法是指教师在上课时首先详细讲述或用各种直观教具辅助讲解新知识，学生从理论上了解整个实验的全过程之后，教师再进行实验演示，以验证所学科学知识。

　　在小学科学实验教学中，有些实验需要花费较长的时间才能完成，因此，教师在课堂上只能选取某一个或某几个关键的、重要的实验片段进行演示。这里需要注意几点：第一，若演示实验的开始部分，则应让学生在课后去进行追踪观察并做好翔实的实验记录，教师须为学生的课后观察拟订详细且周全的计划，确保学生是通过实际观察得出科学可靠的实验结论的，而不是通过生活经验或臆断得出结论的；第二，若演示实验的结果部分，则教师应在演示前向学生介绍清楚前一个阶段实验的具体实施情况，并借助挂图、黑板画、视频等手段进行辅助说明。

【教学案例赏析1】

苏教版小学科学"骨骼"

（一）观察图片，导入新课

1. 提问：同学们见过建筑工人是如何造房子的吗？建筑工人都要预先搭建一个钢筋水泥框架。（出示图片）

2. 谈话：与钢筋水泥框架一样，人体也有一个框架，但不是由钢铁构成的，而是由骨骼构成的。（揭示课题：骨骼）

【设计意图】利用大楼的钢筋水泥框架与人体的骨骼做类比导入课题，不仅可以形象地揭示骨骼的结构特点，而且有利于帮助学生理解骨骼支撑人体的作用。

3. 提问：关于骨骼，你们想知道什么？

4. 归纳学生想研究的问题，布置本节课的学习任务。

（二）探究人体骨骼系统的构成

1. 谈话：骨骼隐藏在我们身体里面，我们难以直接用眼睛观察，你认为可以用什么方法来研究我们的骨骼？

2. 学生交流方法。

3. 提问：摸一摸我们的骨头，你可以感知到什么？

4. 开展实践活动，并汇报交流。

5. 对照课件中的骨骼图，介绍人体骨骼的构成，引导学生找出相应骨骼的位置。

小结：人体的骨头共有206块，它们共同组成了人体的支架——骨骼。

【设计意图】课件的系统知识能对学生进行正确引导，请学生动手摸一摸，感知自身骨头的分布，满足了学生的好奇心。

6. 游戏内容：拼装人体骨骼的模型图片。

（谈话：认识了人体骨骼的构成，接下来我们就来进行一个拼图游戏。出示游戏规则：①②③。）

7. 学生展示成果，进行活动评价。

【设计意图】游戏环节是本节课的一个难点，用揿(qìn)钮组装能活动的骨骼图，既能使学生内化人体骨骼的构成，又为后续学生了解骨骼的作用做了很好的铺垫。

(三)体验人体骨骼的作用

1. 谈话：你认为人体的骨骼都有什么作用呢？

2. 学生交流讨论。

3. 讲解：(1)谈话：人能跑能跳靠什么？这说明骨骼有什么作用呢？（板书：运动）骨骼最大的作用就是运动。说说我们的模特摆出的动作都有哪些骨头参与了。(2)谈话：人能站得住坐得稳靠什么？如果没有骨骼，我们又会怎样呢？骨骼是人体的支架，它具有支撑作用。（板书：支撑）(3)谈话：胸骨、肋骨、脊柱围成一个"笼子"，里面装着重要的心、肺、肝等器官，骨骼具有什么作用？（板书：保护）像这样保护内脏器官的人体骨头还有哪些？（颅骨保护脑髓等一些器官，盆骨等保护大肠、小肠以及一些其他器官）

4. 小结：人的骨骼具有运动、支撑、保护等多种作用。

5. 提问：如果人体的骨骼受伤了，那么会给我们的生活带来哪些影响？

6. 安全教育。

【设计意图】引入模特的造型，使学生切身感知人体骨骼的作用，实物模型的讲解使学生能更形象地了解骨骼的保护作用。

(四)实验探究骨头的特点

1. 谈话：我们研究了骨骼的构成和作用后，一定更想知道自己的骨骼长什么样吧？老师找来了一些猪骨，我们借助探究猪骨的结构来间接了解一下自己骨头的特点。

2. 探究猪骨的特点。

(1)(出示实验记录单)谈话：科学探究中我们可以运用以下实验方法，当然同学们的创新能力很强，会想到比老师更好的方法，可以填在空白处。

(2)教师演示。

(3)友情提示：实验时戴上一次性手套，注意保持个人卫生；注意实验器械的安全使用；记录员及时进行实验记录；实验完后把手套放进废纸篓，并整理好桌面材料。

(4)学生交流汇报：说说猪骨是什么样的。

【设计意图】学生通过看、砸、掂、拔猪骨等多种方法，可以更好地发现骨头表面有血管、质地坚硬、分量重等特点。

3. 讲解人体骨头的特点：和猪骨一样，人的骨头也是既硬又结实的，它们可以生长，不但能长长，还能长粗。骨头中间也有软组织，即骨髓，它能制造血细胞。

(五)巩固拓展，了解人体内的另一种骨头——软骨

(1)摸一摸耳朵，你感觉到了什么？（耳朵上有软骨）

（2）讲述：在人的成长过程中，软骨会发生变化。婴儿的骨骼大部分是软骨，随着人体的生长发育，大部分的软骨会被硬骨代替（多媒体介绍）。

【设计意图】课外拓展内容与课堂教学内容具有比较紧密的联系，骨骼的发展变化过程充满趣味，可以促进学生对自己身体有更多的认识。

（六）课外拓展

少年儿童的骨骼正处在生长发育阶段，你们知道怎样才能使骨骼长得粗壮坚实吗？课后查找一些资料。

【教学案例赏析 2】

苏教版小学科学"热空气和冷空气"第一课时

（一）导入新课

1. 师：通过前两节课的学习，我们了解了空气的性质。空气除了能占据空间、有质量外，还具有什么性质呢？

生：会流动。

2. 师：每个小组的实验盘中都有一支蜡烛，大家观察蜡烛的四周有什么。

生：空气。

3. 师：点燃蜡烛后，蜡烛周围的空气有什么变化？

生：变热了。

4. 师：蜡烛周围的空气被加热后就变成了热空气，热空气会怎样流动呢？这就是我们今天要共同探究的内容：热空气和冷空气（板书课题）。

【设计意图】通过复习，为在实验中判断热空气的运动方向奠定基础。

（二）提出问题，实验探究

1. 师：蜡烛周围的空气被加热变成热空气后会怎样流动呢？大家来猜一猜。

生：向上、向下……

2. 师：要怎样用实验证明我们的猜测呢？请阅读课本，小组讨论，比一比哪个小组想到的方法又好又多。

学生小组讨论，汇报讨论结果。

生1：我们小组的想法是点燃蜡烛，在蜡烛火焰的上方撒一些很轻的碎屑状的东西，观察它们是怎样运动的。

生2：我们小组的想法是点燃蜡烛，在蜡烛火焰的上方放一个很轻的会转动的物体。

生3：我们小组的想法是点燃蜡烛，在蜡烛火焰的上方放一个很轻的塑料袋，看塑料袋会不会"飞起来"。

3. 师：大家的想法都不错，老师也有一个想法，点燃一支蜡烛，然后把手放在蜡烛火焰周围的不同方位，感受热风往哪个方向流动。

4. 师：下面，我们就通过实验来验证我们的想法。每个小组选择一种方案进行实验。实验时请注意：①没点燃蜡烛前，将实验物品放到蜡烛上方，观察现象，并进行记录；②组员做好分工，密切合作；③认真观察，用自己喜欢或擅长的方式如实记录实验现象；④注意安全，准备一块湿毛巾，发生意外时迅速将湿毛巾盖在火焰上或将燃烧物丢在地上，然后远离燃烧物，不要伤到自己或引燃其他物品。

5. 学生进行纸蛇转动、感受热风流动的实验。教师进行指导。

6. 教师演示模拟热气球上升的实验。

【设计意图】纸蛇转动的实验、感受热风流动的实验较为简单，在教师的指导下，学生能顺利完成并进行记录。模拟热气球上升的实验对于三年级的学生来说难度较大，有一定的危险性，通过教师的演示可以提高实验的成功率。

7. 师：通过刚才的实验你们发现什么？

生1：我们发现没点燃蜡烛时，纸蛇不会转；点燃蜡烛后，纸蛇就转动起来了。说明热空气往上流动。

生2：我们发现没点燃蜡烛时，塑料袋是瘪的；点燃蜡烛后，塑料袋慢慢鼓起来，然后就飞起来了。说明热空气往上流动。

生3：我们发现没点燃蜡烛时，将手放在蜡烛周围，没有什么感觉；点燃蜡烛后，我们在火焰上方感受到了热风吹到了手上。这说明热空气往上流动。

【设计意图】这个环节使学生经历了一个从提出问题、进行猜测到实验验证自己的猜想的过程。通过探究，学生既观察到了空气受热后会上升的现象，又提高了探究能力。

8. 师：刚才我们通过观察纸蛇和塑料袋的运动，推测出了空气受热后会上升，我们能用眼睛看到热空气向上流动吗？（生：不能）为什么？（生：因为空气是透明的）

9. 教师演示实验：将点燃的蜡烛放在屏幕前，用强光手电筒照射火焰，就会看到火焰上方空气的影子在不停地向上运动，这进一步说明了空气受热后会向上升。

【设计意图】通过观察，学生直观感知，在脑海中根深蒂固地建构起热空气会上升的概念。

延伸拓展

1. 通过阅读与赏析以上两个教学案例片段，你有哪些心得体会？

2. 你能否合理运用实验演示技能，设计一个完整的"使沉在水里的物体浮起来"一课的教学案例，并与同伴进行分享交流？

二、分组实验技能

小学科学课堂分组实验是指在教师合理有序地指导下，学生通过有效分组合作学习，运用各种感官系统和教学仪器，有目的、有计划地自己动手实验，身临其境地体验科学实验的乐趣，目睹实验现象，得出实验结论，并与同伴进行交流的一种教学模式。这是目前小学科学课程教学中应用最为广泛的教学模式之一。

分组实验的形式能够让学生之间形成良好的协作与竞争关系，有利于营造一种良好的学习氛围。不仅如此，分组实验还能够更好地使学生逐步形成用严谨的实验态度去认识和探究科学的意识，培养并提高学生的实验操作技能。

在分组实验前，教师要为学生准备好典型和有结构性的材料，让学生带着疑问，按自己的想法去选择材料做实验，验证自己的想法是否正确。材料要为目标服务。有结构的材料有利于学生进行新的探究，做出新的解释。此外，教师还需要精心策划科学实验的每个环节，在课前充分考虑影响实验结果的不利因素或者会发生意外的各种情况，做好预案准备，以便在组织学生进行实验时及时规避。

在分组实验时，教师还应让学生明确实验的目的和要求、材料的名称及在动手操作时应注意的问题，在此基础上组织引导学生独立设计实验，并精选出最佳的设计方案，进行科学探究。在学生进行实验的过程中，教师还要做好巡回指导。当学生实验成功时，教师应给予表扬，和他们一起分享实验成功带来的喜悦；当学生实验失败时，教师要给予学生适时的引导与鼓励，与他们共同分析、查找实验失败的原因，使所有学生都积极主动地参与到科学学习中来。

在分组实验结束后，教师应给学生搭建一个表达与交流的平台，让他们有话就说、有话敢说，与他人分享自己的实验成果，或提出自己的困惑；同时，还要注意引导学生对同一实验问题进行多角度的反思与深入思考，培养他们的科学探究精神和勇于创新精神，达到科学启蒙教育的目的。

【阅读材料】

小学科学分组实验实施建议

小学科学实验课堂讲求小组合作学习，小学科学分组实验是科学实验教学的一种重要形式。然而科学实验中的知识比较分散，课堂不好把握、组织。在小学科学分组实验教学实施过程中，必须注意以下几个方面。

1. 合理分工。在分组实验前，每个小组都要选出实验员、记录员、汇报员，小组内的每名学生都应有一种固定的角色，各小组成员有分工、有合作，各司其职，各尽所能，以顺利完成实验预期的各项计划。

2. 认真准备。教师在指导学生分组实验前要做好周全的实验准备工作，包括制订实验计划、准备实验器材、指导学生预习和准备等。制订实验计划应根据实验的特点和小学科学课程标准的要求，把握好方向。实验器材能否准备到位是决定分组实验能否成功的关键因素，因此教师在课前一定要做好准备。指导学生预习和准备是成功完成实验的必要前提。在实验前，教师要指导学生认真复习与分组实验相关的科学知识，预习实验具体内容，初步明确实验目的、要求和任务，了解实验方法、步骤和注意事项等。学生只有做好这些前期准备工作，才能够顺利开展分组实验。

3. 给予学生一定的自由发挥空间。当学生掌握了实验原理、了解了实验方法和操作步骤后，教师就应放手让学生亲自去做实验、找规律、得结论。在分组实验过程中，教师还应该深入各组，及时了解各组探究的进度、讨论的焦点、实验的效果，做到心中有数。在完成既定实验内容的基础上，教师还应鼓励学生使用新的、合理的方法进行实验，培养他们的创新实践能力。

4. 学生得出实验结论，教师进行补充。当学生完成实验操作后，教师应及时组织学生对实验现象进行分析和描述，总结并得出实验结论。针对有的学生得出的实验结论不够精确或严密的情况，教师不应立即否定，而要循序渐进地引导学生对当前所得结论再进行比较、分析、修改和调整，尽量使其能够通过自己的努力得出正确的结论。对于在实验过程中有创造性发现的学生，教师应及时给予表扬。

三、课外实验活动指导技能

《学记》中指出："时教必有正业，退息必有居学。"这说明古代学校既有课堂学习，又有课外学习。对于小学科学实验课程来讲，有些时候学生通过在课堂外与大自然或是实际生活接触，去实践应用，才有可能更牢固地掌握知识，有更好的发明创新，感受科学的魅力和价值，培养科学素养。

【阅读材料】

小学科学"垃圾分类"课外活动指导

【课题研究目标】

1. 知识与技能目标：知道如何进行废物利用，懂得垃圾分类后可以回收再利用。

2. 过程与方法目标：在学习过程中，培养主动参与意识，乐于参与，善于交流。

3. 情感态度与价值观目标：了解垃圾不分类的危害，增强环保意识。

【课题研究重难点】

重点：使学生了解垃圾不分类的危害，增强环保意识。

难点：使学生在日常生活中用实际行动主动参与环保活动。

【课题实施方案】

1. 观察家中、校园里常见的生活垃圾。

2. 头脑风暴，自由畅谈：谈谈你对于垃圾分类的认识，想一想要做好垃圾分类工作，有哪些可以采取的好办法。小组讨论，互相交流补充。

3. 找一找，你在家里或者校园里可以看到哪些垃圾。

4. 分一分，把不同种类的垃圾装进不同的垃圾袋里。

5. 讨论总结。

【拓展延伸】

1. 跟爸爸妈妈一起将家中的垃圾桶进行分类并贴上标签。

2. 做一张垃圾分类的宣传小报。

本章小结

本章主要介绍了小学科学实验基本操作技能和基本教学技能这两项基本技能。每项技能又分别包含了多项重要的基本技能。了解和掌握这些技能，不仅有助于提高师范生自身备课、参加各项教学比赛的能力，而且为今后走上工作岗位奠定了坚实的基础。因此，学好本章内容至关重要。

关键术语

测量技能；观察技能；实验技能；实验演示技能；分组实验技能；课外实验活动指导技能。

拓展阅读

1. 刘继和，刘东方. 教师实验教学素养的提升[M]. 重庆：重庆大学出版社，2013.

该书以模块的形式，从七个方面分别阐述了科学教师实验教学素养的内容及培养模式，即科学实验观及其养成、科学实验仪器设备的操作与使用、科学实验教学的组织与实施、科学实验探究教学的设计与实施、学生科学实验课的组织与指导、学生课外实验探究活动的设计与指导、学生科学实验素养的考核与评价，每个模块分别根据不同的专题展开分析和讨论。师范生可以根据书中的"本模块学习目标"和各模块后列出的"本模块小结"和"思考与讨论"进行学习。另外，有些模块还设有"案例"，试图将理论与实践相结合，便于师范生理解与应用基本教学理念。

2. 胡柳蔚. 初中科学实验教学认识与实践[M]. 杭州：浙江教育出版

社，2014.

该书立足于初中科学实验教学，涉及两个维度的内容：一个维度是对科学实验及科学实验教学的认识，另一个维度是对科学实验教学的实践经验的提炼与总结。全书以实验实施和实验创新为重点，比较全面系统地论述了科学实验和科学实验教学的特点、功能等，提出了科学实验有效实施的途径和实验改进与创新的途径，总结了注重能力的实验教学策略。

3. 淮安市教育技术装备中心. 小学科学实验教学指导[M]. 南京：东南大学出版社，2013.

该书从实验教学理论和实践层面对小学科学实验教学进行了系统的引领与指导，既广泛涉猎先进的教育教学理念，又甄选典型的案例加以剖析，而且对同一个实验活动给出了尽可能多的方案，适合教师教学参考，让不同条件的学校和不同教学水平的教师都受到启发。

体验练习

为了扎实巩固本章所学重要知识内容，建议你进一步进行以下活动：

1. 走进小学科学实验室，熟练掌握各项小学科学实验基本操作技能；

2. 观摩三节小学科学常态实验课程，并分别赏析每节课中所运用的小学科学实验基本教学技能，写一份观课心得。

3. 设计一节小学科学常态实验课，提交一份完整的实验课程教案。

第三章

固体物质的性质实验

🔍 章结构图

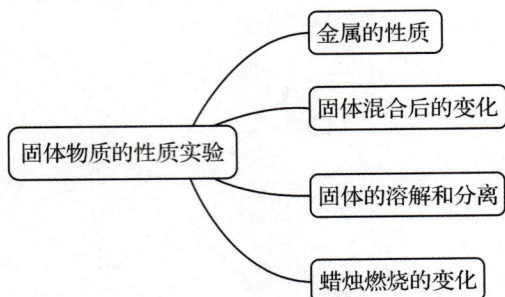

本章概述

本章主要学习固体物质的性质实验，包括"金属的性质""固体混合后的变化""固体的溶解和分离""蜡烛燃烧的变化"4 个实验，通过这 4 个实验提升学生的观察能力、总结能力、动手操作能力，促进学生对金属的性质、物质的溶解和分离、加热和燃烧等相关概念的学习。

☕ 问题情境

姜老师是一名有多年教学经验的小学科学教师。受学校教育条件的限制，小学科学实验课大多是教师自己演示，学生很少动手实验。新课程改革后，在学校的组织下，姜老师学习了科学教育的很多新理念。姜老师非常赞同这些新理念，但是她认为很难在实验教学中开展。比如，新课程改革强调学生自主探究，将课堂交给学生，但是小学生的思维能力、动手能力还较弱，他们很难独自进行自主探索。姜老师有时就会感到迷惘。到底如何安全有效地进行实验？如何让学生真正地参与实验中？怎样让学生体验到实验的乐趣？

本章既包括观察实验(如观察金属的色泽、延展性等)，也包括动手实验(如溶解不同固体、点燃蜡烛等)。教师需要思考如何安全有效地进行固体物质的性质的相关实验，如何安排好实验时间，怎样有效地收集实验数据并做好记录。下面我们一起来学习如何设计和实施该领域的实验教学。

实验 1
金属的性质

【实验问题】

金属是我们生活中不可或缺的一种材料，回忆一下，你见过哪些物品是由金属制成的。厨房用具、生活用品、房屋建筑、交通工具等都需要用到金属，这一节实验课就让我们走进金属的世界，一同来认识金属。

【实验教学目标】

一、科学知识

第一，知道金属有光泽，容易传热，有延展性。

第二，了解常见金属的性质，知道性质决定金属的用途，同时也要考虑价格等其他因素。

二、科学探究

第一，通过实验探究金属的性质。

第二，通过探究活动，了解金属的性质和应用。

三、科学态度

第一，通过实验探究，培养严谨、认真、实事求是的科学态度。

第二，在实验探究、讨论中学会与别人交流、合作，培养协作精神。

【教学重点】

探究金属的共同性质。

【教学难点】

探究金属具有延展性，即能变形。

【实验原理】

金属是一种具有光泽、富有延展性、容易导电和导热的物质。金属的上述特质都跟金属晶体内含有自由电子有关。不同金属具有不同的特性，如硬度、轻重等。为什么要打磨金属呢？其实我们看到的铁钉并不是它真实的样子，因为长期放置于空气中，铁钉表面形成了一层保护膜，通过打磨可以还原它原来的颜色。

【实验用品】

实验记录单，玻璃棒，丝状、棒状、片状、块状的铜、铁、铝材料，热水，烧杯，砂纸，铁锤，铁毡，天平，塑料棒，木筷。

【实验步骤】

第一，用砂纸打磨铜棒、铁棒、铝棒的表面。

第二，把铝棒、塑料棒、木筷放进热水里，几分钟后分别摸一摸，说说有什么感觉。

第三，用铁锤敲打铜丝、铁丝、铝丝并记录实验现象。

第四，用铜片、铁片、铝片相互刻画，比较其硬度。

第五，取体积大小相同的铜块、铁块、铝块，用天平称量其各自的质量。

第六，实验完毕后整理用品和回收垃圾。

实验现象记录及不同金属性质实验记录分别见表 3-1 和表 3-2。

表 3-1 实验现象记录

实验内容	实验现象 （我们发现）	实验结论 （我们认为）
1. 用砂纸打磨铜棒、铁棒、铝棒的表面，对比打磨前后金属棒的不同		
2. 把铝棒、塑料棒、木筷放进热水里，几分钟后分别摸一摸，说说有什么感觉		
3. 用铁锤敲打铜丝、铁丝、铝丝，探究其长度、形状的变化		

表 3-2 不同金属性质实验记录

金属	是否导热	是否有延展性	是否有金属光泽	比较硬度	比较轻重
铜					
铁					
铝					

【注意事项】

第一，实验过程中用到了热水、铁锤等危险物品，注意安全，小心操作。

第二，验证金属棒放到热水里是否导热时，触摸露在空气中的一端。

第三，用铁锤敲击铁丝的一端，敲击完毕后与未敲击的一端做比较。

第四，用砂纸打磨过的铜棒、铁棒、铝棒的一端，与未打磨的另一端比较有何不同。

【实验结论】

第一，金属都具有导热性、延展性和金属光泽。

第二，不同的金属有着不同的性质。

第三，不同金属的使用范围是不同的，我们既要考虑它的性质，又要考虑获取金属的难易程度及价格等。

【实验反思】

第一，据科学统计，导热性最好的金属是银，为什么我们用铁而不用银来做锅？

第二，铁是世界上年产量最高的金属，为什么易拉罐用铝而不用铁？

第三，其他金属也有金属光泽，为什么人们偏爱用金银做首饰呢？

实验 2
固体混合后的变化

【实验问题】

我们知道固体都有确定的形状、体积和质量。固体的形状通过观察就可以知道。那么，怎样知道固体的体积和质量呢？通过观察能够确定吗？

【实验教学目标】

一、科学知识

第一，知道固体混合前后的质量不变，占据空间发生变化。

第二，知道将固体混合物分离的方法。

第三，了解日常生活中混合或分离固体的例子。

二、科学探究

第一，能用天平和量筒分别测量固体混合前后的质量与所占空间。

第二，能用科学的方式记录测量出的固体的质量与所占空间，并用科学的语言描述测量结果。

第三，能通过观察、比较，对固体混合前后占据空间变化的现象进行分析，并做出解释。

三、科学态度

第一，能在好奇心的驱使下，测量并探究固体混合前后质量与所占空间的变化。

第二，能在已有知识的基础上与同学合作，举例说明分离固体混合物的方法。

【教学重点】

通过测量固体混合前后的质量与所占空间的活动，认识到固体混合前后质量不变、所占空间发生变化。

【教学难点】

通过讨论并使用不同方法分离固体混合物的活动，认识到可以根据物体的特征或材料的性质将固体混合物分离开。

【实验原理】

固体混合前后质量不变，体积变小。物质分子间有间隔，固体和液体物质混合时，将发生扩散现象，彼此进入对方，结果是质量不变，但是总体积变小了。

【实验用品】

天平、量筒(干燥)、称量纸、烧杯、塑料勺、黄豆、玉米粉、绿豆。

【实验步骤】

第一，将天平放在水平的桌面上，使天平左右平衡。

第二，在托盘上分别放置两张相同的称量纸，用镊子将 50 克的砝码放置在右边托盘上，在左边托盘上放置黄豆，使天平平衡。

第三，用天平分别称量 50 克的黄豆、玉米粉和绿豆(图 3-1)。

第四，用量筒分别测量黄豆、玉米粉和绿豆的体积(图 3-2)，并记录实验数据。

第五，将三者均匀混合在一起，用天平称量混合后的总质量，用量筒测量混合后的总体积。

第六，实验完毕后，整理实验仪器和物品。

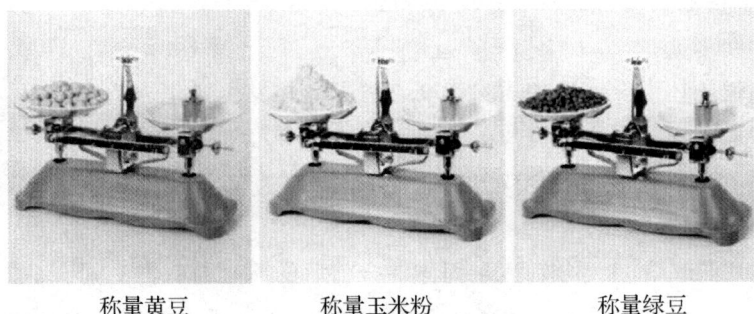

| 称量黄豆 | 称量玉米粉 | 称量绿豆 |

图 3-1　用天平称量固体质量

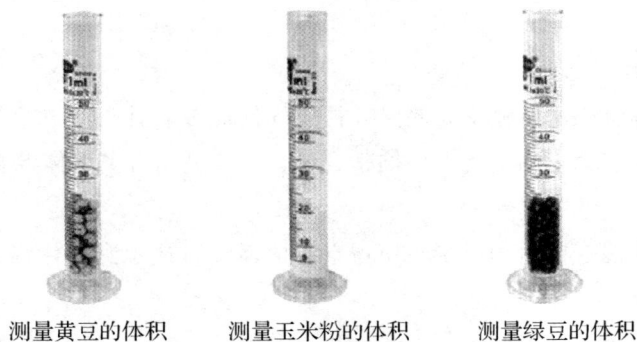

测量黄豆的体积　　测量玉米粉的体积　　测量绿豆的体积

图 3-2　用量筒测量固体体积

固体混合前后的质量和体积的记录见表 3-3。

表 3-3　固体混合前后的质量和体积的记录

研究问题	黄豆	绿豆	玉米粉
混合前质量/克			
混合后总质量/克			
混合前体积/毫升			
混合后总体积/毫升			

【注意事项】

第一，使用天平前要把游码移至零刻度线，并调节平衡螺母。调节平衡螺母时最好用镊子，使天平左右平衡。要用镊子夹取砝码，千万不能把砝码弄湿、弄脏。

第二，被测物体的质量不能超过天平量程或低于天平游码最小刻度。

第三，称量后要把游码归零，用镊子把砝码放回砝码盒。

第四，右侧托盘放砝码，左侧托盘放物体，加砝码时应该从大到小，可以节省时间。

第五，过冷或过热的物体不可放在天平上称量，应先在干燥器内放置至室温后再称量。

第六，调节天平横梁平衡后，天平不能再移动；如有移动，必须重新调节。

第七，使用量筒测量，将量筒放在水平面上读数时，视线跟液体的凹液面底部在同一水平线上。

第八，量筒是玻璃制品，使用时要轻拿轻放。

【实验结论】

第一，不同固体混合前的质量总和等于混合后的质量总和。

第二，固体混合前占据的空间之和大于混合后占据的空间。

【实验反思】

在本实验中固体材料可换成其他材料，如沙子、食盐等。学生第一次使用托盘天平和量筒称量颗粒状固体与粉末状固体，因此在实验时要先让学生熟悉和了解其注意事项。

实验 3
固体的溶解和分离

【实验问题】

一些固体、液体能溶解于水。在相同条件下，不同物质在水中的溶解能力是否相同呢？带着这个问题，我们一起进入今天的实验。

【实验教学目标】

一、科学知识

第一，溶解是指物质均匀地、稳定地分散在水中，且不能用过滤的方法或者沉降的方法分离出来。

第二，食盐溶解于水的过程是一个可逆的过程。

第三，有些物质容易溶解在水中，有些物质不容易溶解在水中，用过滤的方法可把不溶解的物质从水中分离出来。

二、科学探究

第一，观察和描述高锰酸钾、食盐、面粉、沙在水中容易溶解或不容易溶解的现象。

第二，能使用过滤装置分离几种固体与水的混合物。

第三，能从身边常见的现象中发现问题、提出问题；能够自己设计实验，探究水能溶解固体物质的特性，并用自己擅长的方式表达和交流探究的过程及结果。

三、科学态度

第一，体验研究物质容易溶解与不容易溶解的现象，激发进一步探究溶解问题的兴趣。

第二，在观察比较活动中，能够意识到通过细致的观察才会使描述更准确，严格按照规范利用溶解装置进行实验。

【教学重点】

描述食盐、面粉等物质溶解现象的主要特征。

【教学难点】

比较高锰酸钾、食盐、面粉、沙在水里的变化有哪些相同和不同。

【实验原理】

第一，溶解是指一种物质均匀地分散于另一种物质中，形成均匀、稳定的溶液的过程。

第二，食盐溶解于水的过程是一个可逆的过程。

第三，利用物质的溶解性差异，通过过滤的方法，可以将液体和不溶于液体的固体分离开来。

【实验用品】

透明的烧杯、高锰酸钾、药匙、食盐、面粉、沙、天平、量筒（干燥）、称量杯、纸、漏斗、烧杯、玻璃棒、铁架台（含铁圈）、滤纸。

【实验步骤】

一、物质的溶解

第一，用量筒称量相同体积的水，加入相同容量的 4 个烧杯中。

第二，分别取适量的高锰酸钾、食盐、面粉、沙放入 4 个盛水的烧杯中，静观它们在水中的变化，每次用药匙取少量的高锰酸钾、食盐、面粉、沙加入水中，搅拌均匀后再次加入固体，分多次加完。例如，轻轻地放入几小粒高锰酸钾，先静观高锰酸钾在水中的分散现象，然后用玻璃棒轻轻搅拌一下水，继续观察水和高锰酸钾的变化。

第三，观察 4 种溶液，分析比较它们的不同并做实验记录。

二、分离食盐和沙

第一，将食盐和沙的混合物放入烧杯后加入一些水并轻轻搅拌，使食盐完全溶解（图 3-3）。

第二，组装过滤装置过滤掉不能溶解的沙子，注意过滤时要一贴、二低、三靠或接触，一贴：滤纸紧贴漏斗的内壁。二低：滤纸的边缘低于漏斗口，漏斗里的液面低于滤纸的边缘。三靠：烧杯要紧靠在玻璃棒上，玻璃棒的末端要轻轻地靠在三层滤纸处，漏斗的下端管口要紧靠烧杯的内壁（图 3-4）。

第三，将盐水放置于阳光下，使水蒸发，食盐就会析出来。

图 3-3　实验流程

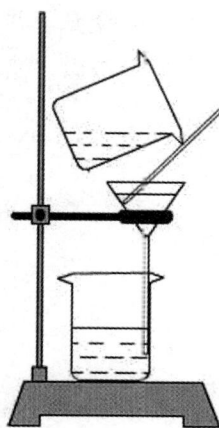

图 3-4　过滤装置

不同固体溶解的实验现象记录见表 3-4。

表 3-4　不同固体溶解的实验现象记录

实验现象	高锰酸钾	食盐	面粉	沙
是否溶解				
是否有沉淀				
能否分离				

【注意事项】

第一，烧杯、玻璃棒等玻璃制品属于易碎物品，在使用过程中要轻拿轻放。

第二，搅拌时玻璃棒不要碰到杯壁和杯底，向同一个方向搅拌。

第三，过滤时滤纸紧贴漏斗内壁，中间不留气泡；漏斗内滤纸边缘低于漏斗口边缘；倾倒液体时要用玻璃棒引流，烧杯与玻璃棒接触，同时注意液面不能高于滤纸边缘；玻璃棒的末端紧贴三层滤纸处，漏斗下端管口应紧贴烧杯内壁。

【实验结论】

第一，有些物质容易溶解在水中，有些物质不容易溶解在水中。

第二，食盐可以溶解于水，沙不溶解于水，通过过滤能够分离食盐和沙。

【实验反思】

在实验前，先请学生对加热盐水可能出现的现象进行预测，小组内讨论并填写表格。接着教师出示实验注意事项，要求学生阅读。教师简要演示实验后由学生动手实验。学生在实验中积极参与，观察实验现象并做好实验记录。学生在完成这个实验的过程中没有太大的难度，也能很容易做出食盐和水混合前后没有明显变化的判断。

实验 4
蜡烛燃烧的变化

【实验问题】

大千世界的变化无时无刻不在进行：草木生长、生米煮成熟饭、平地上建高楼。那么，这些物质变化有什么本质区别呢？今天，我们就以蜡烛的变化为例，来探究物质的变化。

【实验教学目标】

一、科学知识

认识物质的变化有两类：一类仅仅是形态的变化，没有生成新的物质；另一类的变化导致新的物质生成。

二、科学探究

第一，初步学会用实验的方法收集物质变化的证据，并能用恰当的语言表达。

第二，会设计并完成简单的实验，能对实验现象进行简单归纳。

三、科学态度

第一，意识到物质是在不断变化的。

第二，体验探究的乐趣，乐于合作交流，愿意用科学的眼光看待周围的事物。

【教学重点】

通过加热蜡块和点燃蜡烛的变化，认识物质的两类变化。

【教学难点】

寻找证据判断物质变化的种类。

【实验原理】

蜡烛受热熔化（固态变为液态），当温度达到着火点并与氧气接触时燃烧，燃烧后生成新物质（二氧化碳和水）。

【实验用品】

蜡烛、蜡块、烧杯、火柴、酒精灯、三脚架、石棉网、蒸发皿、夹子、澄清石灰水、实验记录表等。

【实验步骤】

一、加热蜡块实验

第一，观察蜡块的颜色、形状、硬度，嗅其气味，记录蜡块的主要特点。

第二，将实验材料（蜡块、酒精灯、三脚架、石棉网、蒸发皿）按实验装置图（图 3-5）完成安装。将石棉网放在三脚架上，并将蒸发皿放在石棉网上，将一小块蜡放入蒸发皿中。点燃酒精灯，观察实验现象并做详细的记录。

第三，实验完成后，将酒精灯移开，并用灯帽将其熄灭。将蒸发皿用夹子取下放在实验台上，等加热后的蜡块冷却后观察实验现象。

第四，实验完毕，整理实验物品。

二、点燃蜡烛实验

实验分成三组进行探究。第一组点燃蜡烛，用夹子夹住蒸发皿在蜡烛火焰上烧一段时间，观察蒸发皿的变化，待蒸发皿冷却后用手擦拭蒸发皿（图 3-6），观察现象并记录。

第二组取一只干燥的烧杯，倒斜着罩在蜡烛的火焰上方，缓慢转动烧杯，使其均匀受热以免爆裂，观察蜡烛燃烧的现象和烧杯内壁的情况并记录（图3-7）。

第三组将一只干燥的烧杯内壁涂满澄清石灰水，倒斜着罩在蜡烛的火焰上方，并缓慢转动烧杯，观察烧杯内壁的情况并记录（图3-8）。

实验完毕，整理实验物品。

图3-5　加热蜡块的实验装置

图3-6　蒸发皿在蜡烛火焰上灼烧

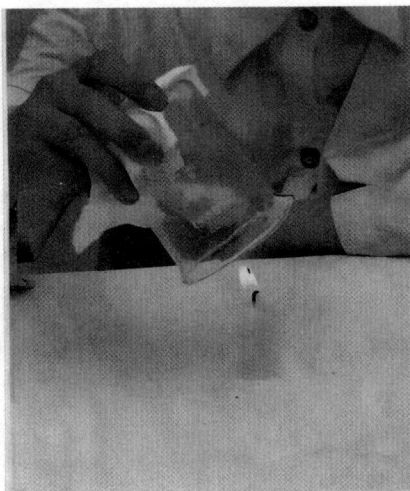

图3-7　干燥的烧杯罩在
蜡烛火焰上方

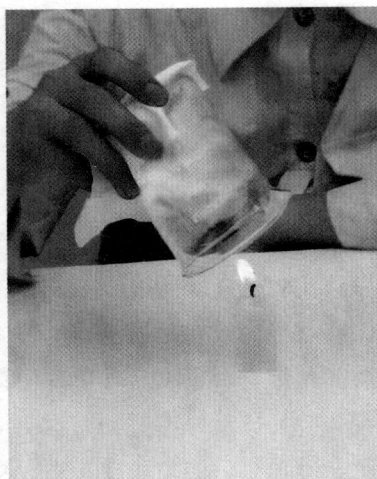

图3-8　内壁涂有澄清石灰水的烧杯罩
在蜡烛火焰上方

加热蜡块和点燃蜡烛的现象记录见表 3-5。

表 3-5　加热蜡块和点燃蜡烛的现象记录

研究问题	实验法		产生现象	分析推理	得出结论
加热蜡块和点燃蜡烛的变化是否一样	加热蜡块	观察蜡块	—	—	（有、没有）生成新物质
		加热和冷却蜡块	蜡块——＞（固体）（　）	—	
	点燃蜡烛	第一组	看到蒸发皿底部（　　　）	说明有（　）产生	（有、没有）生成新物质
		第二组	看到烧杯内壁（　），蜡烛（　）	说明有（　）产生	
		第三组	看到烧杯内壁（　）	说明有（　）产生	

【注意事项】

第一，使用酒精灯时，先要检查灯芯是否平整。

第二，添加酒精时不超过酒精灯容积的 2/3，酒精不少于总容积的 1/4。

第三，绝对禁止向燃着的酒精灯里添加酒精，以免失火。

第四，绝对禁止用一只酒精灯引燃另一只酒精灯。

第五，用完酒精灯，必须用灯帽盖灭，不可用嘴去吹。

第六，不要碰倒酒精灯，万一洒出的酒精在桌上燃烧起来，应立即用湿布扑盖。

【实验结论】

第一，蜡块加热未产生新的物质，只是形态发生了变化。蜡烛燃烧产生了新的物质（水、二氧化碳）。

第二，我们周围的物质的变化可以分为两大类：一类仅仅是形态（包括大小、形状、物态）的变化，没有产生新物质；另一类是产生新物质的变化，这类变化常常可以通过颜色的改变、产生气泡或沉淀、发光发热等现象表现出来，我们可以根据这些来判断物质的变化。

【实验反思】

第一，点燃和加热是一回事吗？

第二，在燃烧的蜡烛上方罩一只烧杯，为什么燃烧的蜡烛会熄灭？

第三，举例说明生活中的各种变化，说出它们属于哪一种变化。

本章小结

本章的内容分为四个实验。第一个实验是金属的性质。了解研究金属性质的方法，知道金属具有光泽、导热性和延展性，知道金属的性质决定用途。第二个实验是固体混合后的变化。学会使用天平称量固体物质的质量，学会使用量筒测量粉末状固体或者液体的体积；知道物质混合前后总质量不变，总体积变小。第三个实验是固体的溶解和分离。知道溶解现象，有些物质容易溶解在水中，有些物质不容易溶解在水中。知道能用过滤的方法分离容易溶解的物质和不容易溶解的物质。第四个实验是蜡烛燃烧的变化。知道蜡块加热未产生新物质，只是形态发生了变化；蜡烛燃烧产生了新的物质，是有新物质生成的变化。

关键术语

金属的性质；物质的变化；溶解；加热；燃烧；质量；体积

拓展阅读

1. 牛顿出版股份有限公司. 小牛顿科学王·物质的性质与溶解[M]. 成都：四川少年儿童出版社，2017.

该书包括"物质的形态""金属的性质""空气的性质""水和水溶液""硼酸水""食盐水""溶液的性质"等内容。在编排上，每个单元的前面都标明了此单元学习内容的重点；标题简洁、鲜明，突出实验和观察步骤；增加了"要点说明""整理"等特色板块，帮助学生把学过的知识清楚地整理出来，便于学生进一步学习；"进阶指南""动脑时间""试试看"等栏目为学生提供了有关该页内容更深入的说明，或是相关的趣味话题、必要知识等。

2. 牟兰娟，李军，徐祖玉. 小学科学实验设计与制作[M]. 长春：吉林出版集团股份有限公司，2017.

该书以小学教育培养方案为依据，以小学科学实验研究和教具制作为主线，分三个层次构建小学科学实验的知识框架，培养学生科学实验操作和教具制作的能力、创新的能力。本书秉承"继承与创新"的原则，突破传统教育技术实验的教学思路，突出培养学生科学设计技能和创新能力，对传统的自然科学实验项目进行了改造，增加了设计性实验。本书的特色是重点突出，内容全面，贴近小学科学教学实际，实用性强；创新之处是增加了"小发明、小制作、小论文"实施方法指导内容。

体验练习

1. 铁有哪些性质呢？
2. 不同固体混合后总质量有什么变化？总体积有什么变化？
3. 如何分离糖和沙？原理是什么？
4. 点燃和加热有什么不同？

第四章

水和空气的性质实验

🔍 章结构图

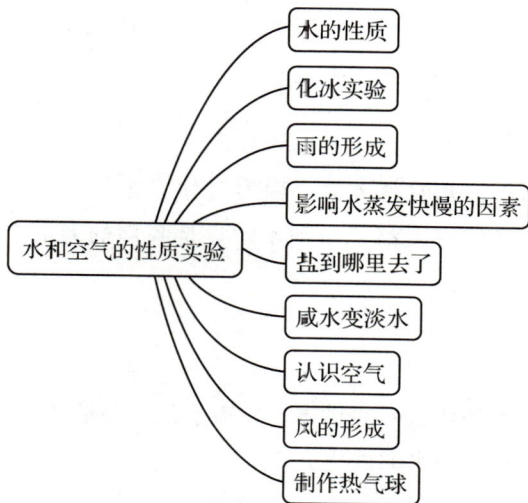

```
                              ┌─────────────┐
                          ┌───│  水的性质   │
                          │   └─────────────┘
                          │   ┌─────────────┐
                          ├───│  化冰实验   │
                          │   └─────────────┘
                          │   ┌─────────────┐
                          ├───│  雨的形成   │
                          │   └─────────────┘
                          │   ┌──────────────────┐
                          ├───│影响水蒸发快慢的因素│
 ┌──────────────────┐     │   └──────────────────┘
 │                  │     │   ┌─────────────┐
 │ 水和空气的性质实验 │─────┼───│ 盐到哪里去了 │
 │                  │     │   └─────────────┘
 └──────────────────┘     │   ┌─────────────┐
                          ├───│ 咸水变淡水   │
                          │   └─────────────┘
                          │   ┌─────────────┐
                          ├───│  认识空气   │
                          │   └─────────────┘
                          │   ┌─────────────┐
                          ├───│  风的形成   │
                          │   └─────────────┘
                          │   ┌─────────────┐
                          └───│ 制作热气球   │
                              └─────────────┘
```

本章概述

　　本章主要阐述了水和空气的性质实验，包含了"水的性质""化冰实验""雨的形成""影响水蒸发快慢的因素""盐到哪里去了""咸水变淡水""认识空气""风的形成""制作热气球"9个实验。学生通过对这9个实验的学习掌握以下知识：水的性质，水的三态变化，雨形成的原因，影响水蒸发快慢的因素，物质溶解的现象、含义和原理，风形成的原因。

☕ 问题情境

　　韩老师是一名入职2年多的小学科学教师，对水和空气的性质的教学比较熟练，但对这部分的实验教学还存在一些问题。学生在生活中已经积累了大量关于水和空气的认知经验。比如，水是无色无味的，可以溶解一些物质；冰与水是同一种物质；空气在我们的生活中无处不在。这些是学生熟悉的事物或者现象。但是学生对于根据生活经验掌握的知识没有形成完整的认识。那么教师如何将学生熟悉的事物或者现象与课堂实验教学相结合呢？本章实验涉及酒精灯、烧杯、玻璃棒等仪器的使用，教师如何安全有效地开展实验课呢？本章包括一些模拟实验（如模拟雨的形成、制作热气球等)，教师应该如何选择实验仪器和材料呢？对于水和空气的性质实验，到底该如何教学呢？下面我们一起来学习如何设计和实施该领域的实验。

实验 1
水的性质

【实验问题】

猜谜语：因为有你，鱼儿游得奔放；因为有你，花儿快乐绽放；因为有你，地球变得美丽。谜底是水。我们每天都要用到水，它是我们的老朋友。那么关于水，你都了解哪些呢？

【实验教学目标】

一、科学知识

第一，能具体说出水是什么样的物体，知道水是一种液体。

第二，能用多种感官感知水的性质。

二、科学探究

第一，能对感知到的知识进行梳理。

第二，能用语言、文字等方式描述水是什么样的。

三、科学态度

第一，能实事求是地观察、记录实验现象。

第二，能和其他同学相互配合，共同完成实验探究。

【教学重点】

通过实验总结水的特征。

【教学难点】

通过实验总结水的性质。

【实验原理】

水是一种没有颜色、没有气味、没有味道、没有固定形状的液体。利用水的这些性质，通过观察，可以将水和牛奶区分出来；通过闻气味，可以将水和白醋区分出来；通过尝味道，可以将水和糖水区分出来；因为水没有固定形状，所以将水放到什么形状的容器中，水就是什么形状。

【实验用品】

纯净水、牛奶、白醋、白糖、杯子、长方体盒子、烧瓶、烧杯、玻璃棒、筷子、不同颜色的色素等。

【实验步骤】

第一，取 4 个烧杯，向其中两个烧杯中分别倒入 100 毫升纯净水，在其中一个杯子中加入适量白糖，用玻璃棒搅拌，使其溶解。向另外两个烧杯中分别加入 100 毫升牛奶和 100 毫升白醋。

第二，学生观察并利用感官找出哪一杯是水，将区分过程填写在表 4-1 中。

第三，在盛有水的烧杯中滴加几滴色素，并用玻璃棒搅拌均匀。

第四，把水放到不同的容器中（烧杯、烧瓶、长方体盒子），观察水是什么形状的，画在表 4-2 中。

不同形状的容器见图 4-1。

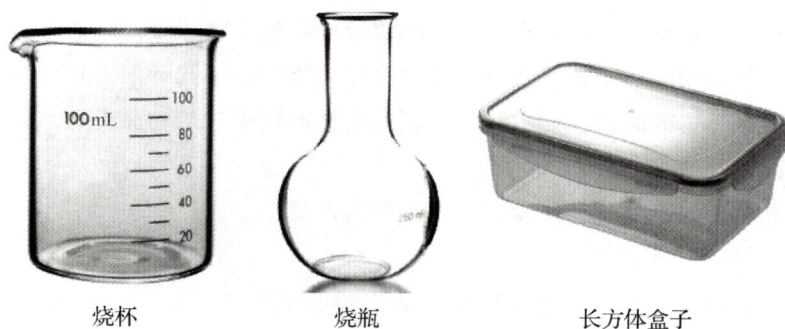

烧杯　　　　　　　　　烧瓶　　　　　　　　　长方体盒子

图 4-1　不同形状的容器

实验结果处理（见表 4-1 和表 4-2）要求：利用哪种感官可以把哪种液体区分出来？请在相应的方框中打√。

表 4-1　利用不同感官区分不同液体

不同感官	纯净水	白糖水	牛奶	白醋
眼睛				
鼻子				
舌头				

要求：将水放到不同容器中，水是什么形状的，请在表格中画出来。

表 4-2　水放到不同容器中的形状

物质	烧杯	烧瓶	长方体盒子
水			

【注意事项】

第一，对于不认识的物体，我们不能随便去闻，更不能轻易去尝。

第二，用鼻子闻的时候，不要直接靠近物体，要用手扇气味的方式来闻。

第三，用舌头尝的时候，要用筷子或别的物体蘸取少量的物品进行品尝。

【实验结论】

水是没有颜色、没有气味、没有固定形状的液体。

【实验反思】

水对于中低年级学生来说并不陌生。本实验关键在于引导学生用不同感官认识水的性质，特别是在认识水没有味道时，学生需要品尝，教师要告诉学生不认识的物体不能轻易品尝。本实验中的杯子、筷子、水、白糖需要保证卫生、干净，可以让学生品尝。在认识水的形状时，可能会有学生形成水没有固定形状的认识。教师需要做出解释：水没有固定形状，放到不同容器中会变成不同的形状，它的形状是可以变化的。

实验 2
化冰实验

【实验问题】

水有冰、水、水蒸气三种不同状态。在不同的季节里，它会呈现不同的状态。那水的不同状态之间是怎样变化的呢？

【实验教学目标】

一、科学知识

能说出温度是影响水结冰和沸腾的主要因素。

二、科学探究

第一，能通过实验、观察等方式获取温度与冰融化和水沸腾的关系。

第二，能用统计图（表）等方式整理记录温度与冰融化和水沸腾的关系。

第三，能运用分析、比较、概括等方法得出实验结论。

三、科学态度

第一，能对冰融化和水沸腾与什么有关有探究兴趣。

第二，能以事实为依据做出判断。

第三，能与他人合作学习、沟通交流，形成集体的实验方案或结论。

第四，能举例说出水的三态变化在生活中的应用。

【教学重点】

通过对实验数据进行分析，说出温度是影响冰融化和水沸腾的主要因素。

【教学难点】

能用统计图（表）等方式记录整理温度与冰融化和水沸腾的关系。

【实验原理】

温度是影响水的状态变化的主要原因，通过加热可以实现冰融化、水沸腾，水受热会蒸发。

【实验用品】

冰、50毫升的烧杯、酒精灯、火柴、温度计、铁架台及配件、陶土网、托盘天平、秒表、湿毛巾等。

【实验步骤】

第一，组装实验装置。在组装时根据酒精灯火焰高度确定铁圈的高度，根据烧杯、冰块的位置确定温度计的位置。

第二，用天平称量烧杯的质量，并记录下来。将冰块砸碎后放入烧杯，用温度计测出冰屑的初始温度，用天平称量盛有冰屑的烧杯的总质量，并记录下来（一般称量20克左右的冰屑）。

第三，将烧杯放在陶土网上，调整温度计的位置，使温度计的液泡浸在液面以下，点燃酒精灯开始加热。

第四，用秒表开始计时，每隔两分钟观测一次冰屑、温度计的变化情况，并记录下来。

第五，当冰完全化成水时，记录下时间和温度计的示数。

第六，认真观察，当水开始沸腾时，有小气泡从水中向水面冒，到达水面时破裂。记录下水开始沸腾的时间和温度。

第七，水沸腾后持续加热两分钟，可以看到有很多气泡从底部向上冒，并逐渐变大，到达水面时破裂，水面上有很多"白雾"。此时，读取温度计的示数，并熄灭酒精灯。

　　第八，静置一段时间，等烧杯不太热时，用天平称量沸腾后的烧杯和水的总质量，并计算出水的质量。

　　化冰实验装置见图 4-2。

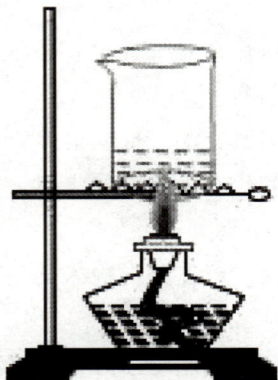

图 4-2　化冰实验装置

　　实验记录单见表 4-3。

表 4-3　实验记录单

1. 利用天平称量空烧杯的质量是（　　　），盛有冰屑的烧杯的质量是（　　　）；水沸腾一段时间后，盛有水的烧杯的总质量是（　　　），沸腾的水的质量是（　　　）。

2. 随着时间的延续，温度的变化为：

时间/分钟	0	2	4	6	8	10	12	14	16	18	20
温度/℃											

3. 冰开始融化的时间是（　　　），温度是（　　　）；冰完全融化的时间是（　　　），温度是（　　　）；水开始沸腾的时间是（　　　），温度是（　　　）；水沸腾两分钟后的温度是（　　　）。

　　化冰实验曲线见图 4-3。

温度/℃

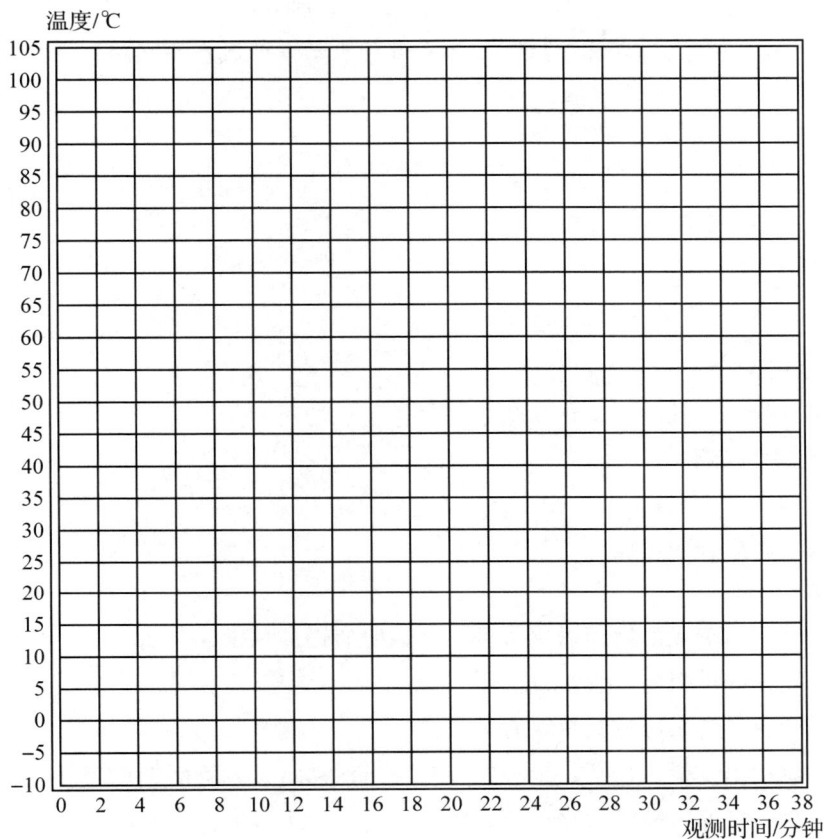

图 4-3 化冰实验曲线

【注意事项】

第一，将温度计的液泡浸到液面以下。

第二，在使用酒精灯时，要注意安全。

第三，烧杯上可以增加一个盖子，以保证水的沸点为 100℃。

第四，加热结束后不要直接用手取下烧杯，以免被烫伤。

【实验结论】

冰、水、水蒸气虽然状态不同，但都是同一种物质。在冰融化、水沸腾的过程中，其温度会保持不变。只有水的状态发生改变时，其温度才会发生变化。这三种状态可以互相变化。在变化过程中，温度是影响冰融化和水沸腾的主要因素。

【实验反思】

第一，在实验中，我们发现冰融化的温度有时候不是 0℃，水沸腾的温度有时候不是 100℃，这是因为冰的熔点、水的沸点还会受到其他因素的影响，如气压等。

第二，在冰化成水、水沸腾的过程中温度计的示数没有变化，当加热结束后，水的质量减少了，这是因为在加热过程中，一部分水蒸发变成水蒸气跑到空气中了。

实验 3
雨的形成

【实验问题】

雨是常见的天气现象，那你知道它是怎样形成的吗？

【实验教学目标】

一、科学知识

能归纳出雨形成的原因。

二、科学探究

第一，能对雨形成的原因做出假设，并说明假设的依据。

第二，能设计出探究"雨的形成"的实验。

第三，能通过观察等方式获取有关信息。

第四，能运用分析、概括、推理的方法得出活动结论，判断结论与假设是否一致。

第五，能对探究活动进行反思与评价。

三、科学态度

第一，能对雨形成的原因表现出探究兴趣。

第二，能运用新的思路、新的方法、新的材料，设计"雨的形成"的实验方案。

第三，能与他人合作学习、沟通交流，综合考虑小组各成员的意见，形成集体观点。

【教学重点】

能设计出"雨的形成"的实验。

【教学难点】

能通过实验归纳出雨形成的原因。

【实验原理】

自然界中的水受热蒸发为水蒸气升到高空中，在高空中遇冷凝结形成云。云中的小水滴不断变大，大到云层托不住的时候就降落下来。雨的形成需要水受热形成水蒸气、水蒸气遇冷凝结两个过程。在实验中借助酒精灯、冰块完成这两个过程，进而模拟雨的形成。

【实验用品】

酒精灯、烧杯、易拉罐、大饮料瓶、水、铁架台、火柴等。

【实验步骤】

第一，将一个易拉罐剪去上面部分，制成金属加热器。在另一个易拉罐中装入水，提前放到冰箱冷冻室里冷冻。

第二，将大饮料瓶上面的部分剪成一个塑料罩，正好可以套在易拉罐上。

第三，把金属加热器放在铁架台的铁圈上，向其中倒入水。将冷冻后的易拉罐和塑料罩一起固定在金属加热器的上方。

第四，用酒精灯给金属加热器中的水加热，注意用酒精灯的外焰加热。

第五，观察实验现象。在加热过程中，我们看到金属加热器中水的温度逐渐升高，水面上出现了白雾。随着水的沸腾，水面上的白雾越来越多，有些白雾附着到易拉罐的底部，形成了小水滴。慢慢地，易拉罐底部的小水滴越来越多，连续不断地掉到下面的易拉罐中。

【注意事项】

第一，在剪易拉罐的过程中要注意安全。

第二，使用酒精灯时应注意安全，用酒精灯的外焰加热。

【实验结论】

第一，江河湖泊中的水受太阳的照射蒸发为水蒸气升到高空，在高空中遇冷凝结形成云。云中的小水滴会不断变大，大到云层托不住的时候就会降落下来，形成雨。

第二，下雪的时候，天气比较冷，室外温度为0℃以下，云中的小水滴降下来就成了雪。

【实验反思】

在模拟实验中，金属加热器中的水模拟的是自然界中的水，装有冰块的易拉罐模拟的是高空中比较冷的环境，酒精灯模拟的是自然界中的太阳。在模拟实验中提供足够的水蒸气、冷环境有助于实验效果的呈现。

实验 4
影响水蒸发快慢的因素

【实验问题】

在日常生活中，有时候为了让衣服干得更快一些，我们会将衣服放在太阳能照射到的、通风的地方，并且把衣服展开。那么，蒸发的快慢和什么有关呢？

【实验教学目标】

一、科学知识

能说出影响蒸发快慢的因素有哪些。

二、科学探究

第一，能根据生活经验对影响蒸发的因素做出假设。

第二，能通过观察、实验等方式认识影响蒸发快慢的因素。

第三，能用分析、比较、归纳、推理等方法得出结论。

三、科学态度

第一，能对蒸发现象表现出探究兴趣。

第二，能采用多种思路、多种方法完成影响水蒸发快慢的因素的实验设计。

第三，能综合考虑多人意见，形成集体的观点。

【教学重点】

通过设计实验认识水受热蒸发的现象。

【教学难点】

通过设计实验认识影响蒸发快慢的因素。

【实验原理】

水受热蒸发。对于同一种液体来说，影响其蒸发快慢的因素有三个，即液体温度的高低、液体与空气接触的表面积大小，以及液体表面空气流动快慢。液体温度越高、液体与空气接触的表面积越大、液体表面空气流动得越快，液体蒸发得越快。

【实验用品】

玻璃片、滴管、秒表、硬纸板、小电扇、玻璃棒等。

【实验步骤】

第一，在两块玻璃片上分别滴上 1 滴水。把 1 号玻璃片放置在教室窗台阳光照射不到的地方(温度较低)，把 2 号玻璃片放置在教室窗台阳光能照射到的地方(温度较高)。每间隔 30 分钟，观察记录一次两块玻璃片上水的蒸发情况。

第二，在两块玻璃片上分别滴上 1 滴水。把两块玻璃片放在桌面上，中间固定 1 个硬纸板，用小电风扇给 1 号玻璃片吹风。每间隔 30 分钟，观察记录一次两块玻璃片上水的蒸发情况。

第三，在两块玻璃片上分别滴上 1 滴水，用玻璃棒将 1 号玻璃片上的水抹开。把两块玻璃片放在阳光照射到的窗台上。每间隔 30 分钟，观察记录一次两块玻璃片上水的蒸发情况。

水蒸发快慢与空气接触面积关系实验见图 4-4。

图 4-4　水蒸发快慢与空气接触面积关系实验

两块玻璃片上水的蒸发情况记录见表 4-4。

表 4-4　两块玻璃片上水的蒸发情况记录

时间	30 分钟	60 分钟	90 分钟	120 分钟
1 号玻璃片				
2 号玻璃片				

【注意事项】

第一，在两块玻璃片上滴水时，尽量保证水滴大小一样。

第二，对比实验只有一个条件不同，其他条件相同。

【实验结论】

水的温度越高、水与空气接触的表面积越大、水面上空气流动得越快，水蒸发得越快。

【实验反思】

影响水蒸发快慢的实验是对比实验。对比实验分为实验组和对照组。实验组和对照组之间只有一个实验条件不同，其他条件都相同，因此，在实验中要严格控制变量。

实验 5
盐到哪里去了

【实验问题】

驴驮盐过河，盐袋掉到水里后为什么变轻了？盐到哪里去了？

【实验教学目标】

一、科学知识

能用自己的话说出溶解的含义。

二、科学探究

第一，能预测不同物质与水混合的结果。

第二，能自己制定标准对各种物质进行分类。

三、科学态度

第一，能实事求是地观察、记录实验现象。

第二，能和其他同学相互配合，共同完成实验探究。

【教学重点】

不同物质和水混合产生不同实验现象。

【教学难点】

设计各种物质和水混合实验，观察记录实验现象。

【实验原理】

生活中有些物质可以溶解在水中，有些物质不能溶解在水中。像食盐、白糖等物质，它们在水中变成微粒，均匀分散在水中的过程叫作溶解。像沙子、锯末等物质，它们在加入水中后，不能变成微粒，不能均匀分散在水中，沙子会沉到水的底部，锯末会漂浮在水面上，说明这些物质不能溶解在水中。

【实验用品】

容量为 200 毫升的烧杯、水、玻璃棒、药匙、食盐、白糖、锯末、沙子、铁粉、纸巾等。

【实验步骤】

第一，在烧杯中加入 100 毫升水，取一药匙食盐加入水中，用玻璃棒搅拌，观察食盐在水中发生了什么现象。

第二，把白糖、锯末、沙子、铁粉分别放入水中，会发生什么现象呢（学生根据经验对实验结果进行预测，并填写在实验记录上）？

第三，在 4 个烧杯中分别加入 100 毫升水，分别取 1 药匙白糖、锯末、沙子、铁粉加入 4 个烧杯中。

第四，在 4 个烧杯中分别用玻璃棒充分搅拌烧杯中的液体，认真观察每种物质与水混合后有什么现象，做好实验记录。

第五，你能根据 4 种物质和水混合后的现象，对这 4 种物质进行分类吗？

不同物质和水混合后的实验记录和物质分类见表 4-5 和表 4-6。

表 4-5　不同物质和水混合后的实验记录

加入水中的物质	预计现象	实际现象	水的变化
白糖			
锯末			
沙子			
铁粉			

表 4-6　物质分类

	分类标准	分类结果
标准 1		
标准 2		

【注意事项】

第一，在每个烧杯中加入同样量的水和固体，搅拌相同的次数。

第二，取完一种固体后，需要用干净纸巾擦拭干净药匙再取另一种固体。

第三，玻璃棒在搅拌时不要触碰到烧杯的底部和侧壁。

第四，用玻璃棒搅拌完一个烧杯后，使用自来水冲洗干净后再搅拌另一个烧杯。

【实验结论】

食盐、白糖等物质在水中变成微粒，均匀分散在水中的过程叫作溶解。

【实验反思】

根据分类结果，我们知道白糖和食盐溶解在水中了。学生尝一尝白糖水，发现很甜，说明白糖均匀分散到了水中。通过观察我们可以看到白糖水、盐水的颜色都是透明的。我们还可以将高锰酸钾颗粒加入水中，并借助玻璃棒搅拌，观察高锰酸钾颗粒的变化。

实验 6
咸水变淡水

【实验问题】

大海里的水都是咸的，那我们能不能把海水变成我们能饮用的淡水呢？

【实验教学目标】

一、科学知识

能用自己的话说出咸水变淡水的原理。

二、科学探究

能通过实验让咸水变成淡水。

三、科学态度

第一，能实事求是地观察、记录实验现象。

第二，能和其他同学相互配合，共同完成实验探究。

【教学重点】

能通过实验让咸水变成淡水。

【教学难点】

能通过实验让咸水变成淡水。

【实验原理】

海水受热蒸发形成的水蒸气是无色无味的，这些水蒸气在上升过程中遇到冷的物体会变成小水滴。这些小水滴越变越大，受重力作用便会滴落下来。

【实验用品】

圆形水槽、烧杯、保鲜膜、食盐、水、小钢珠、玻璃棒、药匙等。

【实验步骤】

第一，在圆形水槽中加入一半左右的水、10 药匙食盐，用玻璃棒搅拌使食盐溶解。

第二，在水槽的中间放一个空烧杯，咸水不能漫过烧杯口。

第三，用保鲜膜盖在圆形水槽上，在保鲜膜中间放一个小钢珠。

第四，把装置放在阳光充足的地方。

第五，观察实验现象。在保鲜膜上可以看到小水滴，小水滴顺着保鲜膜凹处滴到中间的烧杯中。

咸水变淡水实验装置见图 4-5。

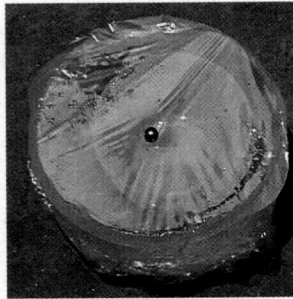

图 4-5　咸水变淡水实验装置

【注意事项】

第一，烧杯的半径越大越好，密封性越强越好。

第二，保鲜膜盖在水槽上，密封性越强越好。

第三，小钢珠放在保鲜膜上的中央位置后，向下按压，形成一个凹陷。

【实验结论】

咸水通过阳光照射，蒸发变成水蒸气，接着水蒸气变成小水滴附着在保鲜膜上，小水滴顺着保鲜膜凹处滴到中间的烧杯中。

【实验反思】

水蒸气遇冷凝结在生活中非常常见，如锅盖上的小水滴、浴室镜子上的小水滴等。我们在实验中将这些小水滴收集起来，利用实验装置就可以得到淡水。如果想缩短实验时间，可以使用图 4-6 所示的蒸馏实验装置。

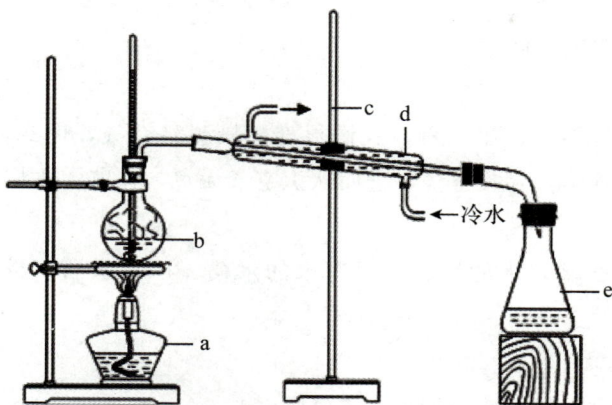

说明：a. 酒精灯；b. 蒸馏烧瓶；c. 铁架台；d. 冷凝管；e. 锥形瓶

图 4-6　蒸馏实验装置

实验 7
认识空气

【实验问题】

（猜谜语）"看不见，摸不着。不香不臭没味道。说它宝贵到处有，万物生存离不了。"谜底是空气。到底哪里有空气？空气有什么特征呢？

【实验教学目标】

一、科学知识

能具体说出空气具备的基本性质。

二、科学探究

第一，能用感官感知并描述空气的特点。

第二，能用实验证明空气是否占据空间。

三、科学态度

第一，能认识到在科学探究过程中要用实验证明自己猜想的正确性。

第二，激发科学探究的兴趣，培养积极的探究态度，增强环保意识。

【教学重点】

能用感官感知并描述空气的特点。

【教学难点】

清楚空气是否占据空间。

【实验原理】

空气在生活中看不到、摸不着，我们很难直接观察空气，但我们可以借助一些物体，如塑料袋、吸管等，寻找空气，进而认识空气无色、无味、占据空间等特点。

【实验用品】

吸管、粉笔头、盛有水的烧杯、盛有水的水槽、矿泉水瓶、透明塑料袋、杯子、纸等。

【实验步骤】

第一，空气就在我们身边，哪里有空气呢？

第二，怎样利用一些材料来找空气呢？怎么做？观察什么？

吸管。用吸管向烧杯中的水吹气，观察水面的变化。

粉笔头。把粉笔头放进水槽内，观察粉笔头和水面的变化。

透明塑料袋。把袋子拿起来，兜一下，让其中充满气体，然后慢慢向外挤压。

第三，先让塑料袋里充满气体，看一看空气是什么颜色、什么形状的，闻一闻空气有什么气味。空气没有颜色、没有固定形状、没有气味。

第四，空气占据空间吗？在杯底塞一团纸，将塞纸团的杯子竖直倒扣入装水的水槽内。一段时间后，直立取出杯子，观察纸团。拧下矿泉水瓶瓶盖，把矿泉水瓶水平压入水面下，用力捏矿泉水瓶，可以看到有气泡冒出，有水进入矿泉水瓶。

寻找空气记录见表4-7。

表4-7　寻找空气记录

实验用品	操作方法	观察现象
吸管		
粉笔头		
透明塑料袋		

【注意事项】

第一，在实验时注意安全，不要将烧杯和水槽中的水溅出来，以免弄脏桌面。

第二，为了个人卫生，每个吸管只允许一人使用。

【实验结论】

空气没有颜色，没有气味，没有固定形状，占据一定空间。

【实验反思】

空气就在我们身边，我们看不见、摸不着，但可以借助别的物体来寻找空气。

实验 8
风的形成

【实验问题】

空气受热后会上升，那我们感受到的风是怎样形成的呢？

【实验教学目标】

一、科学知识

第一，知道空气受热后会上升。

第二，能归纳出空气的流动是风形成的原因。

二、科学探究

第一，能根据实验方法进行风的成因的实验。

第二，能正确讲述自己的探究过程与结论，能倾听别人的意见，并与之交流。

第三，能对自己的探究过程、方法和结果进行反思，做出自我评价与调整。

三、科学态度

第一，能在好奇心的驱使下，表现出对探究风的成因的兴趣。

第二，能实事求是地记录自己观察到的实验现象。

【教学重点】

空气受热后会上升，引起空气流动。

【教学难点】

能归纳出空气的流动是风形成的原因。

【实验原理】

风是自然界中常见的一种自然现象。地球上由于地理环境不同，温度也不同。温度高的地方空气受热上升，温度低的地方空气向温度高的地方流动，因此形成了风。

【实验用品】

风的形成实验箱、蜡烛、火柴、线香、垃圾桶、湿抹布等。

【实验步骤】

第一，在管口左边点燃线香，观察烟的流动方向。

第二，打开透明盖子，点燃实验箱内的蜡烛，扣上透明盖子，再将线香放在管口 A 处，观察烟流动的方向。

实验装置见图 4-7 和图 4-8。

图 4-7　点燃线香，不点蜡烛实验装置

图 4-8　点燃线香，点燃蜡烛实验装置

实验记录单见表 4-8。

表 4-8　实验记录单

控制变量	线香的烟的流动方向	风车转动情况
点燃线香，不点燃蜡烛		
点燃线香，点燃蜡烛		

【注意事项】

第一，在实验中将线香放在管口正对的位置。

第二，在组装过程中，尽量保证实验模型的密闭性。

第三，蜡烛、线香用完后及时熄灭。蜡烛用嘴吹灭，线香轻轻蘸些水，湿抹布可以应急熄灭蜡烛、线香。

【实验结论】

风箱内的空气受热后会上升，风箱外的冷空气会流进风箱，从而形成风。自然界也有一个大大的"蜡烛"，那就是太阳。地球上的任何地方都可以被看成风箱，"风箱"内两个地方受热不均，造成温度高低不同。温度高的地方热空气上升得快，另一个地方的冷空气流动过来补充，从而形成了自然界中的风。

【实验反思】

通过是否点燃蜡烛的对比实验，引导学生探究风的形成原因，即空气受热上升，周围冷空气过来补充，进而形成了风。在实验过程中，要保证装置的密封性，蜡烛点燃前后实验装置的透明塑料盖要盖好，这样实验现象才会更加明显。

实验 9
制作热气球

【实验问题】

热气球能带着我们上升到天空俯瞰美景，又能下降，把我们安全地送回地面。你知道热气球是怎么上升、下降的吗？

【实验教学目标】

一、科学知识

认识空气受热后膨胀变轻，从而带动了热气球上升，空气冷却变重后热气球又会降下来。

二、科学探究

第一，能描述热气球上升和下降的现象，并对类似的现象进行解释。

第二，能记录实验现象并进行解释。

三、科学态度

第一，知道在一定条件下，科学实验是可重复的。

第二，在放飞热气球的活动中，能针对遇到的困难或问题提出自己的解决方案。

【教学重点】

尝试让热气球上升并在此过程中了解热空气上升的现象。

【教学难点】

用概括性的语言有逻辑地解释热气球上升及下降的现象。

【实验原理】

空气受热后，体积膨胀，密度变小，进而热空气会上升。

【实验用品】

塑料袋、蜡烛、纸筒、火柴、剪刀等。

【实验步骤】

第一，在纸筒的底部剪一个小孔。

第二，用火柴点燃蜡烛，在蜡烛上套上纸筒，使蜡烛在纸筒的中间位置。

第三，拎住塑料袋，把塑料袋边缘拉开，扣在纸筒上。

第四，尝试放飞热气球。

【注意事项】

第一，在使用火柴、蜡烛时，注意安全，不要被烫伤。

第二，不要让蜡烛、火柴点燃纸筒、塑料袋。

第三，纸筒上的小孔要在纸筒底部。

【实验结论】

空气受热后膨胀变轻，从而带动了热气球上升。空气冷却变重后热气球又会降下来。

【实验反思】

我们可以利用身边一些常见物品做热气球。在加热前，塑料袋瘪瘪的；在加热后，塑料袋鼓鼓的，也越来越热，我们还能感觉到一股力量将塑料袋托起，轻轻松手塑料袋就上升了。

本章小结

本章内容分为 9 个实验。第一个实验是水的性质。通过感官了解水的性质，知道水是一种没有颜色、没有气味、没有味道、没有固定形状的液体。第二个是化冰实验。通过实验了解水的三态变化以及冰融化成水的温度和水沸腾的温度，知道酒精灯的使用方法和加热装置的组装过程。第三个实验是雨的形成。主要学习了雨的形成模拟装置的组装及雨形成的原因。第四个实验是影响水蒸发快慢的因素。通过对比实验了解影响水蒸发快慢的因素，即温度的高低、水与空气接触的表面积大小，以及水面上空气流动快慢。第五个实验是盐到哪里去了。了解物质溶解的现象、含义和原理，知道可以根据物质是否能够溶解在水中对物质进行分类。第六个实验是咸水变淡水。主要学习简易蒸发器的组装，知道通过蒸发可以把咸水变成淡水，了解蒸馏装置。第七个实验是认识空气。主要学习证明空气存在的多种方法，知道空气是一种无色、无味的气体，空气会占据一定的空间。第八个实验是风的形成。了解风是自然界中常见的一种自然现象，知道由于温度不同，空气流动形成了风。第九个实验是制作热气球，并知道热气球上升和下降的原理。

关键术语

水的性质；空气的性质；蒸发；沸腾；溶解；风的形成；雨的形成；热气球

拓展阅读

1. 胡天印．小学科学实验创新与开发[M]．杭州：浙江科学技术出版社，2016.

该书对小学科学实验的内容、手段、方法进行了创新与开发，共开发了100 多个自然科学实验，每个实验从知识背景、实验器材、实验结果与分析、温馨提示几方面进行阐述，为小学教育工作者、小学生、科学爱好者提供了很好的学习、研究素材。

2. 特雷西·安·阿斯顿. 给小学教师的 100 个简单的科学实验创意［M］. 韩小宁，刘白玉，顿小慧，译. 北京：中国青年出版社，2016.

该书精心准备了科学课上的 100 个简单易行的实验创意，让所有小学教师不再为没有专业设备而烦恼，轻松开展科学课的教学活动。该书实验内容主要涵盖了现实世界，这类实验主要是探索真实的世界；物质世界，这类实验主要是探索构成这个世界的物质及其特性；物理世界，这类实验主要是探索物理概念及其应用；不同的世界，这类实验还探索一些有趣但非同寻常的科学领域。每个实验都提供了完整的"学科知识指南"，包括学习目标、实验简介、前期知识准备、科学背景知识以及重点科学概念，还说明了安全及技术注意事项、实验方法，分享了一些提高或者降低挑战的建议以及拓展任务。此书适用于所有小学教师、见习教师及课堂教学助理，他们都期待将科学世界带进教室，目标是让学生了解科学，给学生亲身体验科学的机会，培养他们的科学素养，锻炼他们的思维能力，增强他们学习科学的兴趣。学习完此书，教师和学生一定能够发现科学实验带给他们的不少启发。

体验练习

1. 水的特点有哪些？

2. 冰、水、水蒸气有什么关系？怎样实现相互转化？

3. 雨是怎样形成的？

4. 影响水蒸发的因素有哪些？

5. 什么是溶解？

6. 咸水怎样变为淡水？

7. 空气有哪些特点？

8. 风是怎样形成的？

9. 热气球上升和下降的原理是什么？

章结构图

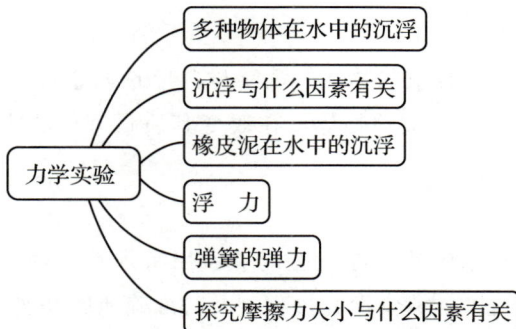

本章概述

　　本章主要介绍力学实验，包含"多种物体在水中的沉浮""沉浮与什么因素有关""橡皮泥在水中的沉浮""浮力""弹簧的弹力""探究摩擦力大小与什么因素有关"6 个实验。学生通过对这 6 个实验的学习认识基本力学，了解力学对我们生活的重要性。

问题情境

　　李老师是一位小学科学教师，他经常思考如何让学生学习复杂的力学实验。

　　日常生活中存在各种各样的力，如船体漂浮在水面、蹦极、传送带传送物品、斜坡拉车等均存在力的作用。学生对生活中力的存在形式也有一定的认知，知道浮力、弹力以及摩擦力的存在形式，但对力的不同存在形式有何不同、力产生的原因、力的大小与什么因素有关，学生并不能准确地理解，对力的大小的概念也模糊不清。如何利用力更好地来服务我们的生活或解决实际问题呢？通过以下几个例子，学生思考日常生活中的哪些地方应用到了力。应用力的例子在我们的生活中十分常见，下面我们就深入学习力学实验。

实验 1
多种物体在水中的沉浮

【实验问题】

分别将小石块、泡沫塑料、回形针、蜡烛、带盖的空瓶、萝卜、橡皮、木块这些物体放入水中，会产生怎样的现象呢？哪些物体在水中是下沉的？哪些物体在水中是上浮的？

【实验教学目标】

一、科学知识

第一，知道由不同材料构成的物体的沉浮与自身的质量和体积都有关。

第二，知道同一种材料构成的物体，在改变其质量和体积大小后，它们在水中的沉浮状态不会发生改变。

二、科学探究

第一，对不同物体在水中的沉浮状态能够做出有理有据的大胆预测，并亲身经历"观察—发现—推测—验证"的科学探究过程，及时准确地做好实验记录。

第二，学会用切分法和叠加法研究物体在水中的沉浮变化。

三、科学态度

第一，激发对研究物体在水中沉浮的现象的兴趣。

第二，体验对原有认知进行自我否定、修正的思维过程。

【教学重点】

能够用准确的语言描述物体在水中的沉浮状态；知道同种材料构成的物体，改变它们的质量和体积后，沉浮状态不会发生改变。

【教学难点】

及时纠正自己的错误概念。

【实验原理】

物体在水中接触容器底部的现象叫作"沉"，不接触容器底部的现象叫作"浮"。同一种材料构成的物体，在改变质量和体积大小后，在水中的沉浮状态不会发生改变。

【实验用品】

玻璃水槽、小石块、泡沫塑料、回形针、蜡烛、带盖的空瓶、萝卜、橡皮、木块等。

【实验步骤】

一、观察物体在水中的沉浮

第一，将玻璃水槽放在平稳的展示台上，并向其中加入大约四分之三的水。

第二，拿起不同的物体，用手摸，用眼睛看，预测各种物体在水中是沉还是浮，把预测结果及理由填写在实验记录表（表 5-1）中。

第三，分别将不同的物体轻轻从水面放入水中，使物体完全浸在水中。松开手后，观察并记录实验验证结果。

二、探究物体的沉浮与它们的质量、体积有无关系

第一，整理好其他实验材料，留下盛有水的玻璃水槽、萝卜和橡皮。

第二，思考并预测二分之一、四分之一、八分之一大小的橡皮和萝卜在水中是沉还是浮，把预测结果及理由填写在表 5-2 中。

第三，把橡皮和萝卜分别切出二分之一、四分之一、八分之一大小（图 5-1），轻轻从水面放入水中，完全浸没，松开手后，观察并将实验验证结果记录在表 5-2 中。

第四，收回小刀、萝卜和橡皮，拿出回形针和木块。

第五，思考并预测两枚、三枚、多枚串联在一起的回形针以及用透明胶带粘在一起的两块、三块、多块木块在水中是沉还是浮，把预测结果及理由填写在实验记录表 5-3 中。

第六，把两枚、三枚、多枚串联在一起的回形针以及用透明胶带粘在一起的两块、三块、多块木块（图 5-2）轻轻从水面放入水中，完全浸没后，松开手，观察并把实验验证结果记录在表 5-3 中。

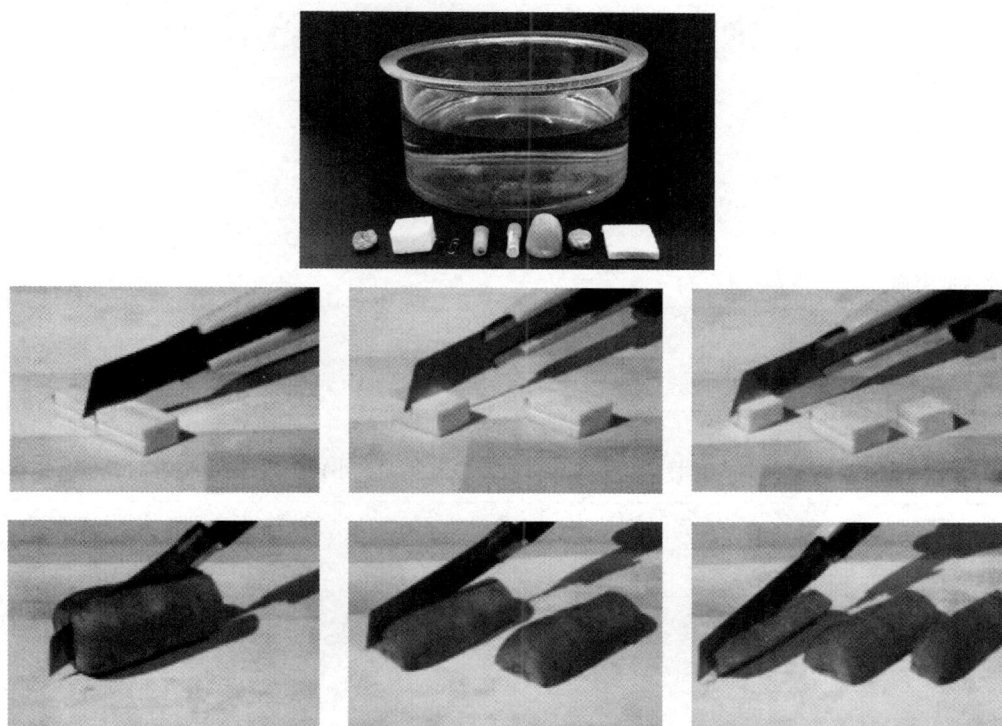

图 5-1 物体的质量和体积减小时，其在水中的沉浮情况

图5-2　物体的质量和体积增大时，其在水中的沉浮情况

实验结果处理见表5-1、表5-2、表5-3。

表5-1　观察物体在水中的沉浮

物体	预测	理由	结果
小石块			
泡沫塑料			
回形针			
蜡烛			
带盖的空瓶			
萝卜			
橡皮			

表5-2　观察由同一种材料构成的物体在质量和体积减小时，在水中的沉浮情况

物体	大小	预测	理由	结果
橡皮	二分之一			
	四分之一			
	八分之一			
萝卜	二分之一			
	四分之一			
	八分之一			

表 5-3　观察由同一种材料构成的物体在质量和体积增大时，在水中的沉浮情况

物体	大小	预测	理由	结果
回形针	两枚			
	三枚			
	多枚			
木块	两块			
	三块			
	多块			

【注意事项】

第一，必须将物体轻轻地从水面放入水口，物体要完全被水浸没，而不是把物体扔进水里，也不是放在水面上。

第二，在实验前，应对小刀的安全使用做出必要的说明，以免发生意外。实验时，为避免划破桌面，建议垫一块小木板或硬纸板。

第三，橡皮不能无限度地切小，否则会出现浮在水面的情况（受水的表面张力的影响），这种情况的发生不利于总结结论，建议回避。

第四，不同种类的萝卜的密度存在着较大差异。其中，胡萝卜密度较大，容易沉入水底。有的萝卜由于纤维较多，整体密度更小，容易浮在水面上。因此，在进行本实验教学前，应当选取合适的实验材料。

【实验结论】

第一，浮在水面上的物体有塑料泡沫、蜡烛、带盖的空瓶和萝卜，沉在水底的物体有小石块、回形针和橡皮。

第二，通过橡皮实验和萝卜实验可以发现，当物体的质量和体积减小时，物体在水中的沉浮状态不变。

第三，通过回形针实验和木块实验可以发现，当物体的质量和体积增大时，物体在水中的沉浮状态不变。

第四，综合以上实验结论可知，对于同一种材料构成的物体，在改变其质量和体积后，它们在水中的沉浮状态是不会发生改变的。

【实验反思】

第一，你还想继续探究生活中哪些物体在水中的沉浮状态？

第二，你还能猜测到哪些与物体的沉浮相关的因素？你打算用什么方案去验证你的猜想？

实验 2
沉浮与什么因素有关

【实验问题】

通过前一节课的实验探究，我们已经知道由同一种材料构成的物体，在水中的沉浮与它们的质量和体积大小没有关系。那么，由不同材料构成的物体，在水中的沉浮与它们的质量和体积大小有关系吗？

【实验教学目标】

一、科学知识

第一，知道物体的沉浮与自身的质量和体积都有关。

第二，由不同材料构成的物体，体积相同时，质量大的物体容易沉；质量相同的物体，体积小的容易沉。

第三，了解潜艇应用了物体在水中沉浮的原理。

二、科学探究

第一，体验用控制变量法探究影响物体沉浮的相关因素。

第二，尝试运用分析的方法研究影响物体沉浮的有关原因。

三、科学态度

第一，在实验中理解控制变量的科学方法和思想意义。

第二，感受科学原理在实际生活中发挥出的巨大作用。

【教学重点】

用控制变量法探究物体在水中沉浮的原因。

【教学难点】

运用分析的方法研究影响物体沉浮的因素。

【实验原理】

物体在水中的沉浮状态与同体积的水的轻重有关。当物体比同体积的水重时，物体在水中下沉；当物体比同体积的水轻时，物体在水中上浮；当物体与同体积的水质量相等时，物体在水中既不上浮也不下沉。

潜艇的原理：靠改变潜艇的自身质量来实现上浮和下潜。

【实验用品】

小组实验一：小石块、泡沫塑料、回形针、蜡烛、带盖的空瓶、萝卜、橡皮和玻璃水槽(图 5-3)。

小组实验二、小组实验三：一套相同体积、不同质量的小球（5 个）（图 5-4），一套相同质量、不同体积的立方体（5 个）（图 5-5），玻璃水槽。

小组实验四：带盖的小瓶子（图 5-6）、沙土、水槽。

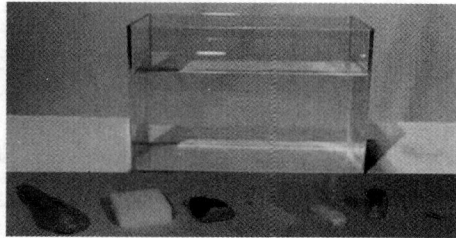

图 5-3　小组实验一实验用品

图 5-4　相同体积、不同质量的小球在水中的沉浮

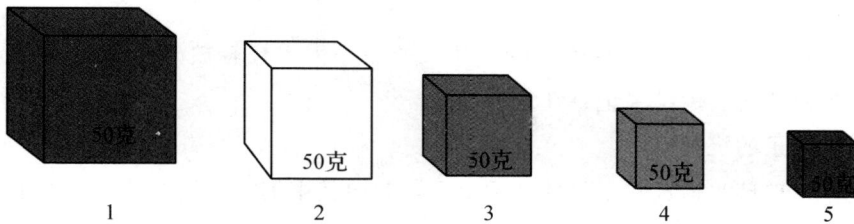

图 5-5　相同质量、不同体积的立方体在水中的沉浮

图 5-6　小瓶子的沉浮

【实验步骤】

一、物体在水中的沉浮与什么因素有关

第一，按照体积大小顺序排列 7 种物体，根据之前实验课程的学习，预测这些物体在水中的沉浮情况，分析讨论物体的沉浮与它们的体积大小有什么关系，把预测结

果填写在表 5-4 中。

第二，按照轻重顺序排列 7 种物体，根据之前实验课程的学习，预测这些物体在水中的沉浮情况，分析讨论物体的沉浮与它们的质量大小有什么关系，把预测结果填写在表 5-4 中。

第三，思考问题：当我们对这些物体进行比较时，为什么看不出它们的体积、质量大小与沉浮之间的关系？

二、相同体积、不同质量的小球在水中的沉浮（由轻到重排列）

第一，将玻璃水槽放在平稳的展示台上，并向其中加入大约四分之三的水。

第二，拿起相同体积、不同质量的 5 个小球，用手摸，用眼睛看，预测各种物体在水中是沉还是浮，把预测结果及理由填写在表 5-5 中。

第三，将 5 个小球按照由轻到重的顺序依次轻轻从水面放入水中，完全浸没，松开手后，观察并将实验结果记录在表 5-5 中。

三、相同质量、不同体积的立方体在水中的沉浮（由小到大排列）

第一，将玻璃水槽放在平稳的展示台上，并向其中加入大约四分之三的水。

第二，分别预测相同质量、不同体积的 5 个立方体在水中是沉还是浮，把预测结果及理由填写在表 5-6 中。

第三，将 5 个立方体按照体积由小到大的顺序依次轻轻放入水中，完全浸没，松开手后，观察并将实验结果记录在表 5-6 中。

四、小瓶子的沉浮

第一，将玻璃水槽放在平稳的展示台上，并向其中加入大约四分之三的水。

第二，分别在小瓶子里不装、装小半瓶、装半瓶、装多半瓶、装满沙土，预测装载沙土前后小瓶子在水中的沉浮，把预测结果及理由填写在表 5-7 中。

第三，将装载沙土前后的小瓶依次轻轻放入水中，完全浸没，松开手后，观察并将实验结果记录在表 5-7 中。

第四，根据所得实验结果，尝试解释潜艇既能在水面航行，又能在水下航行的科学原理。

表 5-4 物体在水中的沉浮与什么因素有关

物体	在水中的沉浮情况	按大小排序（由大到小）	按轻重排序（由轻到重）
小石块			
泡沫塑料			
回形针			
蜡烛			
带盖的空瓶			

物体	在水中的沉浮情况	按大小排序（由大到小）	按轻重排序（由轻到重）
萝卜			
橡皮			

表 5-5　相同体积、不同质量的小球在水中的沉浮（由轻到重排列）

小球	预测	理由	结果
1 号			
2 号			
3 号			
4 号			
5 号			

表 5-6　相同质量、不同体积的立方体在水中的沉浮（由小到大排列）

立方体	预测	理由	结果
1 号			
2 号			
3 号			
4 号			
5 号			

表 5-7　小瓶子的沉浮

小瓶子	预测	理由	结果
不装沙土			
装小半瓶沙土			
装半瓶沙土			
装多半瓶沙土			
装满沙土			

【注意事项】

第一，小组实验一是为下面的几个实验做铺垫的，为了节省时间和资源，也可改为教师演示实验。

第二，由于本次实验课程涉及内容较多，故在进行分组实验时，应当合理分配时间，保证教学有序进行。

【实验结论】

第一，由不同材料构成的物体，在体积相同的条件下，质量大的物体容易下沉，质量小的物体容易上浮。

第二，由不同材料构成的物体，在质量相同的条件下，体积小的物体容易下沉，体积大的物体容易上浮。

第三，潜艇的工作原理：潜艇有一个很大的压载舱，打开进水管，往压载舱里装满海水，潜艇会下潜，打开进气管道，用压缩空气把压载舱里的海水挤出舱外，潜艇就会上浮。

【实验反思】

第一，对本次实验过程进行反思，认识到控制变量法在科学探究中的实际意义和作用，体会科学研究方法的重要性。

第二，联系生活实际，思考一下哪些现象和潜艇一样运用了物体沉浮的原理。

第三，运用本次实验所学到的知识，合理解释鱼在水中是怎样实现上浮和下潜的。

第四，有兴趣的学生可以在课余时间制作简易潜艇。

实验 3
橡皮泥在水中的沉浮

【实验问题】

在实际生活中，有的物体在水中是下沉的，有的物体在水中是上浮的。那么，我们能否想办法改变物体在水中的沉浮状态呢？

【实验教学目标】

一、科学知识

第一，改变物体排开的水量，物体在水中的沉浮可能发生改变。

第二，船能够浮在水面上，原因在于它排开的水量很大。

二、科学探究

第一，用刻度杯测量橡皮泥排开的水量。

第二，把橡皮泥捏成不同的形状，使之能够浮在水面上。

第三，根据橡皮泥排开的水量，做出沉浮判断。

三、科学态度

第一，意识到认真细致地采集数据的重要性，培养良好的学习习惯。

第二，在探求原因的过程中认识到事实证据的重要性。

【教学重点】

当改变物体排开的水量时，物体在水中的沉浮有可能发生改变。

【教学难点】

认识到认真采集数据的重要性。

【实验原理】

橡皮泥在水中的沉浮状态与它排开的水量有关。通过改变橡皮泥的形状，可以改变排开的水量，进而改变橡皮泥在水中的沉浮状态。排开的水量越多，橡皮泥越容易浮在水面上。

【实验用品】

橡皮泥、400 毫升量杯(带刻度的烧杯)、实验记录单等。

【实验步骤】

第一，取一个量杯，在杯中倒入 200 毫升水，记录在表 5-8 中。

第二，准备一块橡皮泥，依次做成 4 种不同的实心形状(图 5-7)，做好后放入量杯中，观察它们排开的水量，记录在表 5-8 中。

第三，再把橡皮泥做成 3 种能浮在水面的形状，观察它们排开的水量，记录在表 5-8 中。

第四，对比各组数据，总结得出实验结果。

图 5-7　比较橡皮泥排开的水量

实验结果处理见表 5-8。

表 5-8 橡皮泥排开的水量

橡皮泥的形状	量杯里的水量/毫升	放入后水面刻度	排开的水量/毫升	沉浮状况
实心形状①	200			
实心形状②	200			
实心形状③	200			
实心形状④	200			
能浮的形状①	200			
能浮的形状②	200			
能浮的形状③	200			

【注意事项】

第一，测量排开的水量时，必须认真细致；观察刻度时，视线应与凹液面的最低处保持相平。仔细观察液面刻度后准确记录实验数据，尽量减小误差。

第二，在每次测试前，都要检查水量是否保持在 200 毫升，不足时要加水。

第三，应当选取质地相对较硬的橡皮泥进行实验，避免因放到水中变软而影响实验效果。

第四，橡皮泥的体积不能太小，否则排开的水量变化不明显。

第五，在测空心橡皮泥排开的水量时，可以轻轻把它往水下按，当按到水即将进入空心橡皮泥时，才能记录它的水面指示刻度。这时测得的排水量就是这个空心橡皮泥的最大排水量。

【实验结论】

第一，在不改变橡皮泥质量的前提下，增大排开的水量能够使橡皮泥更容易浮在水面上。

第二，沉的状态排开的水量小，即浸入水的体积小；浮的状态排开的水量大，即浸入水的体积大。

【实验反思】

第一，提醒学生对本次实验过程进行反思，意识到认真收集数据的重要性。

第二，铁块在水中是沉的，钢铁制造的大轮船却能浮在水面上，还能装载货物。对于这个问题，你能解释吗？

第三，如果要制造能装载更多货物的超大轮船，你认为应该怎样做呢？

实验 4
浮　力

【实验问题】

用手指往下轻压水面上的小船的底部，手指有什么感觉？把一块泡沫放在水面上，再用手把它压入水中，手有什么感觉？请大家思考什么是浮力呢？沉入水中的物体也会受到水底浮力的作用吗？

【实验教学目标】

一、科学知识

第一，感知浮力的存在，了解浮力是怎样产生的。

第二，知道物体在水中受到水的浮力。

第三，掌握用弹簧测力计测量浮力大小的方法。

二、科学探究

第一，通过实验探究，了解浮力是怎样产生的。

第二，尝试运用"推理"这种常用的实验探究方法。

三、科学态度

第一，在实验中体验科学探究的乐趣。

第二，培养大胆猜想和勇于创新的科学探究精神。

【教学重点】

认识浮力的存在，通过实验测量不同物体在水中受到的浮力。

【教学难点】

理解下沉的物体在水中也受到浮力，通过物体下沉的排水量分析物体在下沉过程中浮力的变化。

【实验原理】

第一，水中的物体都受到一个向上的力，叫作水的浮力。

第二，在水中上浮的物体受到的浮力＝重力＋拉力，在水中下沉的物体受到的浮力＝重力－拉力。

第三，物体浸入水中部分越多，受到的浮力越大；当物体完全浸入水中后，浮力大小不再改变。

【实验用品】

水槽、烧杯、量筒、测力计、泡沫块、小刀、大小不一的石块、小滑轮、细线等。

【实验步骤】

一、测量泡沫块受到的浮力

第一，用测力计测量泡沫块受到的重力大小，并做好记录。

第二，将滑轮固定在水槽底部，用一根细线通过滑轮连接泡沫块和测力计(图5-8)。

第三，缓缓拉动测力计，使泡沫块分别处于小部分浸入水中、大部分浸入水中、全部浸入水中三种状态，将不同状态下测力计的读数和量筒测得的泡沫块浸入水中后排开的水量记录下来。

第四，根据公式浮力＝重力＋拉力，计算得出泡沫块处于不同状态时受到的浮力大小，并完成表5-9。

第五，根据以上实验方法，分别测量大小不同的泡沫块完全浸入水中受到的浮力大小和排开的水量，并完成表5-10。

二、测量石块受到的浮力

第一，用细线将石块和测力计连接起来，在空气中测出石块的重力(图5-9)，并做好记录。

第二，使石块分别处于小部分浸入水中、大部分浸入水中、全部浸入水中(图5-10)三种状态，分别将不同状态下测力计的读数和量筒测得的小石块浸入水中后排开的水量记录在表5-11中。

第三，根据公式浮力＝重力－拉力，计算得出石块处于不同状态时受到的浮力大小，完成表5-11。

第四，根据以上实验方法，分别测量大小不同的石块完全浸入水中受到的浮力大小和排开的水量，完成表5-12。

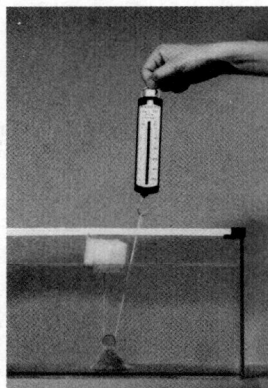

图5-8　测量泡沫块
受到的浮力

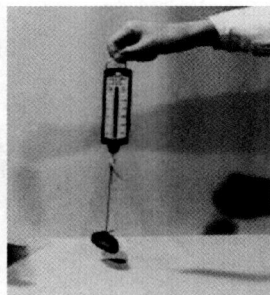

图5-9　在空气中测出
石块的重力

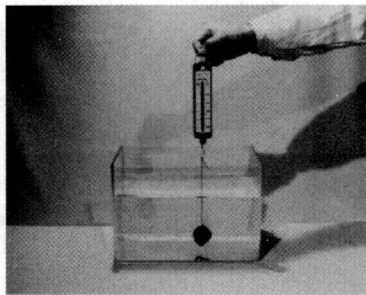

图5-10　在水中测出
石块的重力

实验结果处理见表 5-9 至表 5-12。

表 5-9　同一个泡沫块在水中受到的浮力大小和排开的水量

浸入状态	浮力大小/牛顿	排开的水量/毫升
小部分浸入水中		
大部分浸入水中		
全部浸入水中		

表 5-10　大小不同的泡沫块完全浸入水中受到的浮力大小和排开的水量

泡沫大小	浮力大小/牛顿	排开的水量/毫升
小泡沫		
中泡沫		
大泡沫		

表 5-11　同一个小石块在水中受到的浮力大小和排开的水量

浸入状态	浮力大小/牛顿	排开的水量/毫升
小部分浸入水中		
大部分浸入水中		
全部浸入水中		

表 5-12　大小不同的石块完全浸入水中受到的浮力大小和排开的水量

石块大小	浮力大小/牛顿	排开的水量/毫升
小石块		
中石块		
大石块		

【注意事项】

第一，测量泡沫块在水中受到的浮力时，应事先用橡皮泥将滑轮牢牢固定在水槽底部。拉动测力计时，应轻轻操作，以防小滑轮被拉起，导致读数错误。

第二，需要特别强调的是，上浮的物体和下沉的物体在水中受到的浮力的计算公式是不同的，不能混淆。

第三，石块可以用钩码代替进行实验。

【实验结论】

第一，物体浸入水中的体积越大（小），物体受到的浮力就越大（小）；当物体完全浸入水中后，浮力大小不再改变。

第二，完全浸入水中的物体所受浮力与其自身的体积有关。体积越大，排开的水量越大，受到的浮力就越大；反之体积越小，排开的水量越小，受到的浮力就越小。

第三，下沉的物体在水中也会受到水的浮力作用。

第四，当物体在水中受到的浮力大于重力时，物体上浮；当物体在水中受到的浮力小于重力时，物体下沉；浮在水面的物体，在水中受到的浮力等于重力。

【实验反思】

第一，物体受到的浮力大小与哪些因素有关？

第二，为什么有些大的物体会浮在水面上，有些小的物体反而会沉入水底呢？

第三，生活中有哪些运用浮力的实例？

实验 5
弹簧的弹力

【实验问题】

为什么蹦蹦床可以把人弹起，但普通地面就不可以呢？仔细回想，当我们用力蹬蹦蹦床时，蹦蹦床会发生什么变化？

【实验教学目标】

一、科学知识

第一，知道生活中存在弹力。

第二，了解弹力在生活中的应用。

第三，学习制作简易测力计。

二、科学探究

第一，培养观察、分析问题的能力。

第二，培养收集信息和动手制作的能力。

三、科学态度

第一，认识到科学是不断向前发展的。

第二，乐于尝试用学到的科学知识解决实际问题。

【教学重点】

能够自己动手制作一个简易的弹簧测力计。

【教学难点】

了解弹簧测力计的结构、制作原理及用途。

【实验原理】

根据胡克定律，在弹性限度内，弹簧伸长的长度跟受到的外力大小成正比，因此可以用弹簧测力计来测量力的大小。

【实验用品】

直尺、钳子、铅笔、双面胶、弹簧、硬纸板、回形针、钩码等。

【实验步骤】

第一，在弹簧两端分别套上回形针。

第二，把一枚回形针用双面胶固定在硬纸板上，另一枚回形针做成测力计的挂钩。

第三，将测力计不挂重物时挂钩所处的位置标为零刻度，分别给测力计挂上0.5牛顿、1.0牛顿、1.5牛顿、2.0牛顿的钩码，在每次挂钩码所处的位置标上刻度，每个刻度的读数就等于所挂钩码的重力。

第四，用自己制作的测力计测量钩码的重力，再用标准测力计测一下，记录并对比自制测力计与标准测力计的差异，填写表5-13。

表5-13 简易弹簧测力计与标准测力计对比

钩码的重力/牛顿	简易弹簧测力计	标准测力计
0.5		
1.0		
1.5		
2.0		

【注意事项】

第一，使用前，必须仔细检查弹簧测力计的指针是否在零刻度线上，若不在，应转动铁杆进行调节，使指针对准零刻度线。

第二，测量某方向的拉力时，应使力的方向与测力计的轴线方向一致，以免弹簧、铁杆、指针等与金属壳发生摩擦而影响读数的准确性。

第三，被测力的大小不得超过弹簧测力计的测量范围，以免损坏弹簧。

【实验结论】

第一，固体在外力的作用下，形状和大小发生的改变，叫作形变。若把外力撤去，物体能完全恢复它原来的形状和大小，则这种物体具有弹性。相应的形变为弹性形变。

第二，在发生形变时，物体内部产生反抗外力，恢复原来形状的力叫作弹力。弹力的方向与物体发生弹性形变的外力方向相反。

第三，依据胡克定律，可以制作简易的弹簧测力计。

【实验反思】

第一，哪些因素影响测力计的准确度？

第二，利用弹簧的弹力，你可以制作哪些小玩具？

第三，仔细思考，在我们的日常生活中，弹簧还在哪些方面扮演着怎样的角色？分析其中的利与弊。

实验 6
探究摩擦力大小与什么因素有关

【实验问题】

之前我们学过相互接触且发生相对运动的物体要受到一种阻碍运动的力，就是摩擦力。那么影响摩擦力大小的因素究竟有哪些呢？

【实验教学目标】

一、科学知识

第一，了解物体表面的光滑程度和物体轻重是影响摩擦力大小的关键因素。

第二，知道如何增大或减小摩擦力。

第三，知道摩擦现象在生活中的作用。

二、科学探究

第一，能够合理地设计实验，研究影响摩擦力大小的因素有哪些。

第二，选择适合自己的方式表达对摩擦力的认识。

三、科学态度

第一，对探究日常生活中的摩擦现象感兴趣。

第二，能够辩证地看待摩擦力。

【教学重点】

研究物体之间的摩擦力大小与哪些因素有关。

【教学难点】

了解如何增大或减小摩擦力。

【实验原理】

摩擦力与物体接触面的光滑程度和物体的质量有关。

【实验用品】

长木板（一面光滑、一面粗糙），木块，砝码，测力计等。

【实验步骤】

一、摩擦力的大小与物体的接触面粗糙或光滑有关系

第一，把木块先后放在粗糙的木板和光滑的木板上，用测力计慢慢地拉动。

第二，观察发现：在光滑的木板上拉动木块，用的力比较小；在粗糙的木板上拉动木块，用的力比较大。将结果记录在表 5-14 中。

表 5-14　摩擦力的大小与物体的接触面粗糙或光滑有关系　　单位：牛顿

接触面光滑程度	第一次	第二次	第三次	平均值
粗糙				
光滑				

二、摩擦力的大小与被拉动物体的轻重有关系

第一，将木块放在光滑的木板上，在木板上先后放一个砝码和三个砝码，用测力计慢慢拉动木块。

第二，观察发现：压一个砝码时，用的力比较小；压三个砝码时，用的力比较大。将结果记录在表 5-15 中。

表 5-15　摩擦力的大小与被拉动的物体轻重有关系　　单位：牛顿

压砝码个数	第一次	第二次	第三次	平均值
压一个砝码				
压三个砝码				

【注意事项】

在拉动物体时要尽量保持匀速不变。

【实验结论】

第一，物体之间摩擦力的大小与物体表面光滑程度和物体轻重有关。

第二，两个物体之间接触面越粗糙，摩擦力越大；接触面越光滑，摩擦力越小。

第三，被拉动的物体越重，摩擦力越大；被拉动的物体越轻，摩擦力越小。

【实验反思】

第一，通过本次实验课程的探究，你有哪些收获？

第二，你还想继续探究哪些有关摩擦力的问题？

第三，与大家交流你的猜想和实验方案。

本章小结

本章主要涉及三个力：浮力、弹力和摩擦力。其中，浮力涉及的实验为实验 1 至实验 4，弹力涉及的实验为实验 5，摩擦力涉及的实验为实验 6。

浮力的学习是为了让学生知道浮力的存在、物体在水中会受到水的浮力，并了解浮力产生的原因。知道有的物体可以浮在水面上，有的物体要沉入水

中。知道同一种材料构成的物体，在改变它们的质量和体积时，它们在水中的沉浮状态不会发生改变。知道物体在水中的沉浮与同体积的水的轻重有关：当物体比同体积的水重时，物体在水中下沉；当物体比同体积的水轻时，物体在水中上浮；当物体与同体积的水质量相等时，物体在水中既不上浮也不下沉。学生要掌握用刻度杯测量物体的排水量，知道通过改变材料的排水量，可以改变材料在水中的沉浮状态。

弹力的学习是为了让学生学会用弹簧测力计测量浮力的大小，将浮力与弹力相结合；了解弹力产生的原因以及胡克定律，能制作简易弹簧测力计并测量弹力的大小。

摩擦力的学习是为了让学生知道摩擦力的存在，能通过实验知道摩擦力的大小与物体表面光滑程度和物体轻重有关，能用标准测力计测量摩擦力的大小。

关键术语

物体的沉浮；浮力；排水量；标准测力计；胡克定律；弹力；摩擦力

拓展阅读

1. 张德启，李新乡，陶洪，等. 物理实验教学研究[M]. 北京：科学出版社，2005.

该书密切联系基础物理实验教学实际，突出对物理实验教学技能的训练与物理实验教学研究能力的培养，让教师较为灵活、深入地学习物理实验教学的有关理论、方法和技能，使教师更快、更好地适应实验教学的需要和从事实验教学研究工作；激发学生实验探究的兴趣，增强其创新意识，培养其实事求是、严谨认真的科学态度。

2. 赵骥民. 小学科学实验设计与实施[M]. 北京：高等教育出版社，2013.

该书围绕提升科学教师的科学实验教学素养展开，在内容安排上，主要涉及科学实验的基本概念、小学科学实验的理念、小学科学实验目标与原则、小学科学实验设计的理论与方法、小学科学实验的实施与评价、小学科学实验资源建设等内容。

3. 大井喜久夫，大井操，三轮广明，等. 力学原来这么有趣：一本拿起就放不下的力学启蒙书[M]. 北京：现代出版社，2016.

　　这是一本通过浅显易懂的力学知识、生动精美的手绘图解，让学生了解复杂力学知识的力学启蒙书，可以激发学生用心探索身边世界的热情。该书包含重力、离心力、浮力和弹力等，涉及的内容丰富，适合小学生阅读。

体验练习

1. 怎样让学生明白铁会沉到水中，而铁制作的船就可以在水上航行？
2. 怎样给学生解释曹冲称象利用的是什么原理？
3. 怎样让学生明白物体在下沉的过程中受到浮力？
4. 设计实验让学生检测相同物体在不同液体中受到的浮力是否一致。
5. 让学生举例说明我们在生产生活中哪些地方用到了弹力。
6. 怎样解释宇航员在月球行走比较困难？

第六章

声、光、热、电、磁实验

🔍 章结构图

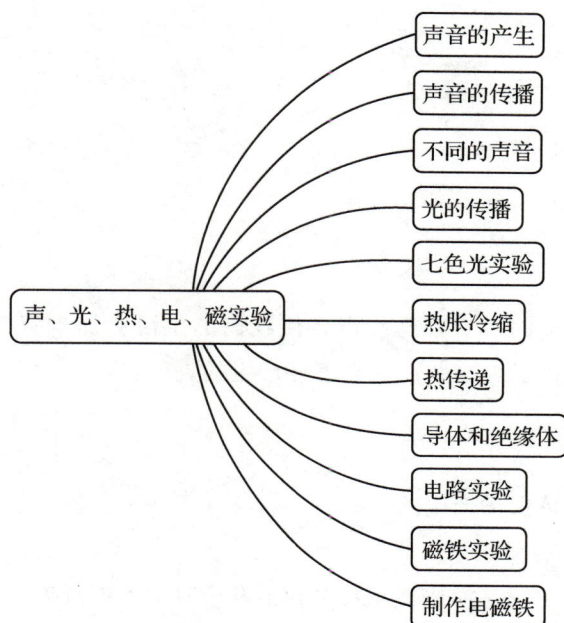

本章概述

　　本章主要阐述了声、光、热、电和磁实验，包含了"声音的产生""声音的传播""不同的声音""光的传播""七色光实验""热胀冷缩""热传递""导体和绝缘体""电路实验""磁铁实验""制作电磁铁"11 个实验。学生通过对这 11 个实验的学习，认识声、光、热、电和磁在我们生活中的应用。

☕ 问题情境

　　赵老师经常思考，应该怎样将声、光、热、电和磁的相关知识与我们日常生活中的现象相结合。

　　我们的生活离不开声、光、热、电和磁，教师可以利用生活中的现象提出一些问题，如美妙的歌声、五光十色的霓虹灯、热水壶加热水、用磁铁找丢失的小铁钉等。这些现象应用了什么原理呢？教师可以通过提问启发学生思考：声音是怎样发出的？声音又是怎样传到我们的耳中的？为什么不同的乐器可以发出不同的声音？为什么我们可以看见不同颜色的光？热水壶通电后为什么可以使水的温度升高？为什么有的物体导电，有的物体不导电？为什么磁铁可以吸引铁钉？这些问题都与我们本章要学习的声、光、热、电和磁有关。下面我们就开始学习声、光、热、电和磁的相关实验。

实验 1
声音的产生

【实验问题】

大自然有各种各样的声音，这些声音使我们的生活更加丰富多彩。想一想你从大自然中都听到过哪些声音，这些声音是怎样产生的。

【实验教学目标】

一、科学知识

知道声音是由物体振动产生的。

二、科学探究

第一，能观察、比较、描述物体发声和不发声时的不同现象。

第二，能从多个物体发声的事实中对发声原因进行假设性解释。

第三，学会借助其他物体来观察不容易观察到的现象。

三、科学态度

第一，在探究的过程中，积极、大胆地阐述自己的发现。

第二，保持探索周围事物的奥秘的好奇心，勇于尝试新方法。

【教学重点】

从多个实验事实中概括出物体发声的规律。

【教学难点】

通过观察、比较，将声音的产生与物体振动建立起联系。

【实验原理】

声音是由物体振动产生的。

【实验用品】

空纸盒、橡皮筋、钢尺、小鼓、鼓槌、纸屑、音叉、水槽（内装有水）等。

【实验步骤】

声音的产生实验

第一，在桌子边上压住钢尺的一端，拨动悬在空中的另一端，观察并记录实验现象。

第二，将空纸盒去掉盖，把橡皮筋紧绷在盒子上，用手指拨动橡皮筋，使它发出声音，观察并记录实验现象。

第三，一边大声喊出"我爱科学，我爱中国"，一边用手触摸自己的喉咙，感受发声时和终止发声后，声带会产生怎样的变化，记录实验现象。

第四，在鼓面上放一些纸屑，用鼓槌轻轻敲打鼓面，观察并记录实验现象。

第五，将音叉敲响后，使音叉迅速接触水槽中的水面，观察并记录实验现象。

将所有实验现象记录在表 6-1 中。

表 6-1　声音的产生记录

物体名称	发声方法	发声现象	不发声现象
钢尺			
橡皮筋			
声带			
小鼓			
音叉			

【注意事项】

第一，在实验过程中，制造声音时不宜用力过猛，以免损坏器材。

第二，在学生做实验时，教师应倾听、观看，引导学生观察实验现象，并进行准确的总结归纳。

【实验结论】

声音是由物体振动产生的。

【实验反思】

第一，想一想生活中的哪些物体是利用"声音是由物体振动产生的"这一科学原理制造的？

第二，锣鼓发出的声音很长，怎样做才能使锣声立即停止呢？

实验 2
声音的传播

【实验问题】

我们可以听到喜庆的鞭炮声，可以听到美妙动听的歌声，可以听到汽车的喇叭声，可以听到轰隆隆的雷电声，还可以听到身边同学的讲话声……在地球上，我们可以听到不同声音，那么宇航员在月球上能听到声音吗？为什么？

【实验教学目标】

一、科学知识

第一，知道声音能在固体、液体、气体中传播，但不能在真空中传播。

第二，知道不同的物体传播声音的效果不同。

二、科学探究

第一，借助实验和想象，对声音传播的方式进行描述。

第二，设计声音在不同物体中传播的实验，比较不同物体传播声音的效果。

三、科学态度

第一，培养善于合作、乐于交流的科学品质。

第二，体会科学源于生活，又服务于生活。

【教学重点】

知道声音的传播需要介质。

【教学难点】

设计实验，证明声音在不同物体中传播的效果不一样。

【实验原理】

声音是靠介质传播的，不能在真空中传播。

【实验用品】

铃铛、水槽（内装有水）、手机、闹钟、钟罩、抽气筒、密封胶带等。

【实验步骤】

一、固体传声

第一，一名小组成员把耳朵贴在桌子上，另一名小组成员用手轻轻挠桌子。

第二，对比耳朵没有贴在桌子上听到的挠桌子声。

二、液体传声

第一，一名小组成员将铃铛轻轻放入水槽，用手摇动铃铛。另一名小组成员将耳朵紧贴在水槽外壁，听水中铃铛发出的声音。

第二，对比耳朵没有贴在水槽壁上听到的铃铛声。

三、气体传声

第一，将一个正在发出声音的闹钟放在钟罩内，仔细听它发出的声音。

第二，将钟罩密封起来，用抽气筒逐渐抽去罩中的空气，仔细听在这个过程中闹钟发出的声音。

将所有实验现象记录在表 6-2 中。

表 6-2　声音在不同物质中的传声效果

固体传声效果	液体传声效果	气体传声效果

【注意事项】

第一，由于本节实验课程涉及对声音的探索，因此在实验过程中，一定要保持教室十分安静，屏息倾听，尽量用手势交流，不发出与实验无关的声音，保证实验探究的准确性。

第二，在制造声音时，尽量不要让发出的声音太大，以免造成噪声污染。

【实验结论】

第一，声音以波的形式向四周传播。

第二，当声音遇到物体时，会使物体振动。声音就是这样通过各种物质，从一个地方传播到另一个地方的。

第三，声音在固体、液体、气体中都能够传播，声音的传播离不开物体，声音不能在真空中传播。

第四，声音在固体中的传播速度最快，在气体中的传播速度最慢。

【实验反思】

第一，通过本节实验课程的学习，你能解释为什么狗总是把一只耳朵贴在地面上休息吗？为什么把耳朵贴在铁轨上就可以听到远处行驶的火车的声音。

第二，仔细思考声音的传播在日常生活中有哪些应用。

实验 3
不同的声音

【实验问题】

将一张硬纸条的前端插入自行车后轮辐条之间，摇动车轮，让纸条发出高低不同的声音，研究声音的高低与哪些因素有关。

【实验教学目标】

一、科学知识

第一，学会辨别声音的高低与强弱。

第二，知道改变声音的高低与强弱的办法。

第三，初步认识与声音的高低、强弱有关的因素。

二、科学探究

第一，通过比较感受不同的声音，理解声音有音量、音调的区别。

第二，能够合理、大胆地提出假设，并用合适、恰当的实验方法证明声音的强弱与什么因素有关。

三、科学态度

第一，在小组合作中，培养对科学实践活动的好奇心，养成乐于分享与合作的科学精神。

第二，能够正确区分生活中的乐音与噪声，认识生活中一些噪声的来源、危害及防治方法。

第三，学会保护听力的常识。

【教学重点】

了解声音存在音调与音量的区别。

【教学难点】

区分音调与音量。

【实验原理】

第一，声音的强弱（大小）叫音量，振幅决定音量。

第二，声音的高低叫音调，振动频率决定音调。

【实验用品】

三角铁，小皮鼓，无盖空盒子，长度相同、粗细不同的橡皮筋等。

【实验步骤】

一、探究声音的音量

第一，在某一固定位置分别用大小不同的力敲击三角铁和小皮鼓。

第二，总结并归纳出与声音的音量有关的各种因素，填写表6-3。

表6-3 探究声音的音量与哪些因素有关

活动过程	实验发现	实验结论
用力小点敲击		
用力大点敲击		
距离远点敲击		
距离近点敲击		

二、探究声音的音调

第一，弹拉紧的橡皮筋。让橡皮筋保持自然状态，拨动橡皮筋，听听发出的声音；将橡皮筋拉长一点、再拉长一点，分别拨动不同长度的橡皮筋，听听音调有什么变化。

第二，弹变短的橡皮筋。保持橡皮筋拉伸的长度不变，用一只手捏住其中的一段，另一只手拨动橡皮筋，听听音调有什么变化。

第三，弹粗细不同的橡皮筋。取长度相同、粗细不同的几根橡皮筋套在盒子上，拉紧橡皮筋，分别弹一弹，比较几根橡皮筋发出的音调的高低。

第四，总结并归纳出与音调有关的各种因素，填写表 6-4。

表 6-4　探究声音的音调与哪些因素有关

活动过程	实验发现	实验结论
弹拉紧的橡皮筋		
弹变短的橡皮筋		
弹粗细不同的橡皮筋		

【注意事项】

第一，在实验过程中，自觉控制自己的音量，尽量减少噪声。

第二，仔细看，认真听，及时做好实验记录。

第三，在拨动橡皮筋时，幅度不宜过大，以免伤及他人和自身。

【实验结论】

第一，音量强弱主要取决于用力大小（声源的振幅）。用力大，物体振动幅度大，音量强；反之，则弱。

第二，物体振动得快，音调就高；振动得慢，音调就低。

第三，音调还与振动物体的松紧、长短、粗细有关。

【实验反思】

第一，尝试列举人们在生活中利用音量大小和音调高低的实例。

第二，我们应该如何保护自己的听力？

实验 4
光的传播

【实验问题】

在生活中有很多奇妙的现象，如打雷时，雷声和闪电同时发生，但为什么我们总是先看到闪电后听到雷声？人的影子为什么早晚长，中午短呢？在开凿大山隧道时，工程师们用什么办法才能使掘进机沿直线前进呢？大家想知道上述问题的答案吗？清晨，太阳出来，房间洒满了阳光；黑夜，打开手电筒，灯光照亮了前面的路。当光照亮周围的物体时，你是否想过它从哪里来，又是怎样照到物体上的？

【实验教学目标】

一、科学知识

第一，了解光源，知道光源大致分为天然光源和人造光源两类。

第二，理解光沿直线传播的规律及其应用，会解释生活中的现象。

二、科学探究

通过观察与探究，归纳出光的传播规律，了解实验是研究物理问题的重要方法。

三、科学态度

第一，初步学习怎样从具体事例(生活或自然现象)中发现问题，并能用恰当的语言表达问题。

第二，通过亲身体验和感悟，获得感性认识，为后续学习打基础。

第三，通过观察、实验以及探究，养成尊重客观事实、实事求是的科学态度。

【教学重点】

第一，探究光是怎样传播的。

第二，解释常见的光沿直线传播的现象。

【教学难点】

探究光沿直线传播的规律，能用光的直线传播的知识解释自然与生活中的相关的现象，如日食和小孔成像。

【实验原理】

光在同一种均匀介质中沿直线传播。

【实验用品】

手电筒、带小孔的卡纸、水槽、水、激光灯、白炽灯、牛奶等。

【实验步骤】

实验一

第一，把带小孔的卡纸分别用夹子夹住横立在桌上，每张卡纸之间间隔15厘米，排成整齐的一列，使卡纸的小孔在同一直线上。在最后一张卡纸之后约15厘米的地方放一个纸屏(图6-1)。

图6-1　两种不同卡纸摆放方法的实验装置

第二，把手电筒放置在离自己最近的卡纸前一定距离，让手电筒的光射进小孔。观察纸屏上出现的现象。

第三，把第二张卡纸向右移动5厘米，同样用手电筒的光对准离自己最近的卡纸上的小孔照射，仔细观察纸屏上出现的现象。

第四，比较两次观察到的实验现象，记录在表6-5中。

表6-5　两组不同卡纸摆放的实验现象记录

第一组实验	第二组实验

实验二

第一，在水槽中加上水，再滴入几滴牛奶。

第二，将混合溶液搅拌均匀。

第三，用激光灯从水槽的一侧通过水槽照向另一侧，并观察水槽里出现的现象。

实验三

第一，打开白炽灯，将白炽灯对着墙。

第二，将手或者其他物体放在灯和墙之间（图6-2）。

第三，观察墙上的现象。

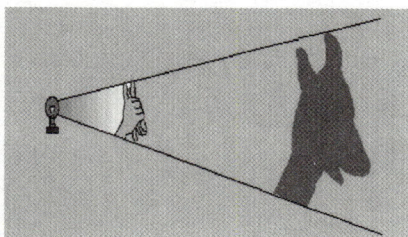

图6-2　影子的形成实验装置

【注意事项】

手电筒和激光灯不要直接照射人的眼睛。

【实验结论】

第一，能够自行发光的物体叫作光源。

第二，光在同种均匀介质中沿直线传播，在不同介质中传播路径是弯曲的。

【实验反思】

在探究光在空气中的传播路径的基础上，增加了光在液体中的传播路径实验，这样，光的传播途径实验就更加全面了。探究光在液体中的传播路径的实验采用在水中滴入几滴牛奶的方式，使得清水带上颜色，让光路更加清晰。实验改进以后，结果更加直观、明显。

实验 5
七色光实验

【实验问题】

雨后天空中会出现美丽的彩虹。生活中，我们看到过很多漂亮的色彩。哪些物体能产生像彩虹一样的颜色？彩虹是怎样形成的？它是由哪几种颜色组成的？在什么情况下能形成彩虹？今天让我们一起走进神奇的七色光世界，探索七色光的奥秘吧。

【实验教学目标】

一、科学知识

第一，知道光是有颜色的，了解太阳光的色散现象。

第二，能明确说出太阳光是由七种颜色的光混合而成的。

二、科学探究

第一，能自主选择实验方法进行实验。

第二，能用不同方法制造"彩虹"。

三、科学态度

第一，愿意探究自然界（彩虹）的奥秘，并从中获得乐趣。

第二，能与其他同学合作完成七色光实验。

第三，领略色彩世界的缤纷多彩，有热爱自然、亲近自然的美好情感，为后续学习打基础。

【教学重点】

认识日光是由七种颜色的单色光构成的。

【教学难点】

解释为什么通过不同的玻璃纸，看到的图案颜色是不同的。

【实验原理】

彩虹是太阳光穿过雨的颗粒形成的。原本光是沿直线传播的，但它也具有穿过不同介质会折射的性质。太阳光在穿过雨的颗粒时就会出现折射。此时，由于光折射的角度因颜色各异，因此七种颜色会以各自不同的角度折射。七种颜色排列起来，就形成了彩虹。因为彩虹呈现于与太阳方向相反的天空，所以在雨后背对着太阳才能观察到彩虹。

【实验用品】

三棱镜、水槽、平面镜、手电筒、喷雾器、白纸、白色卡纸、圆规、彩笔、铅笔、剪刀等。

【实验步骤】

一、制造彩虹实验

第一，利用水槽制造彩虹

(1)将平面镜倾斜着放入水槽，并设法将平面镜固定。

(2)打开手电筒，让光线照在水下部分的镜面上。

(3)将白纸在手电筒的上方举起来，移动手电筒的位置，直到看到清晰的彩虹为止，如图 6-3 所示。

第二，利用三棱镜制造彩虹

(1)将三棱镜的一个面对准太阳，让光线射入。

(2)调整角度，使射入的光线分散成彩色光带(图 6-4)。

图 6-3 利用水槽制造彩虹的实验装置

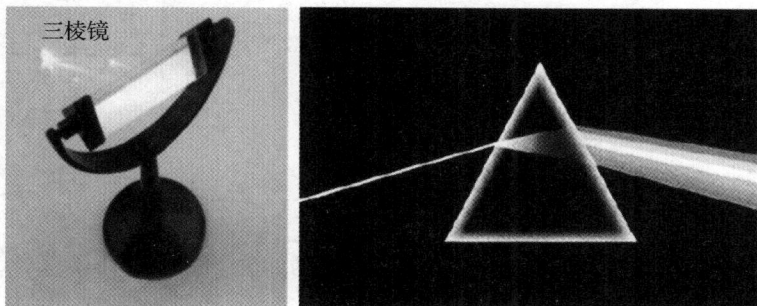

图 6-4 利用三棱镜制造彩虹的实验装置

第三，利用喷雾器制造彩虹

(1)在晴朗无风的日子里，背对着太阳。

(2)用喷雾器朝空中喷射水雾，就可以在水雾中看见彩虹。

二、色光的合成实验

第一，取白色的卡纸，剪成直径为 5 厘米的圆形。

第二，将卡纸分为 7 等份，分别用彩笔涂上红、橙、黄、绿、蓝、靛、紫七种颜色。

第三，将铅笔从圆盘的中心垂直插入。

第四，旋转七彩圆盘，观察现象，将结果填在表 6-6 中。

表 6-6　色光的合成和滤光实验的现象及结论记录

实验法	产生的现象		得出的结论
色光的合成实验			
滤光实验	透过红玻璃纸		
	透过黄玻璃纸		
	透过蓝玻璃纸		

三、滤光实验

第一，将红玻璃纸放在手电筒前，打开手电筒，让光投射在白色物体上。

第二，将黄色、蓝色的玻璃纸分别放在手电筒前，打开手电筒（图 6-5）。

第三，实验完毕收拾实验材料。

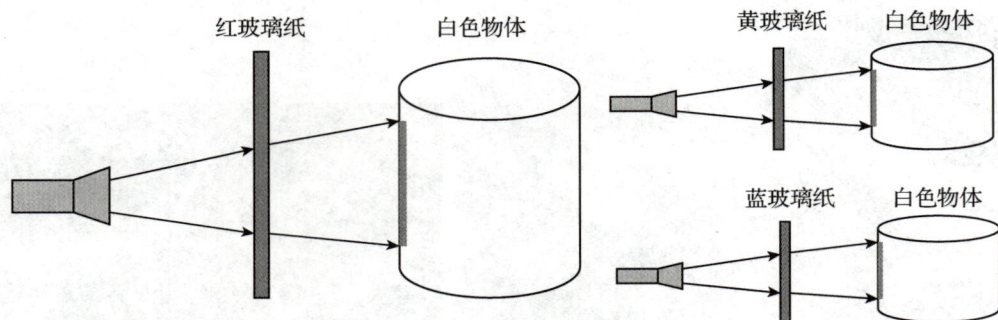

图 6-5　滤光实验装置

【注意事项】

第一，利用水槽制造彩虹时，镜子和水面之间呈三角形。

第二，利用三棱镜制造彩虹时，一定要有阳光。

第三，利用喷雾器制造彩虹时，一定要背对着阳光进行观察。

第四，在实验中注意安全，防止玻璃划手。同时，要保护好眼睛，千万不要用眼睛直视阳光。

第五，光的色散现象与光照的角度、观察的角度都有关系，在实验过程中要调整好角度才可以观察到光的色散。

【实验结论】

第一，太阳光具有色散现象，由红、橙、黄、绿、蓝、靛、紫七种单色光构成。

第二，白光通过三棱镜后，在另一侧的屏上出现由七色光组成的光谱，这种现象为色散现象。白光可以色散成为七色光，在一定条件下，七色光又能合成白光。

第三，物体呈现什么样的颜色取决于它反射什么颜色的光。

第四，彩色玻璃纸只能透过和它颜色相同的光。

【实验反思】

第一，还能有哪些方法能够制造出彩虹？

第二，在色光的合成实验中，如果在圆盘上只涂几种颜色，快速旋转后会出现什么现象？旋转的方向、色彩的排列、色块的大小是否会影响白光合成的效果？

实验 6
热胀冷缩

【实验问题】

物体受热或遇冷之后会有哪些变化？今天我们就通过实验来认识气体、液体和固体在加热或冷却时体积的变化。

【实验教学目标】

一、科学知识

了解气体、液体和固体在一般状态下具有热胀冷缩的现象。

二、科学探究

通过对生活的观察，合理地设计实验来验证气体、液体和固体在受热时膨胀，在遇冷时收缩。

三、科学态度

培养对实验的兴趣，能够积极参与探究，体验探究的快乐。

【教学重点】

气体、液体和固体都有热胀冷缩的现象。

【教学难点】

通过设计实验来验证，学会归纳和推理的方法。

【实验原理】

物体有热胀冷缩的性质。

【实验用品】

烧瓶、橡胶塞、玻璃管、气球、细线、烧杯、透明胶、冷水和热水、固体热胀冷缩实验套件、铁架台、酒精灯、水槽或带手柄的塑料烧杯等。

【实验步骤】

一、设计气体热胀冷缩实验

第一，组装实验器材。将玻璃管装在橡胶塞上，用带玻璃管的橡胶塞把烧瓶口塞紧，在玻璃管的另一端套上气球，用细线系好，并用透明胶把气球的口与玻璃管封好。

第二，将烧瓶慢慢放入装有热水的烧杯中，观察气球的变化，可以发现随着烧瓶内的空气被加热，气球慢慢鼓起来。这说明气体受热膨胀，体积增大。

第三，把烧瓶慢慢拿出来放入装有冷水的烧杯中，观察气球的变化，可以发现随着温度的变化，气球慢慢瘪了。这说明气体遇冷收缩，体积减小(图 6-6)。

第四，实验完毕，整理实验器材，将实验结果填在表 6-7 中。

表 6-7　气体受热、遇冷实验的结果

变量	气球的变化	原因
将烧瓶放到热水里		
将烧瓶放到冷水里		

二、设计液体热胀冷缩实验

第一，组装实验器材，在烧瓶中装满带颜色的水，将玻璃管装在橡胶塞上，用带玻璃管的橡胶塞把烧瓶口塞紧，液面会自动上升到玻璃管中，在玻璃管上标记液面的位置，以便观察液面高低的变化。

第二，将烧瓶慢慢放入装有热水的烧杯中，观察玻璃管中液面的变化，可以发现随着烧瓶内液体被加热，玻璃管内的液面在慢慢升高。这说明液体受热膨胀，体积增大。

第三，在将烧瓶从热水中拿出之前记录液面的高度，再慢慢将烧瓶放入装有冷水的烧杯中，观察玻璃管中液面的变化，可以发现随着烧瓶内液体遇冷，玻璃管内的液面在慢慢下降。这说明液体遇冷收缩，体积减小(图 6-7)。

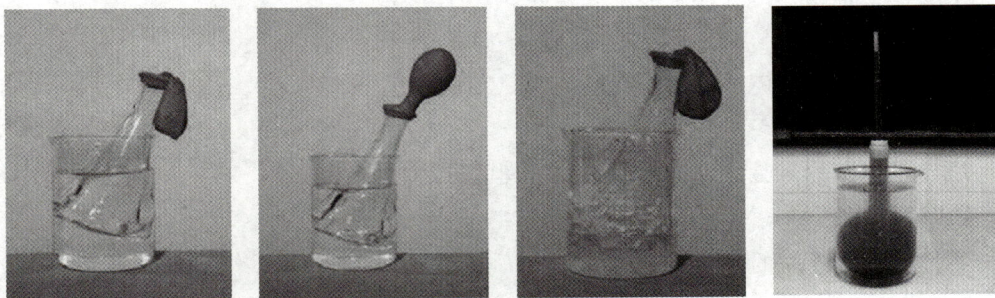

图 6-6　气体热胀冷缩实验

图 6-7　液体热胀冷缩实验

第四，实验完毕，整理实验器材，将实验结果填在表 6-8 中。

表 6-8　液体受热、遇冷实验的结果

变量	液面的变化	原因
将烧瓶放到热水里		
将烧瓶放到冷水里		

三、设计固体热胀冷缩实验

第一，组装实验器材。用铁架台固定铜球的手柄并调整到用酒精灯加热的合适高度。在这个实验中，也有一些实验器材是手持的，学生也可以直接用手拿着实验器材进行加热。这样做时学生应拿稳，否则加热时间会延长，实验时间不好控制。在实验前教师一定要做好预案。

第二，手持铁环从铜球下面慢慢向上移动，让铜球顺利通过。准备一个水槽放到旁边，并装入一半冷水备用。

第三，点燃酒精灯，用酒精灯外焰加热铜球，5 分钟后移去酒精灯，再次尝试让铁环通过铜球。如果还能通过，就继续加热；如果不能通过，就停止加热，正确熄灭酒精灯。这说明金属球受热膨胀，体积增大。

第四，从铁架台上取下铜球的手柄，把铜球慢慢放入装有冷水的水槽中，1 分钟以后使铜球充分冷却，再次尝试将铜球通过铁环，可以发现铜球顺利通过铁环。这说明铜球遇冷收缩，体积缩小（图 6-8）。

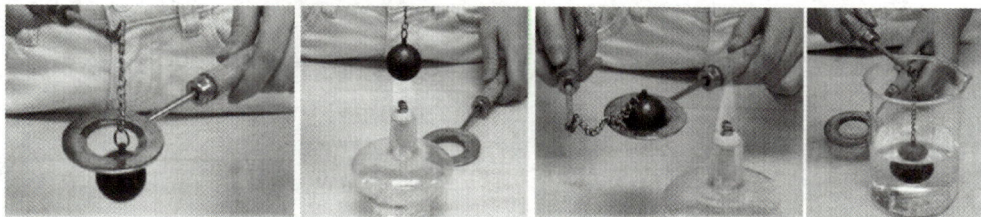

图 6-8　固体热胀冷缩实验

第五，实验完毕整理实验器材，用抹布将铜球和铁环上的水渍擦干净，将实验结果填在表 6-9 中。

表 6-9　固体受热、遇冷实验的结果

变量	铜球能否通过铁环	原因
铜球受热后		
铜球受冷后		

【注意事项】

第一，注意安全，特别是在使用热水、玻璃器皿加热时。

第二，加热铜球时选择用相对稳定的铁架台，注意要将铜球慢慢地放到水中，多放一会儿，让铜球冷却。

【实验结论】

第一，气体、液体和固体都有热胀冷缩的性质。热胀冷缩是物体的一种基本性质。物体在一般状态下，受热后会膨胀，受冷后会收缩。

第二，了解一些特例，有些物质，如锑、铋、镓和青铜等，在某些温度范围内受热时会收缩，遇冷时会膨胀。水在 4℃ 以上会热胀冷缩，而在 4℃ 以下会冷胀热缩。水由液体变成固体时，体积会增大。

【实验反思】

第一，在实验中有什么收获？关于物体的热胀冷缩实验，你还想到了哪些不同的方案？

第二，通过气体、液体和固体的热胀冷缩实验，你还想探究什么问题？

实验 7
热传递

【实验问题】

热传递是一种由温差引起的热能传递现象。热传递主要有哪些传播途径？我们通过简单的实验来认识传导、对流和辐射三种热传递的主要方式。

【实验教学目标】

一、科学知识

第一，使用温度计测量温度，了解温度是表示物体冷热的程度。

第二，热可以在物体内和物体间传递，通常热从同一物体的高温部分传向低温部分或是从温度高的物体传向温度低的物体。

二、科学探究

第一，通过合理设计实验了解温度，测量温度。

第二，探究影响热传递的主要因素，并能够解决生活中的实际问题。

三、科学态度

培养对实验的兴趣，能够积极参与探究，体验探究的快乐。

四、科学、技术、社会与环境

充分利用身边的材料，及时收集、清理实验过程中产生的废料，减少实验垃圾对环境的污染。

【教学重点】

了解热如何在物体内和物体间传递。

【教学难点】

结合实际探究控制热传递的主要因素，能够解决生活中的问题。

【实验原理】

热可以在物体内和物体间传递，热传递现象是由温度差引起的。

【实验用品】

铁棒（铁丝）、铁架台、火柴、凡士林、酒精灯、烧杯、木勺、塑料勺、钢勺、测温枪、温度计、三脚架、石棉网、酒精灯、锯末、可乐罐、蜡烛、硬币或大豆等。

【实验步骤】

一、设计热传导实验

第一，热传导实验1。

（1）组装实验器材。将铁棒固定在铁架台的支架上，在火柴头上抹上少许凡士林，依次等距离粘在铁棒上。

（2）用酒精灯加热铁棒一端（图6-9），观察有什么现象。

（3）不断加热，火柴由被加热的一端向另一端逐个掉下来。

（4）实验完毕，整理实验器材，清理实验垃圾，注意材料的循环使用和环境保护。

通过实验得出结论：热可以沿着铁棒传递，从温度高的一端传向温度低的一端。

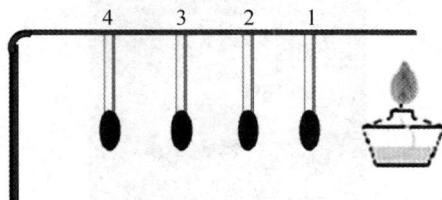

图6-9　热传导实验装置

第二，热传导实验2。

（1）在木勺、塑料勺、钢勺勺柄的相同高度用记号笔做好标记，用测温枪来测量各种材料的温度，并记录。

（2）用温度计和测温枪分别测量烧杯中热水的温度并记录，然后把木勺、塑料勺、钢勺放在盛有热水的烧杯中。

（3）5分钟后，用手接触3种不同材料的勺柄，并用测温枪分别测量不同勺子标记部位、热水的温度，并记录。

（4）实验完毕，整理实验器材。

整理实验数据并分析实验结果，填写表6-10。

表 6-10　不同材料的热传导实验

变量	木勺	塑料勺	钢勺	热水
在室温下的温度				
放入烧杯中 5 分钟后的温度				

通过实验得出结论：

(1)热在不同物体之间传递，由高温物体传向低温物体；

(2)不同材料的物体传递热的能力不同，可分为热的良导体和热的不良导体。

二、设计热对流实验

第一，在三脚架上放一个石棉网，在石棉网上放一个烧杯。

第二，在烧杯里放一些锯末，往烧杯里倒入适量的水，点燃酒精灯加热。

第三，观察锯末的变化。可以发现锯末在杯中分散，上下浮动。随着温度不断升高，锯末在水中做循环运动(图 6-10)。

第四，实验完毕，整理实验器材，清理实验废物，做到材料循环使用，减少对环境的破坏。

通过实验得出结论：加热烧杯底部，水受热会变轻上升，周围较冷的水会流过来补充，然后又被加热上升。冷、热水循环流动，整杯水逐渐变热。

图 6-10　热对流实验装置

三、设计热辐射实验

第一，将可乐罐的上下盖剪掉，罐身剪开，用水彩笔将内表面一半涂成黑色，另一半涂成白色。

第二，将两枚硬币(或者大豆)蘸上熔化的凡士林，分别粘到黑白两边的外表面靠近上端相同的高度，相对位置对称。

第三，将蜡烛放在可乐罐拼成圆卷的正中位置并点燃，点燃蜡烛的高度要低于蜡烛粘贴硬币(或者大豆)的高度(图 6-11)。观察两枚硬币，看哪一枚先掉下来。

第四，实验完毕，整理实验器材，清理实验废物，力求材料循环使用，减少对环境的破坏。

通过实验得出结论：蜡烛的热可以不借助任何物质向周围传递，不同颜色的物体吸收热的能力不同。黑色物体吸收热量多，白色物体吸收热量少。

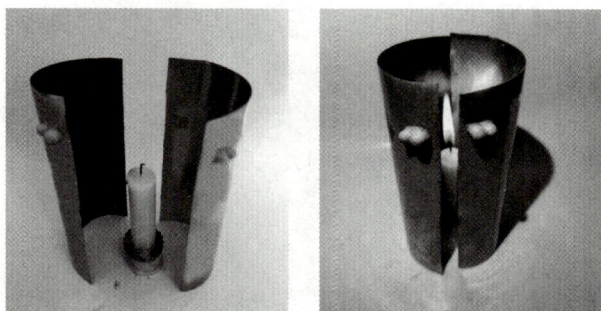

图 6-11 热辐射实验装置

【注意事项】

第一，注意安全，明确酒精灯的使用方法。

第二，注意实验材料的回收再利用，做到环保节约。

【实验结论】

第一，热传递主要存在三种基本形式：热传导、热对流和热辐射。

第二，只要物体内部或物体间有温度差存在，热能就会以热传导、热对流和热辐射三种方式中的一种或多种从高温处向低温处传递。

第三，根据导热能力的不同可以分为热的良导体和热的不良导体。

【实验反思】

第一，通过实验你有什么收获？随着新技术和新材料的出现，对于热传递实验，我们可以不断改进、完善，从而更直观地体现热是如何传递的。

第二，关于热传递还想探究什么问题？写出你的探究方案。

实验 8
导体和绝缘体

【实验问题】

通过对简单电路的学习，我们已经了解了简单电路，那么在日常生活中我们如何检验哪些材料可以导电，哪些材料不可以导电？今天我们就设计一个实验，一起来探究生活中的导体和绝缘体。

【实验教学目标】

一、科学知识

第一，能够初步判断哪些物体是导体，哪些物体是绝缘体。

第二，初步建立导体和绝缘体的概念。

二、科学探究

第一，熟悉器材，能够正确、合理地组装实验器材，并保证实验安全。

第二，能够区分金属、石墨、食盐水、人体是导体，塑料、橡胶、陶瓷是绝缘体。

三、科学态度

能够学会与人合作，并在学习过程中了解到安全用电的重要性，强化安全用电意识。

【教学重点】

学会检测常见物体的导电性，认识导体和绝缘体。

【教学难点】

通过概括归纳形成导体和绝缘体的概念，认识人体、大地等特殊导体。

【实验原理】

电流能够流经导体形成回路，但是无法流经绝缘体。

【实验用品】

电池盒(带电池)、小灯座(带灯泡)、导线、铁丝、铝片、铜丝、铅条、橡胶、玻璃、陶瓷、塑料、木头、纸、棉布、丝绸、钉子、毛线、塑料纸等。

【实验步骤】

第一，检查器材是否齐全。

第二，用导线将电池盒、小灯座进行组装并注意留出未接通部分(图6-12)，以方便进行实验。

第三，将检测物体分别连接到未接通的电路中，观察小灯泡的明亮变化。

第四，整理物品并将它们放回原处。

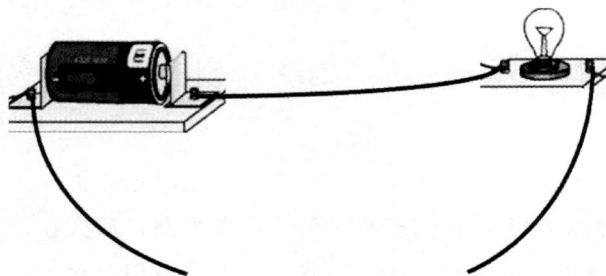

图 6-12　实验电路图

实验结果处理见表 6-11。

表 6-11 不同材料的导电实验

材料名称	小灯泡亮	小灯泡不亮	导电	不导电
铁丝				
铝片				
铜丝				
铅条				
橡胶				
玻璃				
陶瓷				
塑料				
木头				
纸				
棉布				
丝绸				
钉子				
毛线				
塑料纸				

【注意事项】

第一，要去掉铜、铁、铝表面的锈及污垢，使表面光亮，便于导电。

第二，导线与检测物体紧密连接。

【实验结论】

第一，使灯泡亮的物体有钉子、铁丝、铝片、铜丝、铅条，钉子、铁丝等能够使电流通过、容易导电的物体叫导体。

第二，没能使灯泡亮的物体有橡胶、玻璃、陶瓷、塑料、木头、纸、棉布、丝绸、毛线、塑料纸，玻璃、塑料纸等不能使电流顺利通过、不容易导电的物体叫绝缘体。

【实验反思】

第一，通过本次学习，你的收获是什么？

第二，你还想继续探究哪些问题？

第三，对想要探究的问题，你的猜想结果是什么？准备的实验方案是什么？

实验 9
电路实验

【实验问题】

电灯为我们的生活提供了非常多的便利，那么灯泡是怎样被点亮的呢？如何组装电路元件才能够点亮灯泡呢？

【实验教学目标】

一、科学知识

第一，能举例说出常用电器工作时需要电源、开关、电线等。

第二，能说出电源和开关在电路中的作用。

二、科学探究

第一，能用一些基本组件和材料设计并连接简单的电路。

第二，能用简图或文字将自己设计的电路记录下来。

三、科学态度

能向其他同学介绍自己连接电路的方法。

【教学重点】

能够尝试自主设计方案，了解基本电路的组成，并注意用电安全。

【教学难点】

能够尝试自主设计方案，用电源、开关、电池、小灯泡连接一个基本电路，并注意用电安全。

【实验原理】

电源、开关、用电器通过电线的连接能够形成一个简单电路，电流从电源的正极出发，从用电器的一个连接点流入，经过内部元件，再从另一个连接点流出，经过电线流到电源的负极，再由电源的负极流回电源的正极，形成一条完整的回路。只有形成完整的回路才能够使用电器顺利工作。

【实验用品】

导线、灯泡、灯座、一号电池、电池盒、开关等。

【实验步骤】

一、用 1~2 根导线、一个灯泡和一节电池组合简单电路

第一，尝试用自己的方法点亮灯泡。

第二，成功点亮灯泡后将自己的连接方式画在实验报告单上（图 6-13）。

图 6-13　电线、灯泡、电池

二、利用多根导线组合简单电路

第一，将电池安装进电池盒，灯泡安装进灯座。

第二，利用导线依次将灯座、电池盒、单刀开关连接起来，合上开关，观察灯泡的变化。

第三，成功点亮灯泡后，将自己的连接方式画在实验报告单上（图 6-14）。

图 6-14　单刀开关、电池盒、灯座

【注意事项】

第一，不要用导线直接连接电池的两端。

第二，连接灯泡与导线时，只需要将导线碰到灯泡上的连接点即可。

第三，安装电池时，将电池的负极放入电池盒内有弹簧的一侧，将正极放入另一侧。

第四，连接电路时，先将器材上的螺丝拧松，将导线放入后再将螺丝拧紧。

第五，连接电路过程中，开关应始终处于断开状态。

第六，成功点亮灯泡后，5 秒左右即可断开开关。

【实验结论】

第一，将开关闭合后，灯泡被点亮了。

第二，在闭合电路中用电器开始工作。

第三，开关在电路中起到随时连通、切断电路的作用，帮助我们更好地控制用电器的工作时间。

【实验反思】

第一，你在设计实验的过程中遇到了哪些问题？你是如何解决的？

第二，你想继续探究的问题是什么？

第三，设计一个实验，看一看怎样可以一次点亮多个灯泡。

实验 10
磁铁实验

【实验问题】

磁铁能够对铁、镍等物体产生吸引力，可以隔着一段距离把物品吸引过来，那么磁铁在什么情况下能吸引物体呢？在有其他物体阻隔时还可以吸引物体吗？

【实验教学目标】

一、科学知识

通过实验了解磁铁能够隔着一定距离或一些物体对铁、镍等材料产生吸引力。

二、科学探究

第一，能够合理地设计实验。

第二，能够在教师的指导下，简单描述自己的探究过程，并与同学合作探究。

三、科学态度

能够对磁铁产生浓厚的探究兴趣，愿意进一步对磁铁进行探究。

【教学重点】

通过实验感受磁铁能够隔着一定距离或一些物品吸引铁、镍等材料。

【教学难点】

能够感受磁力，并用自己的话描述磁力的特点。

【实验原理】

磁铁吸铁的过程就是对铁的磁化过程，磁化了的铁和磁铁不同，不同磁极间相互吸引，铁就牢牢地与磁铁"粘"在一起了。

【实验用品】

蹄形磁铁或条形磁铁、塑料尺、纸片、铜片、铝片、薄木片、塑料片、玻璃片、小铁钉、镍环等。

【实验步骤】

一、磁铁可以隔着一定距离吸引铁和镍

第一，将准备好的材料摆放在桌面上。

第二，将实验物品的边缘与塑料尺的零刻度线对齐。

第三，将磁铁的一极从塑料尺的最右端缓慢靠近每个物品，观察实验现象。

第四，将实验用品放回原处，填写表 6-12。

表 6-12　磁铁可以隔着一定距离吸引铁和镍

状态	铜片	铝片	薄木片	塑料片	玻璃片	小铁钉	镍环
能否被吸引							
被吸引时与磁铁的距离/厘米							

二、磁铁可以隔着一些物品吸引铁

第一，检查器材是否齐全、适用。

第二，把小铁钉放在桌面上。

第三，一只手拿纸片，另一只手拿磁铁，轻轻接触小铁钉，试一试磁铁隔着纸片能不能吸引小铁钉(图 6-15)。

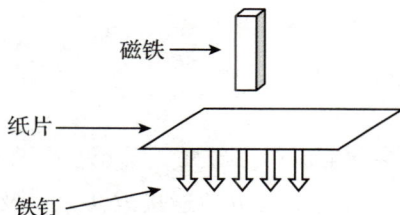

图 6-15　实验操作示意图

第四，轮流用玻璃片、塑料片等进行实验。

第五，将实验用品放回原处，填写表 6-13。

表 6-13　磁铁可以隔着一些物品吸引铁和镍

状态	铜片	铝片	薄木片	塑料片	玻璃片	小铁钉	镍环
能否被吸引							

【注意事项】

第一，验证磁铁吸引物体时，要注意使磁铁缓慢匀速地靠近物体。

第二，隔着物体吸引铁时，物体尽量不要与磁铁分开，以减少实验误差。

第三，间隔物体不可以用铁片，以免造成科学性错误。

【实验结论】

第一，磁铁能够吸引铁、镍等物体。

第二，磁铁能够隔着一定距离对铁、镍等物体产生吸引力。

第三，磁铁能够隔着一些物体对铁、镍等物体产生吸引力。

【实验反思】

第一，关于磁铁，你还想了解什么？

第二，磁铁在日常生活中的应用非常广泛，试着找一找家中有哪些物品使用到了磁铁，看看它们都利用了磁铁的哪些性质。

实验 11
制作电磁铁

【实验问题】

电磁铁在我们日常生活中应用十分广泛，如电铃、电磁继电器以及电话都是通过电磁铁来发挥作用的。那么电磁铁的工作原理究竟是什么呢？如何利用身边的材料来制作一个电磁铁呢？

【实验教学目标】

一、科学知识

第一，了解电磁铁具有接通电流产生磁性，断开电流磁性消失的基本性质。

第二，通过实验探究改变电池正负极的连接方法，以及改变线圈缠绕的方向会改变电磁铁的南北极。

二、科学探究

第一，能够设计并制作电磁铁。

第二，小组合作探究如何改变电磁铁的南北极。

三、科学态度

第一，对日常生活中电磁铁的应用感兴趣。

第二，能够积极与他人合作，沟通交流。

【教学重点】

认识电磁铁的工作原理及主要结构，自制电磁铁。

【教学难点】

通过实验探究电磁铁的基本性质。

【实验原理】

电磁铁是通电后产生电磁的一种装置。在通电螺线管内部插入铁芯后，铁芯被通电螺线管的磁场磁化，此时的铁芯就具有了磁性。因为电磁铁通电后才能产生磁力，所以它的磁性不是永久的，一旦断电，磁性便会消失。简易的电磁铁可以利用大铁钉、漆包线和电池来制作。通过对简易模型进行探究思考，我们可以很好地理解电磁铁的工作原理和基本性质。

【实验用品】

大铁钉、长 500 毫米的漆包线、小铁钉、电池、条形磁铁、安全防护手套、砂纸、导线、开关、电池盒等。

【实验步骤】

一、制作电磁铁

第一，戴好安全防护手套，将漆包线的两端用砂纸打磨至露出金属光泽。

第二，将漆包线沿着一个方向整齐地缠绕在大铁钉上(图 6-16)，用导线连接电池和开关，组成闭合回路。

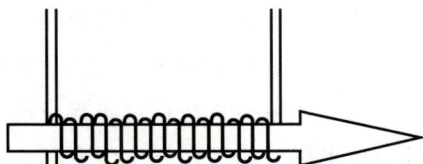

图 6-16 电磁铁示意图

第三，闭合开关，用大铁钉的一端去靠近小铁钉，观察小铁钉能否被吸引。

第四，断开开关，数一下吸引的小铁钉的数量并记录下来。

第五，重复实验，计算吸引小铁钉的平均数量。

第六，改变漆包线缠绕圈数，观察电磁铁吸引小铁钉的数量是否有变化，填写表 6-14。

表 6-14 漆包线缠绕圈数对电磁铁磁性大小的影响

漆包线圈数/圈			
吸引小铁钉的数量/个			

二、改变电磁铁的磁极

第一，利用条形磁铁，判断电磁铁的磁极。

第二，调整连接电池的正负极，对电磁铁的磁极进行再次测试。

第三，将漆包线按照相反的方向重新缠绕相同的圈数并固定。

第四，再次利用条形磁铁判断电磁铁的磁极，看看漆包线的缠绕方向是否会影响电磁铁的磁极。

第五，整理实验器材并放回原处，填写表 6-15。

表 6-15 电磁铁磁极的影响因素探究

电磁铁的磁极	改变电源电池的正负极		改变漆包线的缠绕方向	
	改变前	改变后	改变前	改变后

【注意事项】

第一，为了更好地说明电磁铁的特点，在准备实验材料前应将铁钉在酒精喷灯上烧红，然后放入水中冷却。这样处理后可以增强实验结果的科学性。

第二，线圈的两个接头要足够长，圈数要在 50 圈左右，不要过多或过少。

第三，在连接电路过程中，开关应保持断开状态。

第四，断电后，铁芯常留有剩余磁性，这是正常现象。

【实验结论】

第一，电磁铁的结构主要由铁芯、螺线圈、电源三部分组成。

第二，铁芯上缠绕的线圈匝数越多，电磁铁的磁性越大。

第三，电磁铁也存在磁极，改变电源正负极的连接方式或者改变线圈的缠绕方向都会使电磁铁的磁极发生改变。

【实验反思】

第一，通过电磁铁实验，你的收获是什么？

第二，你还想继续探究关于电磁铁的哪些问题？

第三，找出现实生活中使用电磁铁的例子，想想它们都怎样利用了电磁铁的性质，电磁铁是怎样工作的。

本章小结

本章主要涉及声、光、热、电和磁的相关知识。其中，涉及声的实验为实验 1 至实验 3，涉及光的实验为实验 4 和实验 5，涉及热的实验为实验 6 和实验 7，涉及电的实验为实验 8 和实验 9，涉及磁的实验为实验 10 和实验 11。

通过本章的学习，学生可以知道声音是由物体振动产生的，知道使物体发声或者停止发声的方法。掌握声音是通过媒介进行传播的，声音不能在真空中传播。声音在固体、液体和气体中都能传播，传播速度依次变慢。掌握什么是音量，什么决定音量；什么是音调，什么决定音调。可以概括影响音量和音调的各种因素，知道如何保护我们的听力。感受光在同种均匀介质中沿直线传播的规律，能解释日食和小孔成像等现象。知道太阳光是由七种不同颜色的光混合而成的。可以使用多种方法制造彩虹，并知道日常生活中的有关现象的原理。知道气体、液体和固体在一般情况下都会热胀冷缩。掌握热传递是由温差引起的，了解热传递主要有热传导、热对流和热辐射三种方式。能够正确使用温度计测量温度。了解导体和绝缘体的概念，能够正确判断导体和绝缘体。初步建立电路的概念，知道电路的组成，可以独自设计并连接简单的电路。通过实验感知磁铁的性质，知道什么是磁化过程以及磁铁在生产生活中的应用。通过实验掌握电磁铁的结构和特点并知道电磁铁的应用，可以利用改变正负极的连接方式或者改变线圈缠绕方向的方法让电磁铁的磁极发生改变。

关键术语

声音的产生；声音的传播；音量和音调；太阳光；光的传播；温度；热胀冷缩；热传导；导体和绝缘体；电路；磁铁和电磁铁；磁力和磁极

拓展阅读

1. 约翰·范登. 身边科学真有趣[M]. 蔡莲莉译，上海：上海人民美术出版社，2020.

该书是科普书作家约翰·范登专为 7～14 岁儿童写的，以趣味漫画形式讲解科学实验，充分发掘儿童的好奇天性，以培养儿童爱观察、勤思考的科学家气质。

2. 罗布·贝迪. STEAM 科学了不起[M]. 王晓军译，北京：新星出版社，2018.

该书收集了很多可以快速完成且成果喜人的实验，图文并茂，涉及声、光、热、电和磁等实验，完美地实现了让科学更好玩的目的，有力地补充了学校科学课程，绚丽的封面十分吸引人。教师可以改编书中的实验，并将其引入课堂。

体验练习

1. 如何给学生解释声音是怎样产生的？

2. 如何利用声的知识讲解怎样阻止噪声的传播？

3. 利用什么例子可以让学生知道影响声音高低、强弱的因素有哪些？

4. 什么例子可以让学生知道光可以在真空的条件下传播而声音不能？

5. 什么是光的色散？

6. 列举生活中哪些地方用了热胀冷缩的原理。

7. 水加热利用的是什么原理？

8. 观察教室并判断哪些是导体，哪些是绝缘体。

9. 怎样指导学生设计不同电路，让两个灯泡同时发光？

10. 什么是磁化？如何讲解磁化后判断磁极的方法？

11. 怎样讲解电与磁之间的关系？

章结构图

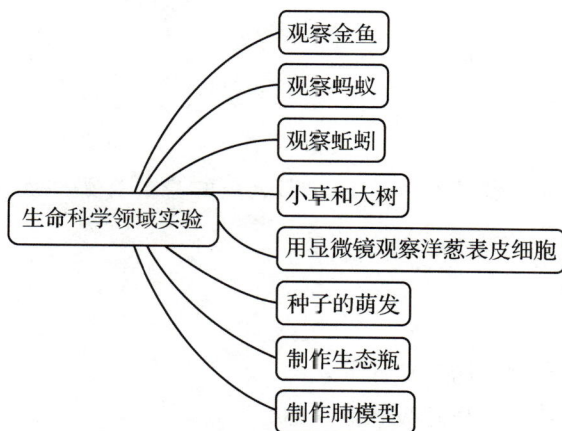

本章概述

　　本章主要阐述了生命科学领域的教学实验，包含"观察金鱼""观察蚂蚁""观察蚯蚓""小草和大树""用显微镜观察洋葱表皮细胞""种子的萌发""制作生态瓶""制作肺模型"8 个实验。学生通过对这 8 个实验的学习可以认识到动植物的基本特征，了解生态平衡的重要性。

问题情境

　　如何进行生命科学领域的实验教学呢？

　　李老师是一名刚入职的小学科学教师，对于生命科学领域的知识教学还算得心应手，但对该领域的实验教学却有些手足无措。这一领域的实验大到对生态系统的学习，小到对细胞的观察，包含了对多种动植物及人体器官的学习。那么该如何科学而有效地教学？如何控制学生实验的知识深度？如何让学生体验形象而生动的实验？这一系列问题是很多新手科学教师都会有的困惑。

　　对于小学科学教师来说，正确认识动植物的同一性和多样性是十分重要的，需要在此基础之上结合教育学和心理学，运用多种教学方式组织教学。例如，教学"用显微镜观察洋葱表皮细胞"时可以借助工具观察。那么生命科学领域的实验到底该如何教学呢？下面我们一起来学习该如何设计和实施该领域的实验教学。

实验 1
观察金鱼

【实验问题】

我们班里的很多同学都喜欢养金鱼。那金鱼的身上有哪些奥秘呢？我们一起探究一下吧。

【实验教学目标】

一、科学知识

第一，知道金鱼有鳃、鳍、鳞片等。

第二，能说出金鱼是怎样呼吸和运动的。

二、科学探究

第一，观察金鱼，描述金鱼的身体特征。

第二，了解金鱼用鳍运动，用鳃呼吸。

三、科学态度

第一，通过观察金鱼，培养喜爱小动物的感情。

第二，能够如实讲述观察到的现象，培养认真细致的科学态度。

第三，愿意倾听和分享他人的信息，乐于表达并讲述自己的观点。

【教学重点】

观察金鱼的身体特征，并能用图形的形式将其记录下来。

【教学难点】

观察金鱼的运动和呼吸。

【实验原理】

金鱼能呼吸，会运动，需要食物。金鱼主要的呼吸器官是鳃。水从口流入，通过鳃时进行气体交换，再从鳃孔流出。

【实验用品】

金鱼、鱼食、放大镜、滴管、菠菜汁、小鱼缸等。

【实验步骤】

一、具体步骤

第一，借助放大镜观察金鱼的身体由哪些部分组成。认识金鱼的鱼鳍（背鳍、胸鳍、腹鳍、臀鳍、尾鳍等），鱼鳃，鱼鳞。

第二，观察金鱼是怎样呼吸的，观察金鱼在呼吸的时候吐泡泡。

第三，在金鱼的嘴前面滴加 3 滴菠菜汁，菠菜汁到哪里去了？

金鱼鳃的外部有菠菜汁，由此得出金鱼用鳃呼吸。

第四，观察金鱼是怎么运动的。

金鱼在运动时，整个身体来回摆动，尾巴摆来摆去，胸鳍、腹鳍用来划水。

第五，金鱼是否需要吃食物？

向金鱼投喂鱼食时，金鱼张开嘴吃掉鱼食，有些金鱼将代谢废物排出体外。

【注意事项】

第一，在观察金鱼的过程中，尽量保持安静，不要打扰金鱼的活动。

第二，爱护金鱼，在观察过程中不要用手触摸金鱼。

【实验结论】

金鱼像其他动物一样，能呼吸、会运动、需要吃食物。

【实验反思】

金鱼是怎么呼吸的？氧气溶解在水中，金鱼通过"喝"水的方式，吸收水中的氧气，将多余的水分通过鳃排出体外。

实验 2
观察蚂蚁

【实验问题】

今天老师给大家带来了一个动物朋友，请同学们猜猜它是谁。"身体虽不大，力气却不小，有时搬粮食，有时挖地道，团结又互助，勇敢又勤劳。"谜底是蚂蚁。今天我们就一起走近蚂蚁吧。

【实验教学目标】

一、科学知识

了解蚂蚁的生活习性及外表特征。

二、科学探究

第一，能用简单的工具观察蚂蚁，并能用图画或文字进行表达。

第二，能用归纳的方法总结昆虫的共同特征。

三、科学态度

第一，通过观察蚂蚁，培养喜爱小动物的感情。

第二，能够如实讲述观察到的现象，培养认真细致的科学态度。

第三，懂得关注、亲近小动物，珍爱生命。

【教学重点】

通过观察、探究、讨论、对比等活动，知道蚂蚁的外形特征。

【教学难点】

能用归纳的方法总结昆虫的共同特征。

【实验原理】

蚂蚁是一种昆虫，其种类繁多，已知世界上约有 11 700 种。昆虫是地球上数量最多的动物群体，在所有生物种类中占比超过 50％，它们的踪迹几乎遍布世界的每一个角落。

【实验用品】

蚂蚁，放大镜，昆虫盒，昆虫标本(蝴蝶、蜻蜓、蜜蜂、蝗虫)。

【实验步骤】

一、观察一只蚂蚁

第一，根据日常对蚂蚁的观察，在纸上画一只蚂蚁。

第二，利用放大镜观察蚂蚁的外形特点，并在实验报告单上标注出蚂蚁的头、胸、腹、触角、足等部分。

第三，认真观察蚂蚁，对画好的蚂蚁进行修改。

二、观察不同的蚂蚁

观察不同的蚂蚁，归纳蚂蚁的共同特征。

三、观察不同的昆虫标本

观察不同的昆虫标本，归纳昆虫的共同特征。

【注意事项】

在观察蚂蚁的过程中，尽量保持安静，不要触摸蚂蚁，也不要打扰蚂蚁的活动。

【实验结论】

蚂蚁的身体分为头、胸、腹三大部分，头部有一对触角，胸部有三对足。

【实验反思】

昆虫早在 4 亿年前就出现在地球上了，是自然界中种类最多、数量最大、分布最广的动物种类。

实验 3
观察蚯蚓

【实验问题】

雨后在花坛旁边的路面上，我们总能看到蚯蚓爬来爬去。今天我们一起来认识蚯蚓吧。

【实验教学目标】

一、科学知识

第一，通过观察蚯蚓，了解蚯蚓的外部特征。

第二，通过实验认识适合蚯蚓生活的环境。

二、科学探究

第一，通过观察蚯蚓，培养观察能力。

第二，学习用简单的工具进行观察和测量。

三、科学态度

第一，通过观察蚯蚓，培养喜爱小动物的感情。

第二，能够如实讲述观察到的现象，培养认真细致的科学态度。

第三，懂得关注、亲近小动物，珍爱生命。

【教学重点】

学会用感官和工具观察蚯蚓的外形特征。

【教学难点】

通过实验认识适合蚯蚓生活的环境。

【实验原理】

蚯蚓是一种环节动物，在我国广泛分布。它可以挖穴松土，分解有机物，为土壤中微生物的生长和繁殖创造良好条件。蚯蚓被称为"生态系统工程师"。

【实验用品】

蚯蚓若干条、放大镜、白纸、光滑玻璃板、粗糙玻璃板、长方体纸盒、肥沃潮湿的土壤、肥沃干燥的土壤等。

【实验步骤】

一、观察蚯蚓的身体结构

第一，教师提问：关于蚯蚓，你想观察什么？

第二，教师提问：怎样观察蚯蚓？

第三，出示观察方法。

(1)用手轻轻触摸蚯蚓表面。

(2)用手轻轻地拿起蚯蚓，将其放在白纸上。

(3)用放大镜仔细观察。

(4)找一找蚯蚓的头在哪儿。

(5)把蚯蚓的样子画在纸上。

通过观察可以发现蚯蚓身体的横截面是圆形的，整体是细长形的。身体颜色是淡褐色的，表面有些粗糙，还有黏液。身体是一节一节的，有一部分形状略粗，叫作环带。离环带近的一端是蚯蚓的头部。

二、观察蚯蚓的运动

第一，观察蚯蚓是如何通过身体的收缩和舒张来运动的。

第二，先把蚯蚓放在光滑玻璃板上，观察它的运动；再把蚯蚓放在粗糙玻璃板上，观察它的运动。看看在哪种情况下，蚯蚓爬得更快。

蚯蚓在粗糙的玻璃板上爬得更快一些。

第三，在长方体纸盒两边分别放上肥沃潮湿的土壤和肥沃干燥的土壤，在盒子中间位置放 10 条蚯蚓，观察蚯蚓朝向哪个方向运动。

通过实验可知蚯蚓喜欢潮湿的土壤。

实验结果处理见表 7-1。

表 7-1　对蚯蚓的观察记录

问题	作答
1. 蚯蚓的表面是粗糙的还是光滑的？	
2. 蚯蚓的表面是比较湿润的还是干燥的？	
3. 蚯蚓的颜色和形状是什么样的？	
4. 蚯蚓的头在哪里？	
5. 绘制蚯蚓的身体结构图。	

【注意事项】

在观察蚯蚓的过程中，要用放大镜轻轻地、静静地观察，千万不要伤害蚯蚓。

【实验结论】

第一，蚯蚓的身体是一环环的，叫作体节，其中有一段颜色稍浅，形状略粗，叫环带，是蚯蚓的繁殖器官。靠近环带的一端是头，另一端则是肛门，即排便的地方。

第二，蚯蚓是靠它的身体爬行的。爬行的时候先把前面伸出去，后面缩回来，接着再把前面伸出去，后面缩回来，这样往前爬。

第三，蚯蚓喜欢在相对粗糙、潮湿一些的地方活动。

【实验反思】

通过在课上观察，学生认识到了蚯蚓的外形特征和运动方式，对蚯蚓的呼吸、运动有了更直观的认识。

实验 4
小草和大树

【实验问题】

地球上生长着各种各样的植物，有些植物覆盖在陆地上，有些植物生活在海洋、湖泊、河流中。迄今为止，人们已经知道的植物大约有 30 万种。千姿百态的植物使自然界多姿多彩，生机勃勃。我们周围有很多熟悉的小草和大树，它们各有什么特点呢？接下来，我们对它们进行观察。

【实验教学目标】

一、科学知识

第一，能通过观察，发现一些植物的主要特征。

第二，能举例说出草本植物和木本植物的特点。

二、科学探究

第一，能用放大镜等工具对植物进行细致的观察，分析出某一种植物的典型特点（包括形状、颜色、气味等），并用图和文字进行记录。

第二，能对观察的结果进行比较分析，归纳出草本植物和木本植物的共同特征。

第三，能依据草本植物和木本植物的标准，对植物进行分类。

三、科学态度

第一，能感受到地球上植物种类的丰富。

第二，能设法在不损坏或少损坏植物的前提下研究植物。

【教学重点】

通过观察和比较植物的特征，归纳出草本植物和木本植物的概念。

【教学难点】

观察并客观描述植物的特征。

【实验原理】

利用感觉器官，并借助一定的工具对植物进行观察。

【实验用品】

蟋蟀草、牛筋草、蒲公英、桃树枝、剪刀、小刀、放大镜等。

【实验步骤】

第一，利用感觉器官（用眼睛看一看，用手摸一摸，用鼻子闻一闻）对植物进行全面细致的观察，注意重点观察植物的茎在疏松与致密、柔软与坚硬、支持力弱与强方面的特点。

第二，借助合适的工具（剪刀或小刀）对植物的茎进行解剖，观察其内部构造，解剖时注意安全，观察完后及时把内容记录到表 7-2 和表 7-3 中。

表 7-2　我观察到的小草

名称	轮廓图	茎的主要特点
蟋蟀草		茎容易折断，茎的顶端有三个花穗

表 7-3　我观察到的大树

名称	轮廓图	茎的主要特点
桃树枝		树的主干不太高，茎比较硬，容易剥皮

第三，根据记录表比较小草和大树的茎各有什么特点。

第四，归纳出小草和大树的共同点，建立草本植物和木本植物的概念。

第五，判断某种植物是草本植物或木本植物（图 7-1）。

图 7-1　比较小草和大树

【注意事项】

第一，在实验过程中使用剪刀、小刀等工具时要注意安全，不要划伤手指。

第二，观察大树时要做到不损坏植物。

第三，实验完毕整理好实验用品后，注意洗手。

【实验结论】

人们根据茎的特征，将它们分成不同的类别。像蟋蟀草那样具有比较疏松、柔软、支持力弱的茎的植物，被称为草本植物；像桃树那样具有比较紧密、坚硬、支持力强的茎的植物，被称为木本植物。

【实验反思】

本课属于观察课，观察的对象是真实的小草和大树。由于不可能将大树移到课堂上来观察，因此可在课前要求学生收集几种树木的树干，让学生在课上观察。

实验 5
用显微镜观察洋葱表皮细胞

【实验问题】

构成动物、植物的基本单位都是细胞。细胞非常小，大多数细胞都是肉眼不可见的。微观世界是怎样的呢？借助显微镜观察细胞可让学生从微观角度认识人体、植物等生命体的基本组成单位。

【实验教学目标】

一、科学知识

第一，能说出显微镜的基本构造和作用。

第二，能绘制细胞的形状，能用语言描述细胞的形态。

第三，能认识不同形态、类型的细胞。

二、科学探究

会规范操作显微镜，能利用显微镜找到清晰的物像。

三、科学态度

第一，能和本组同学合作完成实验。

第二，能和其他同学一起分析交流实验中遇到的问题，并找到恰当的解决方式。

【教学重点】

了解显微镜各部分的名称和作用，会使用显微镜。

【教学难点】

使用显微镜。

【实验原理】

光学显微镜是利用凸透镜的放大成像原理，把肉眼看不到的微小物体放大成像，以供人们提取微细结构信息的光学仪器。

【实验用品】

显微镜、洋葱表皮细胞装片、植物根尖、人的血细胞等细胞装片、铅笔、实验报告单等。

【实验步骤】

一、取镜与放置

第一，取显微镜时，要一手握住镜壁，另一手托住镜座，把显微镜放在实验桌上略偏左、离实验桌边缘 7 厘米处。

第二，用手转动粗准焦螺旋，使镜筒升高，安装好物镜和目镜。

第三，旋转镜壁，调节镜壁角度，使自己的目光与目镜的距离适于观察。

二、调光

转动转换器，使低倍物镜对准通光孔；左眼注视目镜，右眼睁开，转动反光镜的角度，使视野明亮（光线强时平面镜的一侧对准通光孔，光线弱时凹面镜的一侧对准通光孔）。

三、安装要观察的洋葱表皮细胞装片

取出要安装的装片，将有标本的一面朝上，沿着载物台和压片夹之间的缝隙放入，双手拇指各压住装片的一端，轻轻往上推，使标本部分正对着通光孔的中央，同时压片夹会自然压紧装片两端。

四、调焦

第一，双手转动粗准焦螺旋，使镜筒缓缓下降，同时眼睛从侧面注视物镜下降，直到物镜接近装片。

第二，左眼注视目镜，用手转动粗准焦螺旋，使镜筒缓缓上升，直到视野中出现物像，再轻微来回调节细准焦螺旋，直到物像更清晰。

五、观察

在低倍镜下观察洋葱表皮细胞，注意用左眼观察细胞形状，右眼看实验报告单，同时绘图。

观察植物根尖、人的血细胞等细胞装片，描绘它们的形状。

六、整理实验器材

第一，取下装片放回装片盒中。

第二，转动转换器，使两物镜偏到通光孔两侧，再把镜筒降低到最低位置，最后将显微镜表面擦拭干净，把显微镜装进镜箱，送回原处。

实验结果见表 7-4。

表 7-4　绘制洋葱细胞的形状

细胞名称	洋葱表皮细胞
细胞形状	

【注意事项】

第一，在取显微镜时，不要仅用单手拿镜壁，一定要用另一只手托住镜座，防止失手摔坏显微镜。

第二，调光时光线不能太亮，以免久看引起眼睛不适，亮度适中即可。

第三，放置装片时，不要用手去掰压片夹，防止掰坏。要将装片从载物台和压片夹缝隙塞入，再用双手拇指轻轻往上推，使压片夹自然压紧装片。

第四，调焦时先使物镜缓缓下降至最低，要边观察边下降物镜，防止物镜撞向装片，造成物镜和装片损坏。

第五，装片标本移动方向和物像移动方向相反，如果物像在视野左下角，要使它移动到视野中央，应将装片往左下角方向稍做移动。

第六，用显微镜观察时两只眼睛都要睁开，左眼用于观察目镜，右眼辅助绘图。

【实验结论】

第一，借助显微镜，我们可以观察肉眼不可见的细小物体。

第二，细胞是构成动物、植物等生命体的基本单位。不同类型的细胞形态有差异。

【实验反思】

第一，几乎每次用显微镜观察洋葱细胞时都会出现装片损坏的现象，在这一课的教学中，教师除了强调注意事项外，一定提醒学生注意安全，防止割破手指。

第二，教师不必提前提醒学生装片移动方向和物像移动方向相反，可让学生自由探索，待问题不能解决时，再加以引导。

实验 6
种子的萌发

【实验问题】

一粒种子就是一个幼小的植物体，只有条件合适时，种子才能萌发成幼苗。那么，种子在什么条件下才能萌发呢？

【实验教学目标】

一、科学知识

能根据各组实验结果，总结出种子萌发所需的外界条件。

二、科学探究

第一，能根据生活经验对种子萌发的外界条件提出两个以上的假设。

第二，能针对自己提出的一个假设，独立设计实验方案。

第三，能理解对比实验的要求，明确变量，保持其他条件不变。

第四，能从研究结果中发现新的研究问题。

三、科学态度

能和小组其他同学合作完成实验研究。

【教学重点】

能根据各组实验结果，总结出种子萌发所需的外界条件。

【教学难点】

能针对自己提出的一个假设，独立设计对比实验方案。

【实验原理】

种子的萌发除了种子本身具有活力外，还必须有适宜的外界条件。一般来说，具有充足的水分、适宜的温度和足够的空气，种子就可以萌发。

【实验用品】

饱满的黄豆种子、培养皿、硬纸盒或黑色纸袋、卫生纸、水、烧杯、泡沫板、土壤等。

【实验步骤】

实验一：探究种子萌发是否需要光照

第一，在两个培养皿中分别放入同样大的卫生纸，在卫生纸上各放 10 粒黄豆种子。

第二，向两个培养皿中洒入适量的水，使卫生纸和种子保持潮湿，但不要让种子浸没在水中。

第三，将两个培养皿放在能被阳光直接照射的窗台上，其中 2 号培养皿用硬纸盒或黑色纸袋遮光。

第四，经常向两个培养皿中洒水，保持卫生纸和种子潮湿，观察并将种子萌发的情况记录在表 7-5 中。

表 7-5　探究种子萌发是否需要光照

编号	时间			
	第一天	第三天	第五天	第七天
1 号培养皿				
2 号培养皿				

实验二：探究种子萌发是否需要空气

第一，在 1 号烧杯中放入 10 粒黄豆种子，加入足量的水，使种子浸没在水里。

第二，在泡沫板上挖出 10 个小洞，将 10 粒黄豆种子放入洞中。

第三，在 2 号烧杯中加入同样多的水，将制作的带有黄豆的泡沫板放入烧杯中，使黄豆种子上半部分接触空气，下半部分接触水。

第四，将两个烧杯放在相同室温下培养，并保持光照情况相同，观察并将种子萌发的情况记录在表 7-6 中。

表 7-6　探究种子萌发是否需要空气

编号	时间			
	第一天	第三天	第五天	第七天
1 号烧杯				
2 号烧杯				

实验三：探究种子萌发是否需要水

第一，在两个培养皿中分别放入同样的卫生纸，并在每个培养皿中放入 10 粒黄豆种子。

第二，保持 1 号培养皿内的种子干燥，经常向 2 号培养皿中洒一些水，使卫生纸始终保持潮湿，但不要让种子浸没在水中。

第三，将两个培养皿同时放在相同室温下培养，并保持光照情况相同。

第四，每天向 2 号培养皿中洒水，保持卫生纸和种子潮湿，观察并将种子萌发的情况记录在表 7-7 中。

表 7-7　探究种子萌发是否需要水

编号	时间			
	第一天	第三天	第五天	第七天
1号培养皿				
2号培养皿				

实验四：探究种子萌发是否需要适宜的温度

第一，在三个培养皿中分别放入卫生纸，并在每个培养皿中放入 10 粒黄豆种子。

第二，在三个培养皿中均洒入适量的水，使卫生纸始终保持潮湿状态，但不要让种子浸没在水中。

第三，将 1 号培养皿放在室内，用硬纸盒或黑色纸袋遮光培养；将 2 号培养皿放入冰箱冷藏；将 3 号培养皿放在 60℃的保温箱中。

第四，经常向三个培养皿中洒水，使卫生纸保持潮湿状态，观察并将种子萌发的情况记录在表 7-8 中。

表 7-8　探究种子萌发是否需要适宜的温度

编号	时间			
	第一天	第三天	第五天	第七天
1号培养皿				
2号培养皿				
3号培养皿				

实验五：探究种子萌发是否需要土壤

第一，在两个烧杯中分别放入同样的卫生纸和 10 粒黄豆种子，洒一些水，使卫生纸保持潮湿，但不要让种子浸没在水中。

第二，在 2 号烧杯中加入湿润的土壤，让土壤覆盖住卫生纸和黄豆种子。

第三，将两个烧杯放在相同室温下培养，并用硬纸盒或黑色纸袋遮光。

第四，每天向两个烧杯中洒水，保持卫生纸及土壤潮湿，观察并将种子萌发的情况记录在表 7-9 中。

表 7-9　探究种子萌发是否需要土壤

编号	时间			
	第一天	第三天	第五天	第七天
1 号烧杯				
2 号烧杯				

【注意事项】

第一，及时做好实验记录。

第二，随时关注实验状况。

第三，要选择粒大饱满、完整的种子，否则可能会影响实验结果。

【实验结论】

第一，在实验一中，1 号培养皿中的黄豆种子发芽了，2 号培养皿中的黄豆种子也发芽了，说明种子萌发不需要光照。

第二，在实验二中，1 号烧杯中的黄豆种子未发芽，2 号烧杯中的黄豆种子发芽了，说明种子萌发需要空气。

第三，在实验三中，1 号培养皿中的黄豆种子未发芽，2 号培养皿中的黄豆种子发芽了，说明种子萌发需要水。

第四，在实验四中，1 号培养皿中的黄豆种子发芽了，2 号和 3 号培养皿中的黄豆种子未发芽，说明种子萌发需要适宜的温度。

第五，在实验五中，两个烧杯中的黄豆种子都能发芽，说明种子萌发不需要土壤。

总结：种子萌发需要水、空气和适宜的温度。

【实验反思】

实验得出结论：黄豆种子萌发需要水、空气和适宜的温度，不需要光照和土壤。所有种子的萌发都不需要光照吗？大千世界，千姿百态。自然界中种子萌发的条件也各有不同。种子萌发都需要水、空气和适宜的温度，但对光照条件的要求却不同。一般种子萌发和光照关系不大，无论有无光照都能正常进行；有些种子萌发必须有光，这种种子被称为需光种子，如烟草、莴苣和黄榕的种子；有些种子萌发不能见光，光照会抑制萌发，这种种子被称为嫌光种子，如一些百合科植物和洋葱、番茄、曼陀罗的种子。此外还有些种子（如莴苣的种子）的萌发有光周期现象。

实验 7
制作生态瓶

【实验问题】

生态系统中的能量流动和物质循环在通常情况下（没有受到外力的剧烈干扰）总是平稳地进行着，生态系统的结构也保持相对的稳定状态，这叫作生态平衡。你能制作一个生态瓶来模拟生态系统吗？你能通过生态瓶来探究如何使生态系统保持平衡吗？

【实验教学目标】

一、科学知识

能用自己的话说出生态瓶中各种生物扮演的角色以及它们之间的相互联系。

二、科学探究

第一，能利用各种方法收集制作生态瓶所需要的材料。

第二，能正确分析生态瓶中的各种成分对维持生态系统平衡所起的作用。

第三，能设计并制作一个生态瓶，研究生态平衡的问题。

第四，能发现自己设计并制作的生态瓶存在的问题，并提出改进方法。

第五，能提出自己研究的与生态平衡相关的问题。

三、科学态度

第一，能意识到保护生态平衡的重要性。

第二，能与其他同学交流自己的观点。

第三，能对制作的生态瓶进行长期的观察记录。

【教学重点】

能设计并制作一个生态瓶，研究生态平衡的问题。

【教学难点】

能发现自己设计并制作的生态瓶存在的问题，提出改进方法。

【实验原理】

生态系统中的生产者通过光合作用自己制造营养物质并释放氧气，供自己和其他生物生长。消费者不能自己制造食物，而是直接或间接以生产者为食，吸入氧气并释放出生产者进行光合作用时所需要的二氧化碳。分解者分解动物的排泄物、尸体或腐烂的植物。生态系统中生产者、消费者和分解者的物种数量与种群规模相对平稳，与非生物环境形成一个相对稳定的状况，这就是生态平衡。

【实验用品】

有盖的 2 升以上的透明广口瓶、小鱼(或小虾)、田螺、水草(如金鱼藻)、洗净的砂砾、河水。

【实验步骤】

第一，洗净玻璃瓶，并用开水烫一下瓶身和瓶盖。在瓶子中放入 3 厘米厚的砂砾，再将河水倒入瓶中。

第二，待瓶中水澄清后，放入水草和水生动物，拧紧瓶盖(图 7-2)，并在瓶子上贴上标签，注明制作日期、制作者姓名。

第三，不能将制作好的生态瓶放在直接被太阳照射的窗台上，或有其他光源照射的地方。

第四，坚持每天观察生态瓶，将瓶内情况记录在表 7-10 中。

图 7-2　生态瓶

表 7-10　生态瓶中的各生物情况观察记录

时间	鱼	水草	田螺	河水	砂砾	其他情况
第一天						
第二天						
第三天						
第四天						
第五天						
……						

【注意事项】

第一，在制作生态瓶前一定要用开水烫瓶身和瓶盖，目的是消毒杀菌。

第二，可以用河水或自然水域中的水，但不能直接用自来水，因为自来水含氯(大多数水生生物都对含氯的物质敏感)，可将自来水在阳光下静置 24 小时，以保证有足够的时间去除自来水中含氯的化学物质。

第三，砂砾需要清洗干净，因为砂砾外面包裹的淤泥含有大量细菌，这些细菌会使生态瓶中的水质受到污染，减少瓶内生物的生存空间。砂砾为靠吃腐烂植物和动物排泄物为生的细菌提供了一个寄宿场所。

第四，种上水草的生态瓶一般要等待一两天的时间，让水中的一些沉淀物沉淀下来，再放进水生生物。

第五，生态瓶应该是一个封闭的系统，因此一定要拧紧瓶盖，必要时可以用热熔胶密封。

第六，生态瓶可以放在阴面阳台或者有人工光源(无阳光)照射的地方。

第七，生态瓶中应先放水草，再放水生动物，顺序不可颠倒。

【实验结论】

使水草维持生命的有机物可以从小鱼(或小虾)和田螺的排泄物中获得。水草通过光合作用产生氧气,供给瓶内动物。瓶内动物以水草为食,因此每天水草增加的量应该与水中动物吃掉的量差不多,瓶内动物消耗的氧气应与光合作用产生的氧气差不多,瓶内动物排出的二氧化碳与光合作用需要的二氧化碳差不多,才能长时间维持生态瓶的平衡。

【实验反思】

第一,你能参考池塘生态系统,做一个模拟陆地或森林生态系统的模型吗?

第二,制作前先查阅有关陆地或森林生态系统的资料,再设计自己的生态系统模型,思考由哪些成员组成,需要怎样的环境条件,怎样使自制的生态系统模型尽量保持长时间的平衡。

实验 8
制作肺模型

【实验问题】

学生学习了人体的呼吸系统后,能不能动手设计一个模拟实验?

【实验教学目标】

一、科学知识

认识肺的基本结构,掌握呼气、吸气的原理。

二、科学探究

第一,能够根据所学知识设计出合理的实验方案。

第二,小组根据方案制作模型,并能通过模拟体验呼吸过程。

三、科学态度

第一,对所学知识感兴趣,有积极探究的欲望。

第二,能和同学们互相交流,从而达到活学活用。

【教学重点】

通过制作了解肺的基本结构,掌握呼气、吸气的原理。

【教学难点】

在制作过程中保证各部分的密封性,从而得到良好的实验效果。

【实验原理】

膈肌的变化使得胸腔容积发生变化,引起胸腔和外界气体产生压力差,胸腔内压低于外界大气压,空气进入,反之空气排出,完成呼吸。值得注意的是,呼吸运动通过呼吸肌群的收缩和舒张完成，包括肋间肌和膈肌。本实验主要体现的是膈肌的变化。

【实验用品】

透明的塑料瓶(塑料瓶尽量硬一些)、气球(大的和小的两种)、细线、吸管(粗细不同的两种吸管)、橡皮泥或热熔胶枪、壁纸刀、剪刀、双面胶、透明胶。

【实验步骤】

第一，用两种吸管设计一个 Y 形管，用橡皮泥或热熔胶枪做好固定和密封，在两个细的吸管口上分别套好一个小气球，并用细线缠绕两圈系好。

第二，在瓶盖上用壁纸刀钻一个孔，刚好把粗吸管的一端穿入，用橡皮泥或热熔胶枪做好固定和密封(图 7-3)。

第三，拧上瓶盖，看看两个小气球在瓶中的位置。把瓶底多余部分去掉，用热熔胶枪沿着剪掉的边缘涂上胶，以增加塑料瓶边缘的硬度，并在上面贴好双面胶，然后在底部套上一个剪去一部分的大气球，气球和瓶子做好密封(图 7-4)。

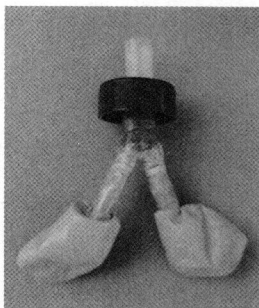

图 7-3　模拟肺的基本结构图　图 7-4　模拟肺呼气、吸气的实验装置

第四，用手向下拉底部的气球，观察瓶内两个小气球有什么变化。用手向上推底部的气球，观察瓶内两个小气球有什么变化。通过塑料瓶底部的气球向下或向上的变化，使得密闭空间的容积变大或缩小。瓶内两个小气球的变化现象刚好模拟了我们肺的呼吸。

【注意事项】

第一，在制作的过程中注意安全。

第二，做好的模型接口处要密封良好。

【实验结论】

第一，观察到的实验现象：随着手拉动瓶子底部的气球，密闭空间的容积变大，瓶子内部的气压降低，外界气体通过 Y 形管进入两个小气球，小气球变鼓。随着手推动瓶子底部的气球，密闭空间容积变小，瓶子内部的压力变大，小气球中的多余气体排出，进而小气球变小。

第二，通过这个实验，我们模拟了人体的呼吸系统。粗的吸管相当于人体的气管，两个细的吸管相当于人体的支气管，两个小气球相当于人体的两个肺，用于密封瓶底的大气球相当于人体的膈肌，瓶子里密闭的空间相当于人体的胸腔。值得注意的是，在实现呼吸的过程中，不同气体的浓度也有变化。呼出气体中二氧化碳的浓度明显增加，我们可以用澄清石灰水变混浊的实验来验证。

第三，得出结论：当吸气时，膈肌向下，胸腔容积变大，两个小气球变鼓，肺完成吸气，反之胸腔容积变小，肺完成呼气。

【实验反思】

第一，在设计并完成实验的过程中遇到哪些问题？你是如何解决的？

第二，你想继续探究的问题是什么？

第三，想不想设计一个对比实验，看一看人体呼出的气体和你制作的模型呼出的气体使澄清石灰水产生的变化，从而说明人体吸进空气后再呼出，二氧化碳的浓度发生了变化。

本章小结

本章一共包含了 8 个生命科学领域的实验。实验一要知道金鱼有鳃、鳍、鳞片等身体结构，能说出金鱼用鳍运动，用鳃呼吸。实验二要知道蚂蚁的身体结构，能用放大镜观察蚂蚁。实验三通过观察和实验了解蚯蚓的外部特征与生活环境，能用放大镜观察蚯蚓，并归纳蚯蚓的特征。实验四通过观察了解小草和大树的主要特征，能归纳草本植物和木本植物的特征。实验五要知道细胞是构成动物和植物的基本单位，了解细胞的特征，能规范操作显微镜并找到清晰的物像。实验六通过对比实验知道种子萌发需要水、空气和适宜的温度。实验七要初步建立生态系统和生态平衡的概念，能设计并制作一个生态瓶。实验八要认识肺的基本结构，理解呼吸的基本原理，能制作并解释肺模型。

关键术语

鳃；鳍；鳞片；昆虫；环节动物；草本植物；木本植物；细胞；显微镜；种子萌发；生态系统；生态平衡；肺；呼吸

拓展阅读

1. 本·R. 戴维斯 . STEM——神奇的家庭科学实验室 [M]. 北京：北京日报出版社，2018.

该书是一套帮助儿童建立科学思维的专业书，包含 62 个实验、37 件实验工具、26 个知识点、7 大科学思维技能。作者根据自己十几年的 STEM 教育经验，将 STEM 的精髓进行提取，通过三大科学养成步骤，即实验讨论、实验操作、实验总结，帮助儿童在不断探索和实验中培养较强的逻辑思考能力与解决问题的能力。

2. 侯海博 . 漫画头脑风暴 [M]. 南昌：江西美术出版社，2017.

该书精选了 300 多道智力游戏题。为满足不同程度的学生需要，设置的题目由易到难，以充分调动学生的阅读兴趣。此外，本书的参考答案详细解析了答题过程。

体验练习

1. 金鱼是如何运动的？

2. 不同种类的昆虫具有哪些特征？

3. 蚯蚓的身体构造是怎样的？

4. 草本植物和木本植物具有哪些特征？

5. 如何正确使用显微镜？

6. 种子的萌发需要哪些条件？

7. 如何维持生态平衡？

第八章

地球与宇宙科学
领域实验

章结构图

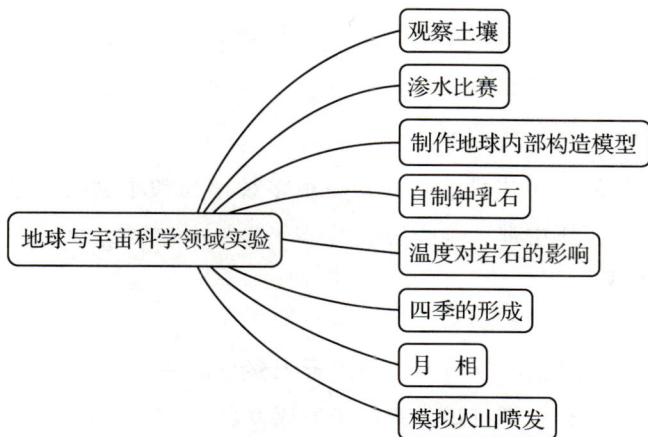

本章概述

　　本章主要阐述了地球与宇宙科学领域的实验，包含了"观察土壤""渗水比赛""制作地球内部构造模型""自制钟乳石""温度对岩石的影响""四季的形成""月相""模拟火山喷发"8 个实验。这些实验可以发展学生的想象力，促进学生对地球与宇宙相关概念的了解，增强学生的动手操作能力。

问题情境

　　如何进行地球与宇宙科学领域的实验呢？

　　地球与宇宙科学领域有很多模拟实验(如地球公转、火山喷发等)，而且有的实验需要在很长的时间之后才能观察到实验结果(如自制钟乳石)，需要教师自制实验器材，自选实验材料，并且做好实验时间安排，因此对教师提出了更高的要求。受学校教育条件的影响，小学科学教师应该思考如何科学、有效地进行地球与宇宙科学领域的相关实验，如何选择合适的实验材料，如何安排好实验时间且做好记录。下面我们一起来学习如何设计和实施该领域的实验教学。

实验 1
观察土壤

【实验问题】

土壤是地球表面的一层疏松的物质，是很多种植物和小动物的家。你知道土壤可以怎样简单分类吗？土壤中都有哪些物质呢？

【实验教学目标】

一、科学知识

第一，能利用感官和简单工具对土壤进行观察与记录。

第二，通过观察实验，能说出土壤的主要成分。

第三，通过对比归纳，能说出土壤的主要分类。

二、科学探究

第一，能在教师的指导下，积极完成探究活动。

第二，能掌握筛子等工具的使用方法，完成实验探究活动。

三、科学态度

第一，能够积极与同学进行交流合作。

第二，在观察活动结束后，能够主动将土壤归还到大自然中。

【教学重点】

了解土壤的主要分类和主要成分，区分沙质土、黏质土、壤土。

【教学难点】

通过实践观察，能够了解土壤的主要分类和主要成分。

【实验原理】

土壤的主要成分有水、空气、腐殖质、沙和黏土。对水的探究可以通过触摸的方式进行。要想了解土壤中是否含有空气，简单的方式就是将小土块放到水中，大量的小气泡向上涌出，可以得到土壤中含有空气的结论。

土壤中的沙和黏土的主要区别是颗粒大小不同，通过孔径适宜的筛子筛选土壤，就可以轻松观察到土壤中的沙和黏土。

【实验用品】

两个分别装有湿土与干土的小托盘、白纸、筛子、空托盘、小土块、盛有水的烧杯、湿毛巾等。

【实验步骤】

一、观察湿土与干土的特点

第一，观察两种土壤的颜色差别。

第二，分别捏取两种土壤，在指尖搓一搓。

第三，闻一闻它们各自的气味。

第四，摸完土壤后及时将手清洗干净，填写表 8-1。

表 8-1　观察湿土与干土的特点

不同的土壤	颜色	气味	手感
湿润的土壤			
晒干的土壤			

二、土壤里有什么

第一，将晒干的土壤全部倒在白纸中央。

第二，仔细找出不属于土壤的物质。

第三，将找到的不属于土壤的物质放入垃圾桶内。

第四，观察完毕后将土壤倒回小托盘。

第五，将小土块轻轻放入盛有水的烧杯中(图 8-1)，观察烧杯中的现象。

第六，实验完成后及时将手清洗干净。

三、找到土壤中的沙和黏土

第一，准备好白纸、筛子(图 8-2)，将白纸平铺在桌面上，将筛子放到白纸中央。

第二，把晒干的土壤全部倒入筛子中，用手轻轻将土壤铺平。

第三，抬起筛子，轻轻晃动 5~10 次。

图 8-1　土壤中有空气

图 8-2　寻找沙和黏土

第四，仔细观察留在筛子中的土壤和掉落在纸上的土壤，它们的颗粒大小是否相同。

第五，观察完毕后将土壤倒回小托盘，及时将手清洗干净。

【注意事项】

第一，不要用手扬土。

第二，闻土壤气味时要注意保持一定距离，注意卫生。

第三，倾倒土壤时，动作要轻，将土壤倒在白纸上时注意避免把土壤撒落到桌子的其他地方。

第四，挑出的不属于土壤的物质要与土壤分开放，不要让它们再一次混在一起。

第五，晃动筛子时，动作要轻，将土壤倒在白纸上时注意避免土壤撒落到桌子的其他地方。

第六，观察完毕后将土壤及时放回小托盘。

第七，触摸完土壤后，不要用手直接接触眼睛、鼻子等身体其他部位。

【实验结论】

第一，土壤中的沙和黏土的颗粒大小是不相同的，颗粒大的是沙，颗粒小的是黏土。

第二，土壤中有水、空气、腐殖质、沙、黏土等物质。

第三，以颗粒大小作为区分依据，颗粒大的为沙质土，颗粒小的为黏质土，颗粒适中的为壤土。

【实验反思】

第一，颗粒大小不同的土壤还有哪些特性呢？你想进行哪些探究呢？

第二，一起设计更多的实验来验证你的猜想吧。

实验 2
渗水比赛

【实验问题】

通过前面对土壤的研究和学习，我们了解了土壤按照颗粒大小可以分为沙质土、黏质土和壤土。那么不同土壤的渗水性有区别吗？哪种土壤的渗水性最好呢？

【实验教学目标】

一、科学知识

第一，认识土壤的种类及其渗水性。

第二，了解沙质土的渗水性最好，黏质土的渗水性最差，壤土的渗水性适中。

二、科学探究

第一，能够自主设计对比实验，探究三种土壤的渗水性。

第二，能够准确使用计时器，准确量取三份同样体积的水。

三、科学态度

第一，能与同学合作完成实验。

第二，形成保护土壤的意识。

【教学重点】

自主设计对比实验，了解三种土壤不同的渗水性。

【教学难点】

自主设计对比实验，利用测量工具准确测量数据。

【实验原理】

不同土壤的颗粒大小不同，土壤颗粒间缝隙大小也就不同。土壤颗粒越大，缝隙就越大，进而渗水性就越好。塑料瓶经过剪裁刚好形成宽口漏斗的形状，方便实验。用纱布盖住瓶口既可以防止土壤流出，又不影响水下渗。

【实验用品】

大小相同的透明塑料瓶，纱布，剪刀，线，大小相同的烧杯，支架，同样多的沙质土、黏质土和壤土，水，秒表等。

【实验步骤】

一、渗水比赛

第一，取三个同样大小的透明塑料瓶，去掉瓶底，用纱布盖住瓶口，并用线扎紧，倒立在支架上，在瓶口下面各放一个同样大小的烧杯。

第二，向三个瓶中分别装进同样多的沙质土、黏质土和壤土。

第三，取三份同样多的水，同时缓慢匀速倒入三个塑料瓶中（图8-3），利用秒表计时，每隔两分钟观察记录一次烧杯中的水量。

第四，10分钟后，同时将三个烧杯取出，观察烧杯中的水量，并记录在表8-2中。

图 8-3　渗水实验

表 8-2　相同时间内不同土壤流出的水量

时间	不同土壤流出的水量/毫升		
	沙质土	黏质土	壤土
2 分钟			
4 分钟			
6 分钟			
8 分钟			
10 分钟			

【注意事项】

第一，将纱布折叠成两层，防止空隙过大土壤随水流出。

第二，向塑料瓶中倒水时，动作尽量缓慢匀速，以减少实验误差。

第三，要让瓶口流出的水全部流入烧杯。

第四，使用秒表准确记录时间，保证同时加入同样多的水，记录三种土壤的渗水量，增强对比实验的科学性。

第五，在观察对比渗出的水量时，应注意目光平视水面，准确读取数值。

【实验结论】

第一，土壤颗粒大小：沙质土＞壤土＞黏质土。

第二，土壤缝隙大小：沙质土＞壤土＞黏质土。

第三，渗水能力：沙质土＞壤土＞黏质土。

【实验反思】

第一，在设计并完成实验的过程中你遇到了哪些问题？你是如何解决的？

第二，你想继续探究的问题是什么？

第三，设计一个实验，看一看土壤还有哪些特性值得我们继续研究。

实验 3
制作地球内部构造模型

【实验问题】

南斯拉夫地震学家莫霍洛契奇于 1909 年根据地震波资料测定了地壳和地幔之间界面的埋深，开创于利用地震波资料研究地球内部结构的工作。地球是一个简单的实心球体吗？地球内部结构究竟是怎样的呢？

【实验教学目标】

一、科学知识

第一，知道地球的内部构造。

第二，能利用工具，按照一定比例制作地球内部构造模型。

二、科学探究

知道地球内部的构造是科学家通过对自然现象的探究推测得来的。

三、科学态度

体会科学家进行科学探究的方法，从科学探究过程中感受乐趣。

【教学重点】

了解地球内部构造。

【教学难点】

能够制作一个比例合理的地球内部构造模型。

【实验原理】

地球结构由内到外依次是地核、地幔、地壳，地壳与地幔之间由莫霍面界开，地幔与地核之间由古登堡面界开。大陆地壳平均厚度为 35 千米，仅是地球表面薄薄的一层。地幔厚度约 2900 千米，地幔又可分成上地幔和下地幔两层。地核为地幔以下到地球中心的部分，可分为内核和外核，外核深度为 2900～5100 千米，内核深度约为 5100千米以下至地心。利用橡皮泥可以模拟地球不同圈层的厚度，方便学生观察和理解。

【实验用品】

不同颜色的橡皮泥、橡皮泥刀、垫板等。

【实验步骤】

第一，选择不同颜色的橡皮泥来表示地球内部的不同部分。

第二，仔细对比地球内部各部分的平均厚度，计算出一个大概比例。

第三，选择一种颜色的橡皮泥，捏一个球作为内核。

第四，选择另一种颜色的橡皮泥，在垫板上压出薄厚、大小适宜的饼，并将它包裹在内地核外部作为外核。

第五，按照上述方法，逐层制作地球内部构造模型。

第六，制作完成后，用橡皮泥刀切掉模型的八分之一，露出完整的内部结构(图 8-4)。

图 8-4　地球内部构造模型

【注意事项】

第一，地球内部各层薄厚不一，制作时应注意依据合理的比例。

第二，选择橡皮泥时注意橡皮泥颜色的区分度，要明显区分地球内部构造。

第三，使用橡皮泥刀时注意安全，不要随意挥动，以免伤到同学和自己。

第四，制作完成后，及时将实验器材整理干净。

【实验结论】

第一，地球内部结构复杂，科学家通过推测和验证得到了地球内部大概的分层结构。

第二，地球内部是一层一层的结构，各部分都有各自的特点。

【实验反思】

第一，在设计并完成实验的过程中遇到了哪些问题？你是如何解决的？

第二，你想继续探究的问题是什么？

第三，地震是怎样发生的？你可以设计一个实验来模拟地震波的传播吗？

实验 4
自制钟乳石

【实验问题】

我国幅员辽阔，地表形态丰富多样，其中喀斯特地貌独具魅力。在美丽的溶洞中，我们常常能见到非常多的钟乳石，这些钟乳石经过长时间的积淀展现出各种美丽的形态，组合成美丽的溶洞景观。那么钟乳石究竟是怎样形成的呢？本节课我们就利用身边的资源来模拟钟乳石的形成过程。

【实验教学目标】

一、科学知识

能用自己的话阐释钟乳石的形成原因。

二、科学探究

第一，能大胆提出假设，探究钟乳石的形成原因。

第二，能设计模拟实验来验证自己的假设。

三、科学态度

第一，能用一些优美的词语来描述钟乳石构成的美丽景象。

第二，能与周围同学交流自己的看法。

【教学重点】

通过对钟乳石形成原因的猜想和模拟实验，初步形成流水侵蚀作用会对地貌产生影响的概念。

【教学难点】

能够持续观察实验现象并记录，从实验现象中概括归纳概念性知识。

【实验原理】

钟乳石主要由石灰岩构成，石灰岩的主要成分是碳酸钙，它可以与水和二氧化碳发生反应，生成可溶于水的碳酸氢钙。含有碳酸氢钙的水从溶洞顶部逐渐渗透出来并黏附在洞顶，慢慢析出碳酸氢钙并形成碳酸钙沉淀，随着时间的流逝，沉淀越积越多，久而久之便成了钟乳石。

在本次实验中，我们利用简单的实验器材模拟钟乳石形成的外部环境，并用苏打晶体模拟钟乳石的成分。苏打晶体可以溶解在水中，并随着水量的减少而析出。实验中线绳上的苏打溶液在到达线绳中间时，在重力的作用下缓慢滴下。在炎热的天气，溶液中的水分蒸发，析出苏打晶体。随着时间的流逝，晶体越来越多，进而形成类似钟乳石的景观。

【实验用品】

回形针、粗线绳、大小相同的两个烧杯、培养皿、苏打晶体、水、玻璃棒、防护手套等。

【实验步骤】

第一，戴好防护手套，分别向两个烧杯中加入半杯水。

第二，向烧杯中缓慢倒入苏打晶体并用玻璃棒充分搅拌，直至溶液不能再溶解晶体为止。

第三，在粗线绳两端分别夹住一根回形针，并将粗线绳放在溶液中浸泡。

第四，两个烧杯间留出一定距离，隔开放置，把粗线绳两端分别浸在两个烧杯中。

第五，将培养皿放在两个烧杯中间(图 8-5)，细心等待并进行持续观察，填写表 8-3。

第六，整理实验台，将其他实验器材放回原位。

图 8-5　钟乳石形成实验

实验结果见表 8-3。

表 8-3　自制钟乳石

时间	烧杯中的水量	培养皿中的结晶
第一天		
第二天		
第三天		
第四天		
第五天		
第六天		

【注意事项】

第一，为方便溶解，可以向烧杯中注入热水。

第二，注意规范使用玻璃棒，搅拌时不要触碰杯壁和杯底。

第三，坚持长期观察记录。

【实验结论】

第一，钟乳石是由碳酸钙沉淀形成的。

第二，只有经历漫长的时间才能形成钟乳石。

【实验反思】

第一，在设计并完成实验的过程中遇到了哪些问题？你是如何解决的？

第二，你想继续探究的问题是什么？

第三，你还知道哪些有趣的自然地质地貌呢？可以设计一个实验来尝试模拟这种地质地貌的形成吗？

实验 5
温度对岩石的影响

【实验问题】

"幼年"山脉险峻陡峭，"老年"山脉起伏平缓。"老年"山脉在形成初期是什么样的？为什么"老年"山脉会变成现在的样子？山脉主要是由岩石构成的，岩石破碎是山脉变化的主要原因。岩石破碎的过程极其缓慢。我们来设计实验模拟冷热变化对岩石的影响。

【实验教学目标】

一、科学知识

第一，能用自己的话解释造成地球表面岩石破碎的原因。

第二，能判断温度对地表或近地表的岩石造成的破坏是否属于风化作用。

二、科学探究

第一，能用模拟实验的方法验证岩石破碎的假设。

第二，能通过分析模拟实验的结果推测出使岩石破碎的因素。

第三，能设计一个模拟实验验证自己的假设。

三、科学态度

能用发展的观点看待地球表面岩石的变化。

【教学重点】

通过观察、想象、假设、设计并完成模拟实验，初步认识风化作用对地表改变的影响。

【教学难点】

通过分析实验结果，推测出使岩石破碎的原因。

【实验原理】

温度的变化使岩石反复热胀冷缩，造成岩石破碎。

【实验用品】

玻璃片、酒精灯、火柴、试管夹、护目镜、一盆冷水等。

【实验步骤】

第一，取一块玻璃片，仔细观察玻璃片的表面，并把观察结果记录下来。

第二，戴上护目镜，用试管夹夹住玻璃片，放在酒精灯上加热。

第三，加热一段时间后，把玻璃片迅速放入冷水中。

第四，重复以上过程三次，观察玻璃片的变化，填写表 8-4。

表 8-4　模拟温度变化对岩石的影响

时间	实验现象（玻璃片的状态）
实验前	
第一次	
第二次	
第三次	

【注意事项】

第一，将玻璃片放入冷水时要小心，不要被破碎的玻璃伤着。

第二，实验前注意分析所需实验材料与模拟对象的关系，如用玻璃片模拟岩石，用酒精灯模拟热环境，用冷水模拟冷环境。

第三，实验中及时将实验结果记录下来。

第四，实验后及时对实验结果进行分析。

第五，实验后要小心收拾破碎玻璃片，防止划伤皮肤。

【实验结论】

受热时，岩石的表面和内部受热程度不同，整块岩石各部分的膨胀程度也不同。受冷时，岩石体积收缩，岩石表面和岩石内部受冷程度不同，整块岩石各部分的收缩程度也不同。时间长了，岩石各部分总是膨胀收缩不均匀，且时胀时缩，如此反复，内部结构就会受到破坏，产生裂缝，甚至脱落下碎石屑。因此，温度的变化对岩石有破坏作用。

【实验反思】

本实验中的玻璃片还可用风化程度比较大的页岩或其他材料代替。

实验 6
四季的形成

【实验问题】

地球上大部分地区季节变化明显。冬天，白雪皑皑，昼短夜长；夏天，烈日炎炎，昼长夜短。冬去春来，夏逝秋至，年复一年。你知道季节变化与什么有关吗？

【实验教学目标】

一、科学知识

第一，能解释地球公转的概念。

第二，能解释四季形成的原因。

二、科学探究

能用模拟实验研究地球公转引起四季变化。

三、科学态度

愿意与同学合作完成模拟实验。

【教学重点】

通过实验证明地球公转是引起一年四季变化的原因。

【教学难点】

能根据实验现象理解四季形成的原因。

【实验原理】

春夏秋冬，周而复始，这种四季冷暖的变化是怎样形成的呢？我们都有烤火取暖的体验。我们正对着火炉时，感觉特别热，斜对着时就不那么热了。此外，在中高纬度生活的人们不难发现这样一个现象：正午时分，朝南的房间在寒冷的冬天阳光较充足，而在炎热的夏天却只有少部分阳光射入。这说明太阳高度在变化。冬天太阳高度角小，阳光斜射；夏天太阳高度角大，阳光接近直射。将这些现象与天气冷暖变化联系起来，就不难理解四季形成的原因了。

太阳高度为什么会有周期性的变化呢？地球在绕太阳公转的过程中，地轴始终与轨道面倾斜一定的夹角。由于地轴倾斜，当地球处在轨道上的不同位置时，地球表面同一地点的太阳高度角是不同的。太阳高度角大的时候，热量集中，就好像正对着火炉一样，气温高，同一时刻同一物体的影子短；而且太阳所经路径长，日照时间长，昼长夜短，这就是夏季。随着地球的公转，同一地点的太阳高度角越来越小，在最低点附近，阳光斜射地面，热量分散，相当于斜对着火炉，气温低，同一时刻同一物体的影子长；而且太阳所经路径短，日照时间短，昼短夜长，气温低，这就是冬季。从冬季到夏季，太阳高度角由小变大。太阳高度适中时为春季。从夏季到冬季，太阳高度角由大变小，中间经过了秋季。春夏秋冬，周而复始。

正是由于地球侧着身子永不停歇地围绕太阳公转，这种冷暖便不停地交替着，从而形成了寒来暑往的四季。

【实验用品】

绳子、台灯、导线、电源、写有春夏秋冬的纸片、地球仪、橡皮泥等。

【实验步骤】

第一，在桌子上用绳子做一个圆圈，模拟地球公转的轨道；把台灯放在圆圈的中央，模拟太阳。

第二，把地球仪放在圆圈上，用橡皮泥在地球上做个记号，代表自己的位置。

第三，如图 8-6 所示，把地球仪放在"夏至"的位置上，并让地轴指向正确的方向（在本实验中地轴要一直指北）。

第四，按照地球绕太阳自西向东公转的方向，移动地球仪，观察在不同季节里，太阳直射地球位置的变化。在移动地球仪的过程中，应保持地轴始终指向同一方向。

第五，重复第四步，再模拟地球公转三次，试用观察到的现象解释地球公转与四季形成的关系。

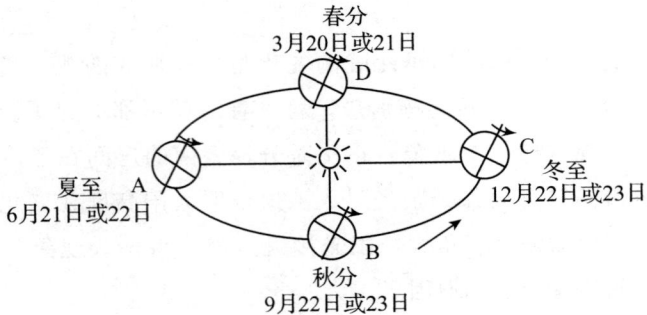

图 8-6　模拟四季的形成

【注意事项】

第一，在实验过程中，一定要让地球仪的地轴一直保持向北倾斜。

第二，在实验过程中注意用电安全。

第三，教室内要遮光，避免其他光线的影响。

第四，选择贴橡皮泥的位置不能太靠近赤道和两极。

第五，在确定太阳的高度时，应使其在春分和秋分时直射赤道。太阳的高度确定后，不再改变。

【实验结论】

地球在公转过程中，地轴始终倾斜指向北。由于地轴倾斜，当地球处在公转轨道不同位置时，同一地点受阳光直射的程度不同，从而形成了四季的变化。

【实验反思】

第一，在此模拟实验中，由于用到普通白炽灯这样的散射光源，光源不集中，所以现象不是很明显。可把光源换成比较集中的四个低压射灯（或者四个手电筒），使它们分别照亮四个位置的地球仪。在春季和秋季位置时，四个低压射灯（或者四个手电筒）的光源应直射赤道，光源高度确定过后，不再改变。

第二，可利用不同季节太阳高度的变化导致同一时刻同一物体影子的长度发生变化的原理来模拟实验。在此实验中，用橡皮泥在地球仪上做记号，可改为将一个大头针插在此处，使大头针露出一部分（或将一块塑料片朝上倾斜粘在此处，并将一个细木棍粘在此处，在观察细木棍的影子的变化时，可以将塑料片拉直后与球面相切，使影子落在塑料片上）。太阳斜射，大头针（或细木棍）影子长，是冬季；太阳直射，大头针（或细木棍）影子短，是夏季；太阳高度适中，影子长短也适中，是春季和秋季。

第三，实验完毕，应补充"假如地轴不倾斜，还会有四季变化吗"这一实验，即在实验过程中，始终保持地轴与地面垂直，指导学生通过观察发现在地球公转过程中，太阳始终直射赤道，地球上同一地点在地球公转过程中受太阳照射程度（太阳高度）始终不变，因此就不会产生四季的变化。

实验 7
月　相

【实验问题】

月亮有时像尖尖的小船，有时变成半个圆，有时又像银色的圆盘高挂在夜空中。月亮的"脸"每天看上去都不一样。每隔农历的一个月，月亮的圆缺就会发生一次循环，这叫作月相变化。月相变化有什么规律呢？

【实验教学目标】

一、科学知识

能说出月相变化的规律，归纳出月球的运动规律和月相的成因。

二、科学探究

第一，能根据长期观察月相的结果，分析月相的成因。

第二，能设法用模拟实验研究月相的变化。

三、科学态度

第一，能坚持观察并记录月相的变化情况。

第二，能与其他同学合作完成月相的演示实验。

【教学重点】

通过自主探究、小组合作交流，完成对月相的长期观察和月相的演示实验，并分析出月相的成因。

【教学难点】

能对月相做长期观察。

【实验原理】

月亮本身不发光，是靠反射太阳光才能被我们看到的。月亮在围绕地球转动的过程中，不论何时，都会有一半被太阳照亮，但是由于地球、太阳和月亮三者的相对位置不断变化，从地球上看，月亮被太阳照亮的部分的大小和形状也在不断变化着，这就是月相的变化。

新月：这时月球位于地球和太阳之间，以黑暗面朝向地球，且与太阳几乎同时出没，故我们在地面上无法看到，这就是朔，这一天为农历的初一。

上弦月：月球继续沿着逆时针方向（自西向东）绕地球旋转，到了农历初七、初八，太阳落山，月球已经在头顶，到了半夜，月球才落下去，这时被太阳照亮的月球，恰好有一半被我们看到，我们称之为上弦月。

满月：到了农历十五、十六，月球转到地球的另一面。这时地球在太阳和月亮的中间，月球被太阳照亮的那一半正好对着地球，此时我们看到的是满月，我们称之为望。由于月球正好在太阳的对面，故太阳在西边落下，月球则从东边升起，当月球落下时，太阳又从东边上升了，一轮明月整夜可见。

下弦月：满月以后，月亮升起的时间一天比一天迟了，月球亮的部分也一天比一天小了，到了农历二十三，满月亏去了一半，这时的半月只在下半夜出现于东边天空中，这就是下弦月。

快到月底的时候，月球又会旋转到地球和太阳中间，在日出之前不久，残月又从东方升起。到了下月农历初一，又是朔，开始新的循环(图8-7)。

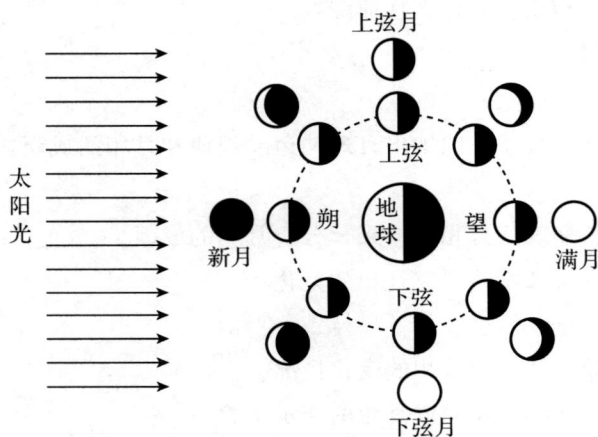

图 8-7　月相原理

【实验用品】

双筒望远镜、直径5~10厘米的白色塑料球、黑墨水、铅笔。

【实验步骤】

一、观察月球的运动模式

第一，选择晴朗的夜晚，坚持长期观察月亮。

第二，直接观察月亮后，再用双筒望远镜做细致的观察，在月球表面能发现什么？

第三，把自己观察到的月出、月落的时间记录在表8-5中，看看有什么规律。把观察到的月相画在表8-6中，可以先画出图，再用铅笔把看不到的地方涂上阴影。

第四，观察一个月后，研究自己的观察记录，看看所观察到的月亮形状每天是怎样变化的。

表 8-5　观察月球的运动模式

日期	月出时间	月落时间

二、模拟月相的变化

第一，用塑料球代表月球，用黑墨水将它的一半涂黑。

第二，在地面上分别画直径 1 米和 5 米的两个同心圆。小圆代表地球，大圆代表月球的公转轨道。

第三，小组同学集中在场地中央的小圆中，观察月球是如何绕地球旋转的。

第四，一名同学手举塑料球，分别站在图 8-8 中标出的 8 个位置(在不同的位置上，应使白半球始终朝向太阳光的方向)，站在中央的同学观察白半球的外形。

第五，从位置①开始，让月球沿着逆时针轨道绕地球公转一周，站在中央的同学观察月相的变化，在纸上画出月相(表 8-6)。

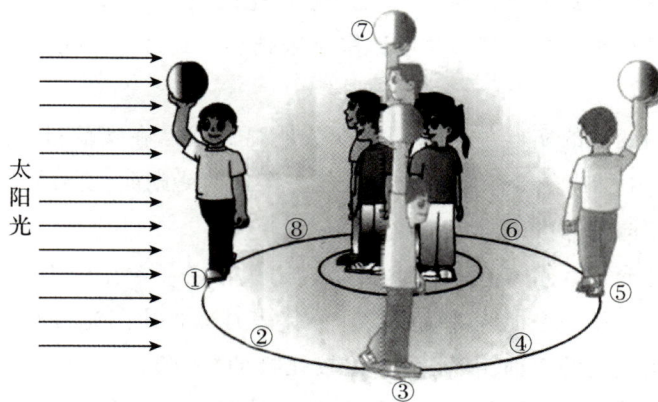

图 8-8　模拟月相的变化

表 8-6　模拟月相的变化（将看不到的部分涂成阴影）

位置	①	②	③	④
月相	◯	◯	◯	◯
位置	⑤	⑥	⑦	⑧
月相	◯	◯	◯	◯

【注意事项】

第一，夜晚观察月球的运动模式，一定要在大人的陪伴下，注意安全，至少坚持观察一个月。

第二，如果遇到阴天或下雨天，可在农历下个月的这一天继续观察。

第三，在地面上定方向：左西右东。从天空向下定方向：左东右西。刚好相反。

【实验结论】

第一，月球绕地球公转一周，月相由朔到下一次朔所经历的时间间隔，即月相变化的周期，叫作朔望月，为农历一个月。

第二，月相以新月（朔月）→蛾眉月→上弦月→凸月→满月（望月）→凸月→下弦月→残月→新月的规律呈周期性变化。

第三，月球在农历的上半月西边（右边）亮且亮的范围越来越大，到农历十五、十六为满月，下半月东边（左边）亮且亮的范围越来越小，到月底为残月，直至新月。

【实验反思】

上述模拟月相变化的实验材料易得，现象明显。但是在实验过程中要求学生手举塑料球站在图 8-8 中标出的 8 个不同位置，使白半球始终朝向太阳的方向，这与月球一直以相同的一面朝向地球的事实相矛盾。

因此如果条件允许，可考虑改进此实验。比如，在一个完全不透光的教室内，用人工光源代表太阳，用一个能绕轴旋转的球体代表月球，让阳光自然地洒在球体表面，代表月球能被太阳照亮的一面（从而代替比较死板的"将塑料球的一面涂黑"）。在演示过程中，月亮可以始终以相同的一面朝向地球，这样更加有利于学生理解关于月球的科学知识。

实验 8
模拟火山喷发

【实验问题】

火山是一种常见的地貌形态，是由地下熔融物质及其携带的固体碎屑冲出地表后堆积形成的山体。地壳深处存在着高温、高压下含气体挥发成分的熔融状硅酸盐物质，即岩浆。它一旦从地壳薄弱的地段冲出地表，就造成了火山喷发。火山是炽热地心的窗口，是地球上极具爆发性的力量之一。熔化的岩石是怎样从地球的内部来到地球表面的？让我们通过火山喷发的模拟实验来说明吧。

【实验教学目标】

一、科学知识

第一，知道火山喷发的原因。

第二，能初步推测地球内部存在什么物质。

二、科学探究

第一，能够独立进行火山喷发模拟实验，能初步根据模拟实验推测火山喷发的成因。

第二，能发挥自己的空间想象力和创造力。

三、科学态度

第一，乐于把自己知道的火山的知识与其他同学进行交流。

第二，能大胆推测地球内部的情况。

第三，能产生探究地球内部秘密的欲望。

【教学重点】

根据模拟实验推测火山喷发的成因。

【教学难点】

根据模拟实验推测火山喷发的成因。

本实验有多种方法，下面介绍常见的三种。

第一种方法如下。

【实验原理】

利用小苏打和醋发生化学反应时产生二氧化碳的原理，使瓶中的洗洁精产生大量气泡，外溢并沿着铝箔流到报纸上。在实验中，外溢的气泡相当于岩浆，瓶口即火山口，铝箔相当于火山体，报纸代表地面。这个实验比较形象地解释了火山喷发的过程。

【实验用品】

报纸、铝盘子、带窄颈的干净瓶子、勺、干苏打、洗洁精、醋、红墨水、杯子、铝箔等。

【实验步骤】

第一，在地面或桌面上铺一层厚报纸，把铝盘子放在报纸上，把带窄颈的干净瓶子放在铝盘子中间。

第二，往瓶子中倒入 50 克干苏打，加入 1~2 滴洗洁精。

第三，在瓶子周围放一个像火山堆一样的铝箔。

第四，将 50 毫升醋倒入杯子中（图 8-9），然后加 2~3 滴红墨水。

第五，慢慢地向瓶中倒入醋和红墨水的混合液体，观察发生的变化。

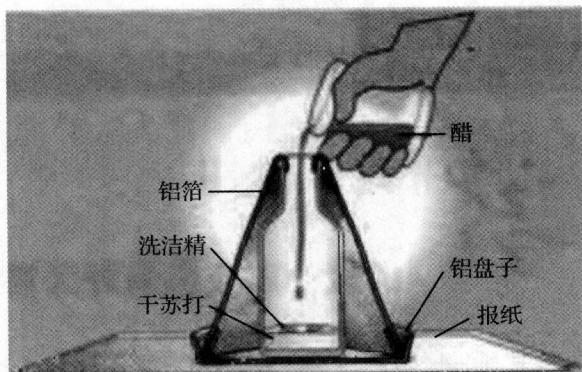

图 8-9　模拟火山喷发

【注意事项】

实验完毕后整理器材，注意垃圾的回收和分类。

第二种方法如下。

【实验原理】

在固定容积的容器内，物体受热后体积增大，到一定程度后喷涌而出。

【实验用品】

三脚架、铁盒子、土豆泥、番茄酱、酒精灯、火柴等。

【实验步骤】

第一，在铁盒子里放一些土豆泥，做成山的形状，并在土豆泥中间挖个小洞。

第二，往洞里倒入番茄酱，用薄薄的一层土豆泥封住洞口。

第三，把铁盒子放到三脚架上，用酒精灯加热，过一会儿观察实验现象。

第四，番茄酱受热后沿洞口向四周外溢。

【注意事项】

第一，因为液体比固体热胀冷缩现象明显，所以为了减少加热时间，番茄酱要稀，可加入少量水。

第二，要用熟土豆泥，洞口覆盖的土豆泥要薄，太厚会导致番茄酱不易溢出。

第三种方法如下。

【实验原理】

可乐含有碳酸，碳酸受到摇晃、受热或受光照后会分解成水和二氧化碳，薄荷糖起到催化的作用，加速碳酸的分解，在短时间内生成的水和二氧化碳快速外溢。

【实验用品】

罐装可乐、薄荷糖。

【实验步骤】

第一，不要摇晃可乐罐，轻轻拉开可乐罐的拉环，放入一块薄荷糖。

第二，观察实验现象。

第三，从可乐罐中冒出白色气泡，稍后褐色的可乐喷涌而出（图 8-10）。

【注意事项】

实验开始后，远离实验装置，防止可乐飞溅到身上，注意安全。

【实验结论】

地壳深处的物质被高温熔化成岩浆，岩浆在巨大的压力下沿着地壳的裂缝向上升，出现火山喷发的现象。

图 8-10　模拟火山喷发

【实验反思】

第一种方法是河北人民出版社《科学》五年级上册"火山"一课中的火山喷发模拟实验，利用小苏打和醋发生酸碱中和反应时产生的二氧化碳，使瓶中的洗洁精产生大量气泡，气泡外溢并沿着铝箔流到报纸上。这个实验虽然比较形象地再现了火山喷发的场景，但仅通过这个实验来解释火山喷发的原理有些不妥。这个实验的喷发原理是小苏打和醋产生了化学反应，而真正火山喷发的内在原因是化学反应引起的吗？火山喷发的真正内因是压力，造成压力的原因是温度差、热胀冷缩等。地球内部在高温的情况下，岩浆和空气不断膨胀，内部的压力在不断增加，当达到一定程度时，地下的熔岩、气体、水蒸气等会冲出地球表面的裂缝，喷涌而出。所以在实验中用一个酸碱中和的化学反应模拟火山喷发，虽形象，但不能正确解释其中的原理，含有不科学的因素，易使学生得出错误的结论，即火山喷发是因两种物质的结合而产生了化学反应，会影响学生对地球内部压力作用的认识。

第二种方法利用物体受热后压力增大，体积增大，从而溢出固定容积的容器，从原理上来看，与火山喷发一致，但是不够剧烈。

第三种方法与第一种方法类似，现象明显，但不能体现火山喷发的原理中高温高压的作用。

科学的魅力在于永远没有止境，我们不会停下向前的脚步，更完美的能模拟火山喷发现象的实验还值得我们去尝试和探索。

本章小结

本章一共包含了地球与宇宙科学领域的 8 个实验。实验一能利用感觉器官和简单工具，通过观察知道土壤的主要成分、分类标准和主要类型。实验二通过实验认识三种土壤的渗水性质，能够自主设计实验来比较三种土壤的渗水性。实验三要求学生知道地球的内部构造，能够利用工具按照一定比例制作地球内部构造模型。实验四要求学生知道钟乳石是由碳酸钙经历漫长时间逐渐形成的。实验五要求学生初步建立风化概念，能用风化解释地球表面岩石不断破碎的原因。实验六要求学生知道地球公转的概念和四季形成的原因，能用模拟实验研究地球公转引起四季变化的现象。实验七能根据月球运动规律说出月相的成因和变化规律。实验八要求学生知道火山喷发的原因，能初步推测地球内部存在什么物质。

关键术语

土壤；渗水；地球内部构造模型；钟乳石；风化；地球公转；四季形成；月相；火山喷发；岩浆

拓展阅读

1. 罗伯特·温斯顿.DK 创意训练手册科学实验室·室外篇[M].郭志强，译.北京：国家开放大学出版社，2020.

该书包含了利用日常材料完成的 25 个户外科学实验，通过制作一枚水动力火箭来介绍气压知识、制造硕大的肥皂泡来揭示张力的作用、利用水土流失瓶介绍侵蚀等实验，引导学生在动手中严谨思考，领略大千世界的无限魅力。

2. 卡罗尔·斯托特 . DK 玩出来的百科——透视恒星行星 [M] . 2 版 . 张莉，译 . 国家开放大学出版社，2016.

该书以太阳以及八大行星为主题，生动地介绍了宇宙中美丽的恒星和行星，是读者了解宇宙相关知识的科普读本。

体验练习

1. 土壤是如何形成的？

2. 不同种类的土壤有哪些区别？

3. 地球的内部构造及各部分的大小比例是怎样的？

4. 钟乳石是如何形成的？

5. 热胀冷缩会对岩石等物质造成怎样的影响？

6. 四季变化的原因是什么？

7. 月相的成因是什么？

8. 火山喷发的原因是什么？

🔍 章结构图

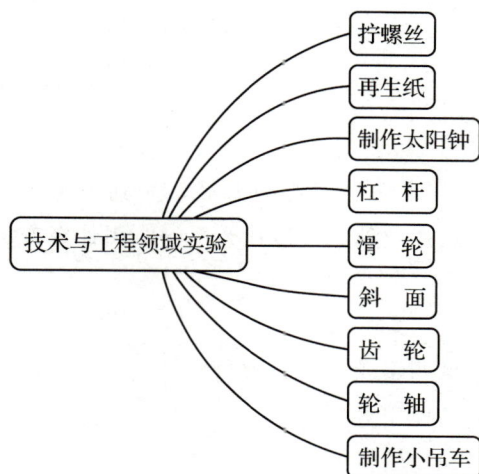

```
                                    ┌─────────┐
                                  ┌─┤  拧螺丝  │
                                  │ └─────────┘
                                  │ ┌─────────┐
                                  ├─┤  再生纸  │
                                  │ └─────────┘
                                  │ ┌─────────┐
                                  ├─┤ 制作太阳钟│
                                  │ └─────────┘
                                  │ ┌─────────┐
                                  ├─┤  杠　杆  │
┌──────────────────┐              │ └─────────┘
│  技术与工程领域实验  ├──────────────┤ ┌─────────┐
└──────────────────┘              ├─┤  滑　轮  │
                                  │ └─────────┘
                                  │ ┌─────────┐
                                  ├─┤  斜　面  │
                                  │ └─────────┘
                                  │ ┌─────────┐
                                  ├─┤  齿　轮  │
                                  │ └─────────┘
                                  │ ┌─────────┐
                                  ├─┤  轮　轴  │
                                  │ └─────────┘
                                  │ ┌─────────┐
                                  └─┤ 制作小吊车│
                                    └─────────┘
```

本章概述

　　本章主要是技术与工程领域实验，与我们的日常生活、生产密切相关。本章主要包括"拧螺丝""再生纸""制作太阳钟""杠杆""滑轮""斜面""齿轮""轮轴""制作小吊车"9个实验。通过本章的学习，学生可以了解其中的原理和应用，或进行简单的制作。

☕ 问题情境

　　如何设计技术与工程领域实验？

　　小张是一名新手小学科学教师。作为一名理工科学生，他对技术与工程领域的知识与原理掌握得很好，也具有很强的动手能力，但对本领域的教学存在很多疑惑：在实验过程中要培养学生的哪些能力？在实验过程中，哪些是教学重点，哪些是学生较难理解的地方？如何设计实验步骤，方便学生操作？在实验教学中有哪些注意事项？这一系列的问题是很多新手科学教师都会有的困惑。

实验 1
拧螺丝

【实验问题】

螺丝是日常生活中不可或缺的工业必需品，大到桥梁、建筑，小到眼镜、手表，到处都有它们的身影。那么螺丝到底是做什么用的？用什么方法可以将螺丝拧紧呢？

【实验教学目标】

一、科学知识

第一，认识生活中常见的螺丝，并能为它们匹配合适的工具。

第二，知道简单工具的使用方法。

第三，能动手完成拧螺丝的任务。

二、科学探究

在教师的指导下探索拧螺丝的方法，并进行反思和改进。

三、科学态度

能够积极参与小组活动中，乐于表达、讲述自己的观点。

【教学重点】

探索快速、安全地拧螺丝的方法。

【教学难点】

在实验中合作完成对小插头的安装。

【实验原理】

螺丝是生活中重要的机械零件连接工具。为达到不同的工作目的，螺丝的形状也是多种多样的。不同的螺丝应该搭配相应的螺丝刀。

【实验用品】

各种螺丝、各种螺丝刀、各种扳手、实验小插头、小托盘等。

【实验步骤】

一、观察螺丝并选择合适的工具

第一，将各种螺丝整齐地摆放在桌面上。

第二，仔细观察各种螺丝的相同点和不同点，并在小组内交流讨论。

第三，将螺丝和拧螺丝的工具进行配对，并将自己的发现记录在实验报告单上。

第四，观察完毕，将所有器材收纳整齐并放回原位。

二、动手组装

第一，将实验小插头（图 9-1）的零件小心地放在小托盘上。

第二，选择合适的拧螺丝工具。

第三，将螺丝头与螺丝刀对正并将螺丝插入小孔。

第四，向右顺时针拧动螺丝，直至拧紧螺丝。

第五，实验完成，整理实验器材。

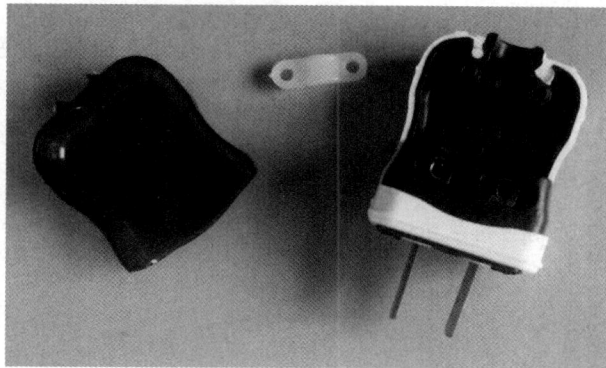

图 9-1　实验小插头

【注意事项】

第一，实验操作时注意小组合作。

第二，倒出实验小插头的零件时，注意不要将螺丝散落在地上导致零件缺失。

第三，使用完螺丝刀后及时放回到小托盘里，注意不要随意挥动螺丝刀，以免扎到同学和自己。

【实验结论】

第一，每颗螺丝都有螺丝头、螺丝杆，螺丝杆上有螺纹。

第二，螺丝都是根据螺丝头的特征来命名的。

第三，拧动不同的螺丝需要使用不同的工具。

【实验反思】

第一，在实验过程中你遇到了哪些问题？你是如何解决的？

第二，你想继续探究的问题是什么？

第三，课后和家长一起检查家里是否有物品出现螺丝松动或掉落的现象，如果有，把它们拧好。

实验 2
再生纸

【实验问题】

纸是我们生活和学习的亲密伙伴。哪些原料能够制造纸呢？纸张是如何制造出来的呢？

【实验教学目标】

一、科学知识

了解如何利用废纸制造再生纸，并能说出造纸过程。

二、科学探究

乐于尝试再生纸的简单制作，体验制作的乐趣。

三、科学态度

第一，能说出节约用纸的意义。

第二，培养节约资源、保护环境的意识。

【教学重点】

知道造纸的主要原料和纸的主要成分。

【教学难点】

了解造纸厂造纸的过程和方法，会用废纸制造再生纸。

【实验原理】

纸是由纤维组成的。再生纸是以废纸为原料，经过打碎、去色制浆等多种工序加工生产出来的。其原料的 80％来源于回收的废纸，因而被誉为低能耗、轻污染的环保型用纸。废纸多种多样，以不同类别的废纸为原料可以制成再生复印纸、再生包装纸等。再生纸一般可以分为两大类：一类是挂面板纸、卫生纸等用纸，另一类是书报杂志、打印纸、明信片和练习本等用纸。

【实验用品】

废纸、剪刀、水、水槽、随意形状的纱网、干毛巾、搅拌棒、破壁机等。

【实验步骤】

第一，将废纸撕碎或剪碎，浸泡在水槽中，放置大约半天。

第二，把泡软的纸倒入破壁机，打成均匀的泥糊状的纸浆。

第三，把纸浆倒入水槽，加入适量的水用搅拌棒搅匀。

第四，把纱网平放入水槽，轻轻捞起，等纸浆铺满纱网时，就可以慢慢取出了。

第五，把取出的纱网倒扣在干毛巾上，使其水分被吸干。

第六，放置于阴凉处风干，待纸浆干了就可得到再生纸了。

【注意事项】

第一，在使用剪刀的过程中注意安全。

第二，实验完毕后整理器材，注意废纸屑和垃圾的回收与分类。

【实验结论】

再生纸是以废纸为原料，经过打碎、去色、制浆等多种工序加工生产出来的。

【实验反思】

在实验过程中，只是撕碎和剪碎废纸，不能使其变成细小的纸屑，可借助破壁机或搅拌器将其充分变为纸浆。此外，纸浆倒在纱网上有大量的水分，毛巾很难吸干，可考虑用烘干或者烤干等方法，否则实验花费时间较长。调制适宜的纸浆浓度，能够制作出厚薄不同且厚薄均匀的纸。

实验 3
制作太阳钟

【实验问题】

古代的人利用光影来计时，他们是怎样做的呢？

在太阳下，将一根细木棒竖直地插在地上，地面上将会有木棒的影子。随着时间变化，影子的方向、长短也会发生变化。

根据太阳和影子的关系，我们能做个太阳钟吗？

【实验教学目标】

一、科学知识

第一，知道太阳钟是利用光影原理制成的。

第二，了解日晷及其原理。

二、科学探究

能利用太阳影子的变化规律设计一个太阳钟。

三、科学态度

第一，意识到利用自然规律可以为人类服务。

第二，小组合作制作太阳钟，并讨论有关问题，提高互助合作、主动思考、解决问题的能力。

第三，能客观评价其他同学制作的太阳钟。

【教学重点】

能利用太阳的影子变化规律设计一个太阳钟。

【教学难点】

能利用太阳的影子变化规律设计一个太阳钟。

【实验原理】

一天中随着太阳高度的变化，同一物体在地面上投影的方向也会发生变化。太阳钟就是利用物体影子的方向变化来测定时间的。

【实验用品】

A4 纸一张、面积大于 A4 纸的瓦楞纸一张、胶水、橡皮泥、竹签、笔等。

【实验步骤】

第一，用胶水涂抹 A4 纸的一面，把它和瓦楞纸粘贴在一起。

第二，用竹签穿透 A4 纸和瓦楞纸的中央，并用橡皮泥固定。

第三，把它放在能被太阳直接照射的阳台上或室外，竹签会在 A4 纸上留下一个影子。这个影子的长短和方向随着时间的变化而变化。手里拿一块表，每到整点的时候就用笔在影子的末端做一个标记（注明此时的时间，如手表显示的时间为早晨 7 点整，就在影子末端点一个点，旁边标注"7"），并画出此时影子形成的线段。

第四，依次记下白天太阳下山前所有整点时刻竹签影子的线段。

第五，接下来的一段日子里，可以在晴朗的白天试着用太阳钟读取时间。

【注意事项】

第一，选择一个晴朗的白天制作。

第二，在制作过程中可以每隔 1 小时设置一个闹钟，减少等待的焦虑，防止错过时间。

第三，在制作和使用太阳钟的过程中，不要轻易挪动太阳钟。

第四，竹签的长度要以其影子长度能全部投在 A4 纸上为宜。

【实验结论】

利用制作的简易太阳钟可以在一段时期内估算时间。

【实验反思】

第一，本次实验可以用其他材料，如用方便面桶（图 9-2）或纸杯（图 9-3）代替 A4 纸和瓦楞纸。

第二，可以让学生发挥其主观能动性，用更开放的材料和方法制作太阳钟。

图 9-2　利用方便面桶制作的简易太阳钟

图 9-3　利用纸杯制作的简易太阳钟

第三，如果学生提出要挪动太阳钟，可为其提供指南针，引导其利用指南针在太阳钟的钟面标出方向，移动太阳钟后，再次利用指南针把太阳钟放置到相应位置并调整方向。

第四，可以在三个月后或者下一学期让学生继续用自制太阳钟读取时间，并引导其与标准时间做对比，从而使学生意识到，由于太阳高度角不同，日影在一年中的长短和方向都是变化的。

第五，引发思考。

制作好的太阳钟能移动吗？怎样移动？

日晷也是一种太阳钟，我们制作的太阳钟与日晷看起来不同，晷面或晷针为什么是倾斜的？倾斜角度与什么有关？

我们制作的太阳钟可以一年四季连续使用吗？查阅资料，继续学习。

实验 4
杠　杆

【实验问题】

杠杆作为一种简单机械，有省力杠杆、费力杠杆和既不省力也不费力杠杆。让我们通过研究怎样使杠杆保持平衡，来详细了解杠杆的秘密，以更好地帮助我们解决生活中的问题。阿基米德有一句流传很久的名言：给我一个支点，我就能撬起整个地球。通过今天的实验，我们就会明白杠杆的神奇之处。

【实验教学目标】

一、科学知识

第一，了解杠杆平衡的条件。

第二，了解杠杆上阻力点、支点、动力点三者的关系。

二、科学探究

第一，熟悉器材，能够正确、合理地组装实验器材，并通过调节平衡螺母使杠杆处于平衡状态。

第二，通过探究支点在杠杆中间时，调节两点位置和钩码个数推理出杠杆平衡的条件。

第三，探究如何使用杠杆解决生活中的问题。

三、科学态度

能够关注生活中对杠杆的应用，并能够合理地分析杠杆给人们带来的方便之处。

【教学重点】

使杠杆保持平衡。

【教学难点】

杠杆保持平衡与杠杆省力、费力的分析。

【实验原理】

杠杆平衡的条件是作用在杠杆上的两个力矩大小相等，即动力乘动力臂等于阻力乘阻力臂。

【实验用品】

铁架台、杠杆尺、钩码等。

【实验步骤】

第一，组装器材，使支点在杠杆中间并调整杠杆使之平衡。设定左边选定位置为阻力点，右边为动力点。

第二，在第一个格挂上两个钩码，尝试在右边挂钩码让杠杆平衡，将结果记录在表 9-1 中。

第三，在第二个格挂上两个钩码，尝试在右边挂钩码让杠杆平衡，将结果记录在表 9-1 中。

第四，重复第二、第三步，可以选择不同的阻力点和增减钩码的个数，尝试在右边选择不同的动力点和钩码数量使杠杆达到平衡，将结果记录在表 9-2 中。

第五，为了更好地分析实验数据，得出结论，可以多次尝试不同的位置和钩码的数量，使杠杆达到平衡，并记录实验结果。

第六，可以重复三次实验，来检验记录结果是不是相同。重复实验以核实记录结果和分析数据非常重要。

第七，实验结束，整理实验物品，放回原处。

实验装置如图 9-4 所示。

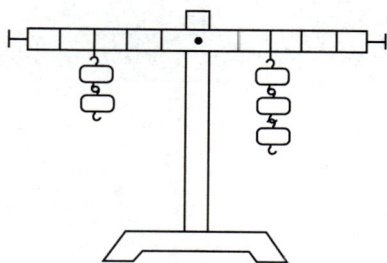

图 9-4 杠杆平衡实验装置

表 9-1 杠杆平衡实验记录单 1

方法	阻力点		平衡	动力点	
	阻力点到支点的距离(格)	钩码(个)		动力点到支点的距离(格)	钩码(个)
方法 1	1	2			
方法 2	1	2			
方法 3	2	2			
方法 4	2	2			
方法 5	2	2			
方法 6	2	4			
方法 7	2	4			
方法 8	2	4			
方法 9	2	4			

针对实验记录结果，我们可以适当地对表格进行整理，见表 9-2。

表 9-2 杠杆平衡实验记录单 2

方法	阻力点		动力点		
	阻力点到支点的距离(格)	钩码(个)	钩码(个)	动力点到支点的距离(格)	用力情况
方法 1	1	2	2	1	相同
方法 2			1	2	省力
方法 1	2	2	2	2	相同
方法 2			4	1	费力
方法 3			1	4	省力

续表

方法	阻力点		动力点		
	阻力点到支点的距离（格）	钩码（个）	钩码（个）	动力点到支点的距离（格）	用力情况
方法1	2	4	4	2	相同
方法2			8	1	费力
方法3			2	4	省力
方法4			1	8	省力

观察发现如下。

第一，表9-2给出了整理好的数据表格，让大家参考，希望学生能够动手整理，在整理的过程中体会、感悟，理解杠杆平衡非常重要，杠杆平衡是简单机械的基础。

第二，通过实验确定阻力点和钩码的位置后，尝试在不同的动力点和用不同的钩码数量实现杠杆平衡，仔细观察它们之间存在的关系，即阻力点到支点的格数乘钩码的个数等于动力点到支点的格数乘钩码的个数。

第三，在小学阶段，我们通过实验得出杠杆平衡的条件，也可以在了解杠杆平衡的前提下，把一格作为一个长度单位，用距离来表示，把钩码转化成提起钩码的力，了解杠杆平衡原理：阻力乘阻力臂等于动力乘动力臂。用代数式表示为 $F_1 l_1 = F_2 l_2$。F_1 表示阻力，l_1 表示阻力臂，F_2 表示动力，l_2 表示动力臂。

第四，通过杠杆平衡的数据，我们分析得出：当所有动力点处钩码比阻力点处钩码少时都是省力的，当所有动力点处钩码比阻力点处钩码多时都是费力的。

第五，通过杠杆平衡，我们了解到通常使用的杠杆有三种：省力杠杆、费力杠杆和既不省力也不费力杠杆。通过分析数据我们不难发现：所有省力杠杆上的动力点到支点的距离都比阻力点到支点的距离大；费力杠杆则相反；既不省力也不费力杠杆是等臂杠杆，即动力点到支点的距离等于阻力点到支点的距离。

第六，当阻力点到支点的距离和钩码数量一定时，动力点到支点的距离越远，使用的钩码数量越少，越省力。

【注意事项】

第一，正确组装杠杆，支点设置灵活，使用前应调节平衡。

第二，通过实验数据分析得出结论，尽可能地多做实验。

【实验结论】

第一，杠杆平衡原理：阻力乘阻力臂等于动力乘动力臂，即 $F_1 l_1 = F_2 l_2$。

第二，支点在动力点和阻力点中间，比较支点到动力点和阻力点之间的距离来判断杠杆省力、费力和既不省力也不费力。当动力臂大于阻力臂时省力，反之费力，当动力臂与阻力臂相等时则既不省力也不费力。

第三，当阻力臂一定时，动力臂越长越省力，反之越费力；当动力臂一定时，阻力臂越长越费力，反之越省力。

【实验反思】

第一，通过使杠杆保持平衡的实验，你有什么新的想法？

第二，生活中有很多巧妙使用杠杆的例子，你能说出哪些是省力杠杆，哪些是费力杠杆，哪些是既不省力也不费力杠杆吗？这些例子给我们带来哪些启示？

第三，探究动力点在支点与阻力点之间与阻力点在支点和动力点之间两种不同杠杆，会给我们带来很多乐趣。

实验 5
滑　轮

【实验问题】

滑轮作为一种简单机械，是一个周边有槽、能够绕轴转动的轮子。滑轮实际上是一个变形的杠杆，根据滑轮是否会跟随重物移动，可以分为定滑轮和动滑轮。我们也可以根据需要将定滑轮、动滑轮组合成滑轮组，来满足生活中的不同需要。今天我们就来研究滑轮是怎样工作的。

【实验教学目标】

一、科学知识

第一，了解定滑轮、动滑轮和滑轮组的特点。

第二，了解滑轮是一个变形的杠杆。

第三，了解滑轮可以改变用力方向，或者可以省力但不省距离。

二、科学探究

第一，能够正确使用测力计合理设计实验。

第二，能够根据需要选择滑轮，设计不同滑轮组，完成不同任务。

三、科学态度

喜欢观察，愿意尝试讲述使用滑轮的故事。

【教学重点】

理解定滑轮、动滑轮和滑轮组的功能。

【教学难点】

探究滑轮是杠杆的变形，理解测力计在使用时应竖直向上或向下，力是有方向的。

【实验原理】

定滑轮可以改变用力方向；动滑轮可以省力但不省距离，不能改变用力方向。滑轮组可以省力，也可以改变用力方向，但不能省距离。

【实验用品】

滑轮、钩码、细绳、测力计、铁架台等。

【实验步骤】

一、定滑轮实验

第一，组装实验器材，将定滑轮固定在铁架台上，检查定滑轮的转动是否灵活。

第二，反复用手拽线绳，通过定滑轮提起重物（钩码），感受使用定滑轮能改变用力方向。当我们把重物向上提起时，需要手向下用力，说明使用定滑轮改变了用力方向。

第三，用钩码代替手拽绳，尝试通过定滑轮提起重物。研究定滑轮是否省力，在定滑轮下面挂一个钩码，用测力计在定滑轮另一端测量用多大的力，或者直接在另一端加上一个钩码，使定滑轮两端达到平衡（图9-5）。以上实验重复三次以上，说明提起钩码的力和拽动钩码的力相同，既不省力也不费力。用测力计测量可以分两步：第一步直接用测力计提起钩码，测量并记录用力多少；第二步使用测力计测量通过定滑轮提起钩码时用力多少。反复测量三次，记录得到的结果，比较第一步和第二步的用力情况，得出结论。

第四，实验完毕，整理实验物品。

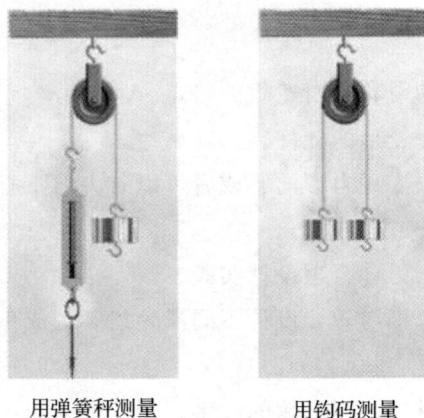

用弹簧秤测量   用钩码测量

图9-5　定滑轮实验装置

观察发现，定滑轮可以改变力的方向，但不省力。分析定滑轮的受力，定滑轮的轴心相当于杠杆的支点，滑轮两侧和绳子的接触点，一个是动力点，另一个是阻力点，动力点和阻力点到支点的距离刚好是轮子的半径，也就是说动力点到支点的距离等于阻力点到支点的距离。这就是一个变形的等臂杠杆，既不省力也不费力。

二、动滑轮实验

第一，组装实验器材，将绳子一端固定在铁架台上，检查动滑轮的转动是否灵活（图9-6）。

第二，用手拽动线绳，通过动滑轮提起重物，研究其是否可以改变用力方向。我们向上提起重物，用手拽动线绳向上用力。

第三，使用测力计拽动线绳，通过动滑轮提起钩码。在向上提起钩码时，让测力计尽量保持竖直，匀速向上拉动，在指针稳定后读数。读数时眼睛平视，尽可能与指针在同一平面，将测量数据记录在表9-3中。

第四，单独使用测力计测量钩码和动滑轮的质量，在测量时保持竖直匀速向上提起，读数要求同上。重复三次，将测量数据记录在表9-3中。

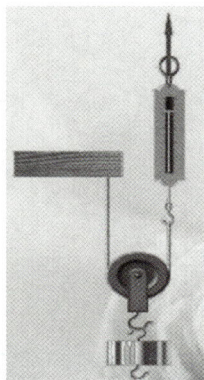

图9-6　动滑轮实验装置

第五，实验完毕后收拾实验器材。

表9-3　用测力计测量动滑轮用力大小记录单（测量单位：牛）

测量要素	第一次	第二次	第三次	平均值
使用动滑轮提起钩码				
动滑轮和钩码的质量				

观察发现，使用动滑轮可以省力，如果忽略动滑轮的重量和其他阻力，就可以省一半的力，但不能改变用力方向。分析动滑轮的受力，可以把动滑轮看成一个杠杆，连接铁架台一端的绳子与动滑轮接触的点为支点，钩码作用在动滑轮的中心为阻力点，测力计竖直提起绳子与动滑轮接触的点为动力点。动力点到支点的距离是阻力点到支点的距离的2倍，根据杠杆平衡原理，理论上可省一半的力。

三、滑轮组实验

第一，组装实验器材，将绳子一端固定在铁架台上，检查滑轮的转动是否灵活，提起动滑轮的绳子，使其竖直向下（图9-7）。

第二，用手拽动线绳，通过动滑轮提起重物。因为增加了定滑轮，手拽动线绳的方向改变了，可以尝试从多个方向拽动。

第三，使用测力计拽动线绳，通过滑轮组提起钩码，可尝试从多个方向测量，尽量匀速拉动。当指针稳定后读数并记录，读数时眼睛平视，尽可能与指针在同一平面，重复三次求平均值，记录在表9-4中。

第四，单独使用测力计测量钩码和动滑轮的质量，在测量时保持竖直匀速向上提起，读数要求同上，重复三次求平均值，记录在表9-4中。

第五，测量完毕后整理实验器材。

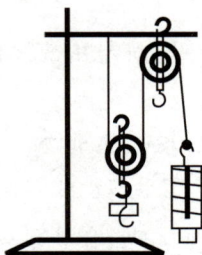

图 9-7　滑轮组实验装置

表 9-4　测力计测量滑轮组用力大小记录单（测量单位：牛）

测量要素	第一次	第二次	第三次	平均值
使用滑轮组提起钩码（竖直）				
使用滑轮组提起钩码（水平）				
使用滑轮组提起钩码（右下）				
滑轮组和钩码的质量				

观察发现，滑轮组具有定滑轮和动滑轮的优点，既可以改变用力方向，也可以省力。使用滑轮组时动滑轮的个数决定省力的多少，每使用一个动滑轮最大可以省一半的力。使用动滑轮时要保证动力臂是阻力臂的 2 倍。

【注意事项】

第一，正确使用测力计，在测量时保持匀速，当指针相对稳定时再读数。

第二，在做省力的实验时，可设法减小滑轮阻力，尽量增加重物的质量，使用多个钩码。理论上使用一个动滑轮省一半的力，在实际测量中又有很多因素很难克服。

【实验结论】

第一，定滑轮可以改变用力方向，不能省力；动滑轮可以省力，但不能改变用力方向；滑轮组既能省力，又能改变用力方向。

第二，理论上滑轮组中动滑轮的数量越多，越省力。但在实际应用中受到很多因素的影响，如滑轮的质量、阻力等。动滑轮省力但不省距离。

【实验反思】

第一，滑轮的应用非常广泛，你还有哪些想法？你能不能设计更多有趣的滑轮应用方案？

第二，为什么说动滑轮省力但不省距离？设计一个实验来验证一下吧。

实验 6
斜　面

【实验问题】

斜面是一种简单机械，我们在生活中经常看到很多利用斜面的例子。斜面有什么作用呢？今天我们一起探究一下如何使用斜面，斜面是否省力与哪些因素有关。

【实验教学目标】

一、科学知识

第一，了解斜面有省力的作用。

第二，了解与斜面是否省力有关的因素。

二、科学探究

第一，能够合理地设计实验。

第二，学着选择合适的斜面来完成任务。

三、科学态度

对斜面的应用感兴趣，能够尝试利用斜面解决生活中的问题。

【教学重点】

探究在相同高度下斜面长度与省力大小的关系。

【教学难点】

在不同高度下测试斜面长度与省力大小的关系。

【实验原理】

斜面有省力的作用，在相同高度的情况下，斜面越长越省力，但费距离。

【实验用品】

长木板(或三种长度不同的木板)、木块、测力计、铁架台等。

【实验步骤】

一、斜面有省力的作用

第一，用测力计测量木块的质量，并匀速将木块提升 10 厘米，在匀速提升的过程中读数。

第二，用木板和铁架台组合搭建一个高度为 10 厘米的斜面，将木块放在木板上，用测力计沿着斜面方向(测力计与木板平行)慢慢匀速拉动木块，在匀速拉动的过程中读数。

第三，以上实验重复三次，分别记录并计算平均值，填在表 9-5 中，分析数据，得出结论。实验装置如图 9-8 所示。

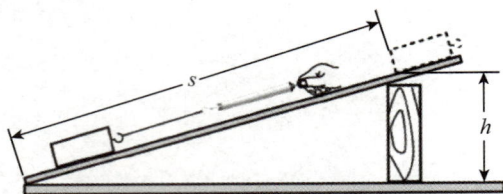

图 9-8　斜面有省力作用的实验

表 9-5　斜面有省力作用的实验数据记录单（高度为 10 厘米，测量单位：牛）

用力方式	第一次	第二次	第三次	平均值
直接提起重物				
用斜面提起重物				

　　观察发现，直接提起重物用的力比使用斜面后用的力要大，说明使用斜面提起重物有省力的作用。

　　二、探究高度相同、斜面长度不同与省力大小的关系

　　第一，用同一块木板设定斜面高度为 10 厘米，第一次斜面的长度为 30 厘米。将木块放在斜面上，从底部缓慢匀速地用测力计拉动木块到达 10 厘米的高度，记录测力计的读数。实验重复三次。

　　第二，用同一块木板设定斜面高度为 10 厘米不变，分别设定第二次斜面的长度为 50 厘米，第三次斜面的长度为 70 厘米。将木块放在斜面上，从底部缓慢匀速地用测力计拉动木块到达 10 厘米的高度，分别记录测力计的读数。实验重复三次。

　　第三，计算平均值，填写表 9-6，分析数据，得出结论。

　　实验装置如图 9-9 所示。

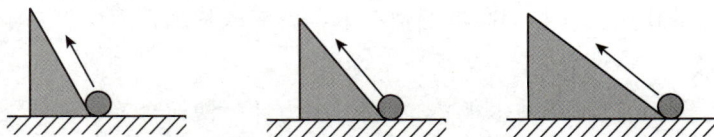

图 9-9　在相同高度下不同长度的斜面提起重物用力大小的实验

表 9-6　在相同高度下不同长度的斜面提起重物用力大小记录单（高度为 10 厘米，测量单位：牛）

斜面长度/厘米	第一次	第二次	第三次	平均值
30				
50				
70				

观察发现，高度相同，斜面越平缓，用力也越小，说明斜面越长越省力。

三、探究高度不同、斜面长度相同与省力大小的关系

第一，用同一块木板设定斜面长度为 70 厘米，第一次斜面的高度为 20 厘米。将木块放在斜面上，从底部缓慢匀速地用测力计拉动木块到达相应高度，记录测力计的读数，重复测量三次。

第二，分别设定斜面高度为 30 厘米、40 厘米，斜面的长度为 70 厘米不变。将木块放在斜面上，从底部缓慢匀速地用测力计拉动木块到达相应高度，分别记录测力计的读数，重复测量三次。

第三，计算平均值，填写表 9-7，分析数据，得出结论。

实验装置如图 9-10 所示。

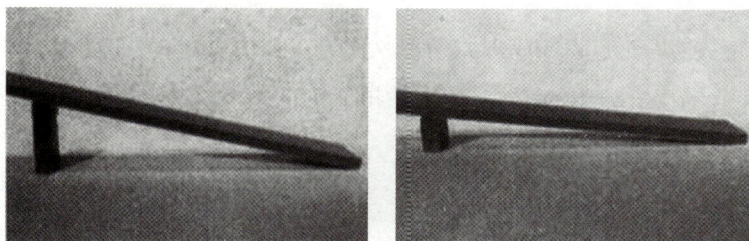

图 9-10　不同高度、相同长度的斜面提起重物用力大小的实验

表 9-7　不同高度、相同长度的斜面提起重物用力大小记录单（长度为 70 厘米，测量单位：牛）

斜面高度/厘米	第一次	第二次	第三次	平均值
20				
30				
40				

观察发现，高度不同，使用相同长度的斜面，斜面高度越低，与平面的倾角越小，斜面越平缓，用力越小；相反，在斜面长度一定的情况下，斜面高度越高，倾角越大，斜面越陡，用力也越大。如果倾角变成直角，相当于直接提起重物到达相应的高度，直接提起重物时用力最大。

【注意事项】

第一，在拉动物体时要尽量保持匀速。

第二，读数时眼睛要做到平视，等指针相对稳定时再读数。

【实验结论】

第一，斜面有省力的作用，高度相同，斜面越长越省力，但不省距离。

第二，斜面倾角越小，斜面越平缓，用力越小；倾角越大，斜面越陡，用力越大。这也证明使用斜面是省力的。

【实验反思】

第一，关于斜面的科学，你还想了解什么？

第二，使用斜面有省力的作用，但是在使用斜面的过程中，费了距离。如何更好地利用斜面，巧妙地解决我们生活中的问题？

实验7
齿　轮

【实验问题】

齿轮作为一种传动机械器件，有着悠久的历史。随着生产的发展，齿轮传动的应用越来越广，在机械传动中起着重要的作用。本节课我们一起制作齿轮，通过实验来探究齿轮传动有哪些秘密。

【实验教学目标】

一、科学知识

第一，了解齿轮的种类和外形，初步设计并制作简单的齿轮。

第二，了解齿轮通过啮合来传递动力，可以实现变速和改变力的方向。

二、科学探究

第一，能够合理设计并制作出普通的圆齿轮，也可以在纸上设计出不同形状的齿轮，模拟齿轮啮合。

第二，能够合理地组装齿轮以实现齿轮传动，探究齿轮正确啮合和在传动过程中的特点。

三、科学态度

第一，通过设计并制作齿轮，模拟啮合，提升对齿轮的兴趣。

第二，通过学习能够关注生活中的齿轮传动，可以和身边人分享自己对齿轮传动的认识。

四、科学、技术、社会与环境

第一，设计并制作齿轮，利用身边的环保材料，减少垃圾和污染。

第二，不能随意丢弃作品，注意环保和废旧资料的回收再利用。

【教学重点】

研究齿轮传动的特点。

【教学难点】

设计与制作齿轮。

【实验原理】

齿轮啮合传递动力。

【实验用品】

厚纸板、图钉、剪刀、木板、齿轮模型等。

【实验步骤】

一、制作齿轮

第一，用厚纸板制作大小两个齿轮，大齿轮有 20 个齿，小齿轮有 10 个齿。制作完成后清理纸屑。

第二，将两个齿轮用图钉通过中心孔固定在木板上，让两个齿轮的齿相互啮合，观察实验现象并记录（图 9-11）。

第三，实验完毕，整理实验材料。

实验发现，设计并制作的齿轮会有很多的问题，如两个齿轮的齿形不同，就会出现卡死不能啮合的现象，需要反思在设计和制作的过程中需要注意哪些问题，在课下再次收集资料，如果有机会就可再次尝试设计并制作。

图 9-11　组装的齿轮模型装置

二、齿轮传动的实验

第一，组装齿轮模型（大齿轮有 20 个齿、小齿轮有 10 个齿），观察大小齿轮的外形，感觉齿轮之间的啮合是否平稳，有无卡死现象。

第二，顺时针转动其中任意一个齿轮一圈，再顺时针转动另一个齿轮一圈，观察两个齿轮在转动过程中有什么不同。

第三，观察大齿轮带动小齿轮，小齿轮带动大齿轮，分别有什么现象。

第四，实验完毕，整理实验器材。小组交流实验现象，整理实验结果。

观察发现如下。

（1）两个大小不同啮合的齿轮：大齿轮齿数多，有 20 个齿；小齿轮齿数少，有 10 个齿。

（2）通过转动齿轮啮合让学生体会齿轮可以传输动力，对比自己设计和制作的齿轮啮合时的状况，感受齿轮需要设计合理、精工细作。

（3）当大齿轮带动小齿轮转动时，大齿轮顺时针转动一圈，小齿轮逆时针转动两圈，在相同的时间内提高了小齿轮的转动速度；当小齿轮带动大齿轮转动时，两个齿轮的转向相反，小齿轮转一圈，其 10 个齿与大齿轮的 10 个齿啮合，相当于大齿轮转动半圈，在相同的时间内小齿轮转动两圈大齿轮才转动一圈，所以小齿轮带动大齿轮可以降低转动速度。

　　小组实验记录如下。

　　(1)大齿轮有(　　)个齿，小齿轮有(　　)个齿。

　　(2)当大齿轮带动小齿轮转动时，大齿轮转(　　　　)圈，小齿轮转(　　　　)圈，可以(　　　　)小齿轮的工作速度。

　　(3)当小齿轮带动大齿轮转动时，小齿轮转(　　　　)圈，大齿轮转(　　　　)圈，可以(　　　　)大齿轮的工作速度。

　　(4)齿轮传动有(　　　　)的作用。

　　【注意事项】

　　第一，注意安全和卫生，做到合理利用材料，杜绝浪费。

　　第二，齿轮的设计制作比较难，课前要让学生了解与齿轮相应的知识，给他们提供相应的图片、图形，帮助学生建立齿轮模型的概念。

　　【实验结论】

　　第一，齿轮有传输动力的作用。

　　第二，齿轮转动可以准确传输动力，在转动过程中可以改变转动方向，改变转速。

　　【实验反思】

　　第一，在设计和制作齿轮的过程中你有哪些收获？能不能设计出形状各异的齿轮？

　　第二，关于齿轮你想继续探究的问题是什么？如果让两个齿轮在转动过程中保持转速和转向一致，你该怎么办？

实验 8

轮　轴

　　【实验问题】

　　轮轴作为一种简单机械，在生活中应用得很多，特别是一些变形的轮轴，我们看不到轮和轴，但通过仔细分析可以发现它们在不停地转动中发挥着作用。今天我们就通过实验来认识轮轴。

　　【实验教学目标】

　　一、科学知识

　　第一，了解轮轴，知道使用轮轴时力作用于轮上省力，作用于轴上费力。

　　第二，了解轮轴省力大小与轮轴的直径大小有关。当轴一定时，轮越大越省力；当轮一定时，轴越小越省力。

　　二、科学探究

　　第一，合理设计轮轴实验。

　　第二，探究轮轴省力大小的影响因素。

　　三、科学态度

　　第一，对日常生活中的轮轴感兴趣。

　　第二，愿意尝试分析生活中使用轮轴的案例，并能够及时表达自己的想法。

【教学重点】

探究在什么情况下使用轮轴会省力。

【教学难点】

轮轴实际上是一个转动的杠杆。

【实验原理】

轮轴的实质是可以连续旋转的杠杆，一般情况下，力臂就是对应的轮半径和轴半径。

【实验用品】

铁架台、轮轴、线绳、钩码、测力计等。

【实验步骤】

　　一、用测力计分别测量同样的钩码作用于轮上和轴上用力多少

　　第一，正确组装实验器材，把线分别固定在同一个轮轴的轮和轴上，缠绕两到三圈，留出适当距离，并在末端打结，方便挂钩码和测量(图 9-12)。

　　第二，用测力计竖直匀速提起钩码，待指针相对稳定时读数。

　　第三，把钩码放到轴上，测力计测量轮上用力多少，并观察绳子移动的长度；把钩码放到轮上，测力计测量轴上用力多少，并观察绳子移动的长度。

　　第四，第二、第三步骤反复进行三次，并算出用力大小的平均值，将结果记录在表 9-8 中。

图 9-12　轴轮组装装置

　　第五，实验完毕后，及时整理实验器材。

　　观察发现，通过分析测量数据得出结论，提起同样的钩码在轮上用力比在轴上用力省力，线绳在轮上移动的距离比在轴上移动的距离长。

　　通过实验我们认识到，使用轮轴可以省力。通过分析我们发现，轮轴是一个转动的杠杆，如果力作用在轮上，支点就是圆心，阻力点就是轴的半径，动力点是轮的半径，这样省力多少就取决于轮轴的半径差，半径差越大越省力。

表 9-8　测力计分别测量轮、轴用力大小记录单 1(测量单位：牛)

用力条件	第一次	第二次	第三次	平均值
单独测量钩码用力				
钩码在轴上，轮上用力				
钩码在轮上，轴上用力				

二、探究轮轴省力大小的因素

第一，改装实验器材(图 9-13)。在前面实验的基础之上，轴不变，适当增大轮的直径，用测力计来测量用力大小，反复测量三次，算出平均值，将结果记录在表 9-9 中。

第二，测量完毕，整理实验器材。

观察发现，使用轮轴时，在轴不变的情况下，轮越大越省力；反之，在轮不变的时候，轴越小越省力。

图 9-13　探究轮轴省力大小因素的实验装置

表 9-9　测力计分别测量轮、轴用力大小记录单 2(测量单位：牛)

用力条件	第一次	第二次	第三次	平均值
轴不变，增大轮的直径用力				

【注意事项】

第一，建议在轮轴上固定线绳时，一定都要缠绕两圈，保证沿轮或轴的切线方向用力，这样动力臂和阻力臂都是圆的半径，容易分析力臂的大小。

第二，尽量减少轮轴转动的阻力，减少实验误差。

【实验结论】

第一，轮轴有省力的作用，轮转一大圈，轴转一小圈。

第二，使用轮轴时，在轴不变的情况下，轮越大越省力；反之，轮不变，轴越小越省力。

【实验反思】

第一，通过轮轴实验，你有什么收获？

第二，你还想继续探究关于轮轴的哪些问题？

第三，找出现实生活中使用轴带动轮的例子，想想为什么要这样设计。

实验 9
制作小吊车

【实验问题】

了解简单机械后，能不能动手设计一台机器，方便实现重物的吊装？

【实验教学目标】

一、科学知识

能够根据所学知识，结合身边的材料设计出合理的实验方案。

二、科学探究

小组合作设计、制作小吊车的模型，并能够实现吊装重物。

三、科学态度

对小吊车感兴趣，培养积极探究的欲望，学会表达与交流。

四、科学、技术、社会与环境

第一，在设计与制作的过程中充分利用身边的材料，减少垃圾和污染。

第二，不能随意丢弃作品，注意环保和废旧材料的回收再利用。

【教学重点】

设计制作合理，能够吊装重物。

【教学难点】

简易小吊车并不省力，在制作过程中避免动力臂为零。

【实验原理】

简易小吊车的工作原理是杠杆原理，通过杠杆吊装重物相对比较方便。

【实验用品】

硬纸盒、木板、长木条、牵引绳、长螺丝、粗铁条、吊钩、重物、针、剪刀、白乳胶或塑料胶枪、锥子、小刀等。

【实验步骤】

第一，准备两个硬纸盒，组合成一端高另一端低的形状，在低的一端的边缘用白乳胶固定木板，作为吊车的底盘。在相应的硬纸盒上钻好四个孔，将牵引绳穿过。

第二，在吊车底盘上用木板做一个支架，用于安装吊臂。

第三，制作吊臂。在长木条的相应位置钻几个孔，系好上牵引绳、下牵引绳和吊起重物的吊钩(图 9-14)。

第四，组装吊臂。保证吊臂在支架上转动灵活，上牵引绳从较高的盒子的孔中穿过，孔的高度比吊臂转动轴要高。

第五，使用上、下牵引绳配合吊起重物，放下重物（图 9-15）。

第六，实验完毕，整理实验器材。

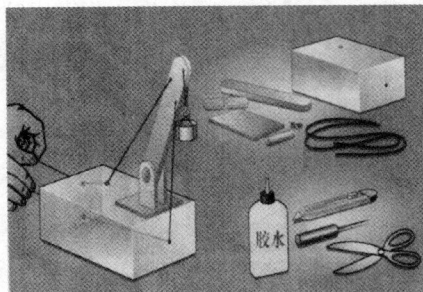

图 9-14　小吊车制作材料　　　　　　图 9-15　用小吊车吊起、放下重物

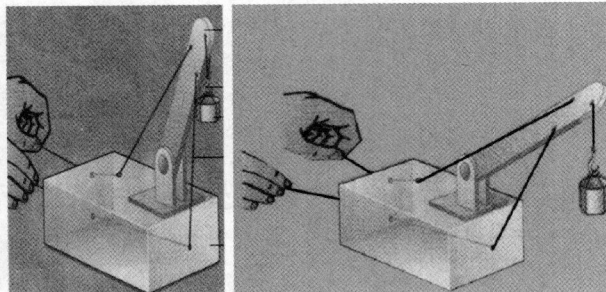

对教材中的小吊车进行了改进（图 9-16）。小吊车吊臂轴上加一个限位可以防止小吊车吊臂翻过来，上牵引线上加一个支架高于吊臂的轴可以有效防止吊臂出现死点。

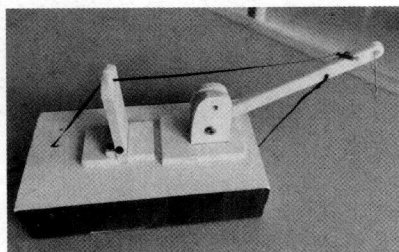

图 9-16　改进的小吊车

【注意事项】

第一，在制作的过程中应注意安全，粘接要牢固。

第二，小吊车吊起的重物不要太重，因为这只是一个简单的模拟实验。

第三，上牵引绳钻孔的位置要比吊臂转动轴的位置高，防止转动力矩为零，这样可以有效防止卡死现象出现。

【实验结论】

第一，拉动上牵引绳，放松下牵引绳，小吊车的吊臂就会抬起，提起重物；拉动下牵引绳，放松上牵引绳，小吊车的吊臂就会落下，放下重物。在实验过程中上、下牵引绳要配合，收放要适度。上、下牵引绳的配合也可以做到适当限位。比如，简易吊车的吊臂达到最高高度时，必须用下牵引绳限位，否则会出现不安全的情况；当要放下重物时，下牵引绳要用力，上牵引绳要缓慢放松来控制吊臂和重物下降。原则上重物足够重时，放松上牵引绳，吊臂会自动下降。

第二，本实验模拟了动物的关节运动。我们以人的上臂弯曲和伸展为例，小吊车的吊臂吊起重物，相当于人的上臂弯曲提起物品；小吊车的吊臂放下重物，相当于人的上臂伸展放下重物。小吊车的吊臂抬起和落下，相当于人的手臂弯曲和伸展；上、下牵引绳用力，相当于人的手臂肌肉收缩。人的上臂肌肉包绕在肱骨周围，形成前、后两个群。前群有肱二头肌、喙肱肌和肱肌，它是屈肌群，其机能是使上臂屈、前臂屈和外旋以及向上臂靠拢。后群有肱三头肌和肘肌，它是伸肌群，其机能是使肘关节和前臂伸直。小吊车的工作原理和人体肌肉收缩让手臂弯曲伸展的原理类似。

第三，得出结论。小吊车吊臂的升降，利用仿生原理，模拟了人的关节的收缩和伸展运动。放松上牵引绳，拉紧下牵引绳，吊臂向下运动；拉紧上牵引绳，放松下牵引绳，吊臂向上运动。

【实验反思】

第一，在设计并制作小吊车的实验过程中遇到了哪些问题？你是如何解决的？是不是还有更好的方案？

第二，小吊车实验省力吗？用杠杆原理来分析是否省力。想不想继续探究，利用简单机械设计出省力的小吊车？

本章小结

通过本章的学习，学生可以认识生活中常见的螺丝，能找到拧螺丝的合适工具，知道简单工具的使用方法，能动手完成拧螺丝的任务；知道造纸的主要原料和成分，了解造纸厂的造纸过程和方法，会用废纸制造再生纸；知道太阳钟是利用光影原理制成的，能解释日晷及其原理，能利用影子变化规律设计太阳钟；了解杠杆阻力点、支点、动力点的关系及杠杆平衡的条件，能够尝试利用杠杆解决生活中的问题；知道滑轮是变形的杠杆，了解定滑轮、动滑轮和滑轮组的特点，能根据需要选择滑轮，能设计滑轮组完成任务；知道斜面能省力，能设计实验探究与斜面是否省力有关的因素有哪些，能在生活中运用斜面完成任务；了解齿轮的种类和外形，知道齿轮可以传递动力，实现变速和改变力的方向，能够合理地设计并制作普通圆齿轮；了解轮轴，知道力作用于轮上省力，作用于轴上费力，能设计实验探究影响轮轴省力大小的因素；知道小吊车运用了杠杆原理，能运用所学知识亲自动手设计小吊车。

关键术语

螺丝；造纸；太阳钟；光影原理；杠杆；滑轮；斜面；齿轮；轮轴；小吊车

拓展阅读

1. 淮安市教育技术装备中心. 小学科学实验教学指导[M]. 南京：东南大学出版社，2013.

该书将学生的视角放在首位，紧扣课程标准，参照了国内外一些优秀的实验教学案例和趣味实验活动方案，力争体现大概念统领下的科学教育中的系统意识，体现科学的趣味性和可操作性。该书以小学科学教材为编写基础，尽量适应不同类型学校和各种版本教材的实验教学。

2. 方怡. 玩转科学：游戏中的科学和知识[M]. 北京：北京联合出版公司，2014.

该书选择250多个妙趣横生的小游戏，包括简单小实验、趣味小制作、观察测量等。这些小游戏涵盖水、动植物、空气、光、磁场、力、电、感觉等方面的科学知识，内容涉及数理化、天文、地理、生物等领域，可以帮助学生打开科学殿堂的大门。该书图文并茂，引人入胜，可操作性强，将这些小游戏融入小学科学的课堂，有利于学生愉悦地进行探究。

体验练习

1. 如何快速、安全地拧螺丝？
2. 简述造纸厂的造纸过程和方法。
3. 制作一个太阳灯。
4. 简述怎样使杠杆保持平衡。
5. 描述动滑轮和滑轮组的功能。
6. 斜面省力与哪些因素有关？
7. 描述齿轮正确啮合和在传动过程中的特点。
8. 分析生活中使用轮轴的案例。

🔍 章结构图

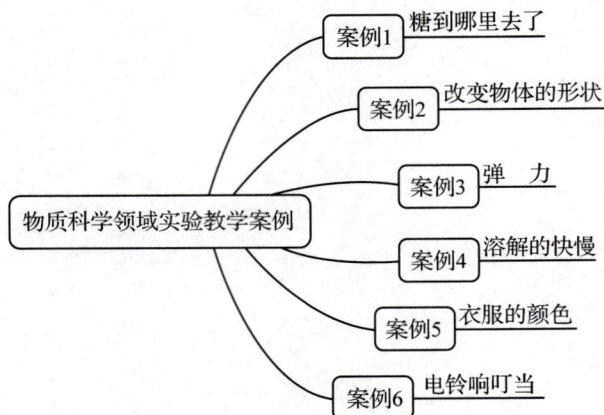

物质科学领域实验教学案例
- 案例1 —— 糖到哪里去了
- 案例2 —— 改变物体的形状
- 案例3 —— 弹 力
- 案例4 —— 溶解的快慢
- 案例5 —— 衣服的颜色
- 案例6 —— 电铃响叮当

本章概述

本章列举了物质科学领域的 6 个实验教学案例，包括"糖到哪里去了""改变物体的形状""弹力""溶解的快慢""衣服的颜色""电铃响叮当"，分别从教材分析、学情分析、教学目标、教学重点、教学难点、教学方法、教学过程和案例评析等方面进行阐述。

☕ 问题情境

如何实施物质科学领域的实验教学？

王老师是一名小学科学新手教师，在大学课程中了解了物质科学领域实验教学理论，但在具体实施时仍有些无从下手。

教师在实际教学中面对的学生、教学条件不同，需要将实际情况与具体教学内容相结合。比如，在上课前了解学生对本节课所学内容的掌握情况，结合学生生活环境和教学需求设计导入；在了解学生的同时根据教学条件设计教学实验，最大限度地激发学生的求知欲和好奇心，让每个学生都能参与到课堂中来；在教学过程中关注学生，根据学生的状态对教学过程进行调整；在教学后积极反思等。教学实践是一个慢慢积累的过程。本章列举了 6 个物质科学领域实验教学案例，可以为新手教师提供一定的借鉴。

案例 1
糖到哪里去了

【教材分析】

"糖到哪里去了"（选自河北人民出版社一年级下册教材）。本节课是学生在认识了水的基本特征之后，进一步对水的溶解性质进行探究，目的是培养学生的观察能力、实践能力、合作能力和科学思维能力。

【学情分析】

针对"糖到哪里去了"这个问题，一年级的学生几乎都知道：糖化到水中去了；像糖之类的物质是可以化在水中的，而沙之类的物质不行。但学生已有的这些理解只是对溶解这一科学概念直观的理解，处于前概念水平。至于糖是怎样化到水中去的，在水中到底发生了怎样的变化，这才是溶解这一科学概念的本质，也是本节课学生对一些有结构的材料进行科学探究后要达到的概念水平。面粉之类的物质在水中究竟有没有溶解，根据学生原有的概念水平，很难判断。当学生对溶解这一概念有了清晰的、全面的、科学的认识以后，再来判断就会容易一些。

【教学目标】

一、科学知识

通过观察糖、盐、高锰酸钾等物质在水中的溶解过程，知道溶解的概念。

二、科学探究

通过探究活动，了解哪些物质能溶解在水中，哪些物质不能溶解在水中。

三、科学态度

培养科学兴趣，养成在实验中仔细、耐心观察的习惯。

四、科学、技术、社会与环境

认识到溶解现象就在我们身边，树立节约用水的环境保护意识。

【教学重点】

知道溶解现象，能够正确分辨出哪些物质在水中可以溶解，哪些物质在水中不可以溶解。

【教学难点】

建立溶解的概念。

【教学方法】

观察法、实验演示法、讲述法。

【教学过程】

一、新课导入

师：同学们，老师这里有一段动画片，你们想看吗？

生：想。

师：那好，我们看看哪组同学观看得最认真。视频播完后，想一想为什么驴子背上的糖袋变轻了，猜一猜糖去哪里了。

（播放《小驴驮糖》视频）

师：同学们，你猜出糖去哪里了吗？

生：驴摔倒到水中后，糖可能就化到水里去了，所以糖袋才变轻了。

师：你的猜测对不对呢？今天我们就来一起研究糖到哪里去了（板书课题）。

二、新课教学

(一)观看视频，掌握方法

师：老师今天给大家准备了糖和另外一种物质，看看是什么？

生：盐。

师：现在请大家认真观察，看看它们的形状是什么样的。

生：一小粒一小粒的。

师：把它们放入水中会发生什么变化呢？你们想不想实验一下？

生：想。

师：那么请大家先看一段视频，在观看的过程中请同学们识记实验步骤和注意事项（播放实验操作的演示视频）。

师：同学们，谁来说说实验分为哪几步。

生：第一步，把糖或盐放入水中；第二步，用玻璃棒进行搅拌。

师：实验的时候，我们需要注意些什么？

生：用玻璃棒搅拌的时候，不能碰到烧杯的底和壁。

师：同学们观看得真仔细，而且语言完整，思路清晰。那么在分组实验时，同学们还需要注意什么呢？老师这里有几点温馨提示，请大家认真阅读。

课件出示：

(1)采用 ABCD 式小组合作完成实验。

(2)A 同学做实验时用 1 号物体和 1 号烧杯，其他三人认真观察操作过程，做完实验后，将烧杯在组内传递一下，其他三人仔细观察实验结果。B 同学做实验时用 2 号物体和 2 号烧杯，两个实验不能同时做，C 同学和 D 同学负责做好实验记录。实验完毕后请把实验工具放回原位并摆放整齐。

(3)实验完成后，请组内同学讨论在做实验的过程中发现了什么。

(4)实验物品不能用嘴尝。

（二）实验观察，验证猜测

师：在做实验的过程中，咱们比一比哪个小组能做到不喧哗，认真实验，仔细观察和记录。现在开始实验吧。

（学生在小组内依次进行实验，教师巡回指导，发现问题及时指导）

（三）汇报研讨

师：哪个组汇报一下你们的发现呢？

生1：我们刚把糖放入水中时能看见，搅拌后就看不见了。

生2：没搅拌的时候能看见盐，搅拌后颗粒越来越小，最后就看不见了。

师：糖和盐在水中经过搅拌就都不见了，它们去哪里了？说说你的理由。

生1：它们还在水里，因为我没看见它们"跑"出来。

生2：我同意他的观点，因为平时把糖放到水中，水会变成甜的，所以糖虽然化了，但还在水里。

（四）形成概念

师：同学们能把实验现象和生活经验结合在一起进行分析，很棒。大家刚才分析得很有道理，那么能否用"看得见"的方法证明化在水里的物体在水中呢？老师给大家介绍一种物体吧。看，这些黑黑的、小小的颗粒叫高锰酸钾。请同学们仔细观察把它放入水中会发生什么变化。

（教师做演示实验，学生描述观察到的现象，并进行评价）

生1：高锰酸钾一点一点在水里散开了。

生2：通过搅拌后高锰酸钾就看不见了，但水的颜色变成了紫色的，这说明它还在水中。

师：同学们，大家一共完成了三个实验，你们发现了它们有什么共同点？

生1：都是在水中看不见了。

生2：不在水中时是颗粒状的，能看得见；到水中后都化到水中了，再也看不见了，但它们都还在水中。

师：同学们，像糖、盐、高锰酸钾这样的物体，在水中慢慢变小，最后完全消散在水中的现象叫作溶解。

（五）联系实际，拓展延伸

（1）判断。

师：请同学们猜猜碱能不能溶解在水中（留10秒思考时间）。

生1：我猜测碱能溶解在水中。

生2：我猜测碱不能溶解在水中。

师：到底谁的猜测是正确的呢？请按照刚刚的实验要求和实验步骤进行实验，记录员在观察一栏中做好记录。比一比哪个小组做得又快又好。

（学生进行实验后，汇报实验结论）

师：请同学们判断课件中的这些物质能否溶解。

课件出示：果珍、洗衣粉、板蓝根冲剂等。

（学生判断，教师和同伴进行评价和补充）

2. 解释。

师：同学们，你们这么厉害，表现得这么出色，我告诉你们个秘密吧，其实我不光会讲课，我还会变魔术，我可以把彩虹糖变成彩虹，你们相信吗？

生1：相信。

生2：不相信。

师：那我们来试试吧，谁愿意当我的助手？

（师生同做彩虹糖实验）

师：同学们，漂亮吗？你们知道这是为什么吗？

生：不知道。

师：那我们课下通过查阅资料或问爸爸妈妈的方式来解决这个问题好吗？

三、课堂总结

师：同学们，通过今天这节课你们有什么收获呢？

生1：我知道了糖、盐能溶解在水中。

生2：我知道了糖、盐、高锰酸钾放入水中后慢慢变小，最后看不见了，这种现象就是溶解。

师：我们在生活中经常能见到这种溶解现象。希望同学们多观察，多思考，多动手，运用今天学到的知识找出生活中更多的溶解现象。

【案例评析】

（1）巧用有结构的材料培养学生的思维能力。

从本节课的学习过程来看，学生通过实验理解物质能够溶解在水中的现象。在选取实验材料时，教师不仅关注了材料与发放时序的联系性，如教师先引导学生利用糖和食盐进行观察，然后利用高锰酸钾呈现实验现象，帮助学生消除了"物质化了是否还在水中"的疑点；还关注了材料与实验现象的联系性，不同量的食盐和糖放入水中的溶解速度和时间是不同的，如不控制量，学生就可能会用很长时间才能完成实验观察，为节约时间成本，教师对给学生准备的食盐和糖的分量加以控制，统一了质量，使得全班的实验时间得到了有效的控制；最后还关注了材料与思维的联系性，溶解属于概念性知识，这一概念的形成利用的是归纳推理法，思维过程主要是分析—比较—归纳（综合）。学生通过对三种物质的实验现象的观察和比较，利用不完全归纳法得出溶解的概念，培养了科学思维能力。

（2）巧用 ABCD 式小组合作，培养学生的合作能力。

在 ABCD 式小组合作中，A 为实验主操作员，B、C、D 为实验助手，扮演实验助手、实验观察员、实验记录员的角色。在这一过程中，四个角色的定位是动态的，即他们之间的角色是可以互换的。在本节课上，A 和 C 是实验主操作员，B 和 D 是观察员和记录员，但在下节课这些角色就会互换。这一动态的小组合作形式不仅有效锻炼了学生的实验能力，而且还增强了学生的合作能力。

　　总之，本次教学中，教师不仅关注了学生的学习过程，培养了学生的思维能力，还促进了学生实践能力和创新能力的发展，彰显了科学教学的魅力。

案例 2
改变物体的形状

【教材分析】
　　"改变物体的形状"（选自河北人民出版社二年级下册教材）。从整个单元角度分析，这一课试图通过观察、实验、比较、分类等探究和思维活动，引领学生初步建立力的概念。从物质科学角度分析，一年级上册"物体"单元、一年级下册"水和空气"单元以及二年级上册"磁铁"单元，为本课的学习奠定了基础，即学生会运用多种感官或借助工具进行有目的、有计划的观察和描述。

　　本课共安排了两个探究活动：第一个活动是"捏橡皮泥"，启发学生采用多种方法，从不同的视角尝试改变橡皮泥的形状；第二个活动是"改变其他物体的形状"，引导学生分析归纳，得出结论，即力可以改变物体的形状。

【学情分析】
　　一、知识基础

　　通过前面课程的学习，学生认识了常见的力。学生在生活中经常会用纸、尺子、橡皮筋等做一些趣味活动，已经有了改变物体形状的技能，积累了初步的经验。

　　二、能力基础

　　经过前面的学习，学生能运用多种感官或工具观察物质，观察能力有了一定的发展。二年级学生模仿能力强，动手能力还有待进一步提高，实验操作能力欠缺。

　　三、情感基础

　　二年级学生对自然事物充满了好奇心和求知欲，思维比较活跃，希望得到肯定，对科学课程学习充满激情。

【教学目标】
　　一、科学知识

　　知道力可以使物体的形状发生改变。

二、科学探究

能对受到力的作用后橡皮泥的变化进行观察和描述，能对物体形状产生改变的原因进行猜测和验证。

三、科学态度

愿意倾听，乐于表达，能按要求进行合作探究学习。

四、科学、技术、社会与环境

了解人类利用力来改变物体的形状，为我们的生活提供了便利。

【教学重点】

知道力可以使物体的形状发生改变。

【教学难点】

通过实验探究生活中有关力改变物体形状的科学现象。

【教学方法】

分组实验法、小组讨论法。

【教学过程】

一、导入新课

师：同学们，老师今天给大家带来一个变脸游戏，猜猜老师变的是什么（手指将鼻尖往上顶）。

生：猪鼻子。

师：你会玩吗？大家根据我的指令做动作，看看谁模仿得最像，成为我们班的"变脸大王"。伸出你们的小手，预备，开始，猫眼睛。

（学生模仿，对比谁模仿得更像）

师：精灵耳朵。

（学生模仿，对比谁模仿得更像）

师：（请模仿得最像的学生上台）你是怎么做的呢？能再次展示一下吗？

（学生展示）

师：你的脸部形状是不是发生了改变？

生：是。

师：为什么发生改变？我们今天就一起探究一下其中的原因（板书课题）。

二、新课教学

师：同学们，假期时老师喜欢上了一个非常有趣的事物。大家想不想知道？

生：想。

师：我来介绍给大家（出示橡皮泥的实物作品）。这些是老师做的小桌子、小凳子、直升机、螃蟹。你能看出它们是用什么做成的吗？

生：橡皮泥。

师：你知道它们是怎么做成的吗？

生1：把橡皮泥拉一拉。

生2：用捏一捏的方法做成的。

师：你能想出多少种方法让橡皮泥的形状发生改变呢？

（学生思考）

师：老师给大家播放一段视频，大家边看边想自己还有哪些方法。

师：看完视频后，你还能想出多少种方法呢？让我们把想到的方法记录下来吧。怎么记录呢？老师举个例子吧。用手拉一拉，橡皮泥会变成长条形。在记录表中，要怎样记录呢？我们可以写字或者画图。图形符号不仅是一种表达事物的方法，而且更具体形象。

（小组活动开始，一边改变橡皮泥的形状，一边记录观察到的现象）

师：同学们，完成活动了吗？你的发现是什么呢？我们来交流一下吧。请用"我们组经过实验发现，用……的方法……"回答。

生1：我们组经过实验发现，用拉一拉的方法让橡皮泥变长。

生2：我们组经过实验发现，用压一压的方法让橡皮泥变扁。

生3：我们组经过实验发现，用搓一搓的方法让橡皮泥变圆。

生4：我们组经过实验发现，用捏一捏的方法让橡皮泥变长。

师：根据这些发现，你能得出什么结论呢？

生：我们用拉、压、捏等多种方法让橡皮泥的形状发生改变。

师：这些方法都是在用力，因此我们可以说，力可以改变橡皮泥的形状。

师：刚才我们用拉、压、搓等不同方式，都可以使橡皮泥的形状发生改变。那么力是不是可以改变其他物体的形状呢？你的猜想是什么呢？

（学生思考后回答）

师：你们的猜想对吗？有了猜想，下一步该怎么办呢？

生：制订计划，用实验验证猜想。

师：那你打算用什么样的方法来验证你的猜想呢？制订出你的实验计划吧。

（学生以小组为单位，对自己喜欢的探究项目制订一个研究计划，以书面形式写或画出来。）

（学生交流实验计划。每组选派一名代表向全班介绍各自的研究项目及方案，包括采用什么样的研究方法、使用什么样的材料等。每个小组轮流说一项，说完一轮后如还有不同的研究项目，还可以继续说。）

师：我们看看老师给大家准备了什么材料吧。

师：在按照你的计划开始实验之前有几点注意事项：在不破坏物体的前提下，改变物体的形状；注意安全，仔细观察物体形状的变化；可以用不同的方法对同一物品进行实验，再尝试改变其他物品的形状；注意把观察到的实验现象记录在记录单中。

（小组合作探究，把从观察实验中获得的信息用文字或图表的形式进行整理记录，教师巡视指导。）

师：可以用哪些方法改变物体的形状？

（请各小组代表发言。）

生：我用力可以将铁丝变弯。

师：你的意思是你们组经过实验发现，用手抓住铁丝两端用力向中间折，使铁丝由笔直变弯曲。

师：其他小组，你们是用哪些方法改变物体形状的？

生1：我们组经过实验发现，用手抓住橡皮筋两端用力向外拉，可以使橡皮筋由短变长，由粗变细。

生2：我们组经过实验发现，用手抓住毛巾两头分别向相反方向扭动，可以使毛巾变形。

生3：我们组经过实验发现，用力向下压，可以使海绵变形。

生4：我们组经过实验发现，用手抓住海绵两头向反方向扭动，可以使海绵变形，与他们组变的形状不一样。

师：你们真棒，发现同一种物品可以有多种改变形状的方法。

师：这些方法有什么共同点？是什么使它们的形状发生了变化？

生：这些物体形状发生改变的原因是它们受到了力的作用，是力使这些物体的形状发生了变化。

师：你们组的结论是什么？

生：我们的结论是力可以改变物体的形状。

师：生活之中处处有学问，在现实生活中力使物体形状发生变化是如何被利用的？让我们一起来看视频(播放视频)。

师：在我们现实生活中，你遇见过吗？

生1：爸爸健身用的拉力器。

生2：压篮球或者气球的时候球面凹下去。

生3：运动员借助撑杆可以跳过很高的横杆。

三、课堂总结

师：今天同学们研究得都不错。希望大家用科学的眼光去观察生活中的物体，分析其中的科学原理，相信大家一定会有更多奇妙的发现。

留个问题我们课下讨论：力的大小和物体形状变化的程度有关系吗？

【案例评析】

观察是人们运用各种感觉器官或借助仪器，有目的、有计划地对事物进行考察和了解的过程与方法，在人类实践活动的各个领域中具有极其重要的意义。小学科学课中的观察是指学生运用感觉器官去感知事物的性状特征的活动过程。学生乐于观察、注重事实、勇于探索的科学品质在物质科学领域具有极其重要的作用。在此过程中包含着积极思维和对观察的结果进行记忆或记录。

教师针对低年级学生的年龄特点，保护学生的好奇心和求知欲，打造有问题、有实践、有结论的课堂；在教学过程中，在突出趣味性、浅显性的特点的同时，培养学生的观察能力，让学生体会观察与看的区别，弄白观察的科学性、严谨性，明白科学观察是严肃的、高要求的。学生在认真观察的基础上，通过探究实验，进一步由表及里地去分析和探讨事物的本质，从而得出自己的认识和看法。本课最后的拓展延伸和生活百态、自然世界紧密联系起来，让学生感受到了生活中的科学知识，感受到了科学的生命力，从而使学生更加热爱科学。

案例 3
弹　力

【教材分析】

"弹力"（选自河北人民出版社三年级上册教材）。日常生活中的很多物体具有弹性，物体发生弹性形变时会产生弹力。小学生对弹性与弹力并不陌生，他们身边就有许多弹性材料和玩具。本课从认识弹性开始，教学内容包括：第一，认识什么是弹性、弹力，通过用力改变物体的形状，去掉外力后物体恢复原样，认识到物体具有弹性，在此基础上玩握力器与拉力器，体验弹力的存在；第二，研究拉力与弹簧拉伸长度之间的关系，通过测量具体的数值，发现弹簧的伸长是随着质量的增加而做出规律性变化的，这也正是弹簧测力计的原理。

【学情分析】

学生在一、二年级时，已经认识了推力和拉力，知道力可以使物体的形状发生改变，对力有了一定的认识。"常见的力"这一单元将继续学习直接施加在物体上的力，如弹力、浮力、摩擦力等。三年级学生通过日常生活中的一些积累，知道了一些常见的力，但只是简单知道，对于具体的性质无法完整地描述。通过"弹力"这节课的学习，学生不仅对弹力有更清晰的认识，能够区分弹力与弹性，而且能够使用简单工具测量力的大小，为接下来的学习奠定良好的基础。

【教学目标】

一、科学知识

第一，知道物体具有弹性，当形状或体积改变时会产生弹力。

第二，知道弹簧拉伸长度随拉力大小变化的规律。

第三，知道弹簧测力计的使用方法。

二、科学探究

第一，能够通过实验探究弹力与物体形变之间的关系。

第二，能够使用测力计测量力的大小。

三、科学态度

第一，对自然现象保持好奇心和探究热情。

第二，能够根据物体的弹性做一个弹力玩具，更好地感受弹性与弹力。

四、科学、技术、社会与环境

了解弹性在生产生活中的应用。

【教学重点】

理解弹力的特点，知道拉力与弹簧拉伸长度之间的关系。

【教学难点】

实验探究弹力与物体形变之间的关系。

【教学方法】

分组实验法、小组讨论法。

【教学过程】

一、新课导入

师：孩子们，老师不仅能讲课，还会变魔术，你们相信吗？（使用橡皮筋动力小车，在第一次操作时小车不走，在第二次操作时小车前行。）

师：挺神奇吧，现在哪位同学能够大胆猜测一下，为什么第一次小车没走，第二次小车走了，是什么的作用？

生：可能是弹簧或者橡皮筋的作用。

二、新课教学

(一)观察体验，获取事实

师：真的是吗？我们一起来看看吧。

师：(拆开小车，让学生观察)是什么让小车走起来了？

生：橡皮筋。

师：请同学们拿出手中的橡皮筋，进行以下实践活动。第一，用手拉、压，观察橡皮筋形状的变化；第二，体会手有什么感受；第三，松开手后观察橡皮筋的形状又会发生什么变化。请同学们在小组内按照老师的要求，自己动手感受一下，并把你的感受与小组内的同学一起交流分享。

生：通过拉、压，我发现橡皮筋的形状发生了改变。当手拉橡皮筋时，手会感觉有一种力量，不让我使劲拉伸它。如果再用劲的话，橡皮筋会断掉。松手后橡皮筋又会恢复原状。

师：（在几名学生发言后，教师总结）同学们说得太好了，观察得很仔细。其实在我们的生活中除了橡皮筋有这样的特性外，还有很多物品也有这样的特性。请同学们拿出一号筐，用拉、压等方法依次操作这些实验器材，将你的发现和感受在组内进行交流，并填写实验记录单（表10-1）。

（二）学生自主实验，教师巡视指导

表10-1 科学实验记录单

物体	用力时看到的变化	用力时手的感受	松开手后物体的变化
弹簧			
钢板尺			
海绵			
球			

（三）汇报交流，形成结论

生：通过实验我们发现，只用一点力去拉、压弹簧的时候，弹簧也会变长、变短，不用力了弹簧会恢复原状。但是如果很用力地去拉它，它就不能恢复原状了，说明弹簧的拉伸长度是有一定限度的，如果超过了这个限度，弹簧就会被拉坏，不能恢复原状了。

师：像弹簧、橡皮筋等物品，当我们用手按压时（外力作用），它们的形状会发生改变（形状改变），当松手后（撤销外力），会恢复原状（恢复原状），这样的物体都具有弹性。这些物体发生形变后，要恢复成原来的样子，会对手产生一定的力，这就是弹力。同学们，今天我们就一起来探究弹力（板书课题）。

师：同学们，我们来思考一下，判断一个物体能不能产生弹力，需要满足几个条件？

（四）小组合作，研究弹力

师：同学们，请看，这里有各种各样的弹簧，有的粗，有的细，有的长，有的短，现在老师想找出一根弹力最大的弹簧，你知道弹簧弹力的大小与什么有关吗？

（学生提出假设）

师：同学们，我们刚刚的猜测对不对呢？下面我们就通过实验，一起探究弹簧弹力大小的秘密吧。

(1)教师出示实验材料(弹簧、铁架台、刻度尺、钩码)。

提问：怎样才能观察到弹簧弹力的大小？你准备怎样研究？

(2)学生思考，小组交流，在纸上画出方法。

(3)教师出示实验方法(视频出示)。

实验1：拉伸弹簧

(1)将一根弹簧挂在铁架台的横梁上。

(2)垂直向下拉伸弹簧稍短的距离，待弹簧恢复原状后，再垂直向下拉伸弹簧稍长的距离，体会哪个弹力更大。

实验2：弹簧伸长的长度与弹力大小的关系

(1)将弹簧挂在横杆上，用刻度尺测量它的长度并记录。

(2)在弹簧下端挂1～3个钩码，分别测量弹簧的长度。

(3)推测弹簧伸长的长度。

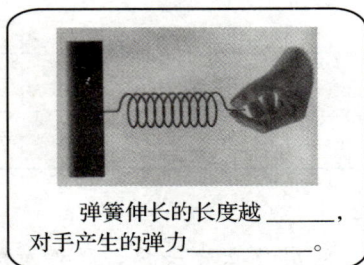

弹簧伸长的长度越 _____，
对手产生的弹力 _____。

图 10-1　实验过程及结果

(五)填写实验报告(表 10-2)，交流结果，形成结论

表 10-2　弹簧伸长的长度与钩码质量的关系

	钩码个数	弹簧伸长的长度
实验 A	1	
实验 B	2	
实验 C	3	
实验 D	4	
推测弹簧伸长的长度与钩码质量的关系：		

汇报：请各小组汇报自己的实验情况。

讨论：这些现象说明了什么。

总结：通过对拉力与弹簧拉伸长度之间的关系的实验研究，我们得出的结论如下。

第一，在弹性限度之内，在弹簧上挂的钩码越多，弹簧拉伸越长；挂的钩码越少，弹簧拉伸越短（也就是拉力越大，弹簧拉伸就越长；拉力越小，弹簧拉伸就越短）。第二，每增加相同的力，弹簧拉伸的长度相同。第三，每个物体的弹性是有限度的。

三、课堂总结

师：同学们，我们今天知道了有些物体有弹性，能够产生弹力。大家想一想，你能利用物体的弹性或者弹力制作一件科技创新作品吗？老师期待你们的作品。

【案例评析】

教师针对三年级学生的年龄特点，利用有趣的科学小魔术导入，精心设计了一节内容丰富、精彩高效的科学实验课。通过分组实验，实际操作，认真观察，学生能够清晰地认识到弹性和弹力的概念，并能够加以区分。自主设计的课堂实验，探究拉力与弹簧拉伸长度之间的关系的实验，充分发挥了学生的主动性，促进了学生积极思考，提高了学生的科学探究能力、动手操作能力。最后将课堂上的知识迁移到课外，让学生利用所学知识动手创作，锻炼学生的动手能力以及创新能力，促进学生科学素养的逐步提升。

案例 4
溶解的快慢

【教材分析】

"溶解的快慢"（选自教育科学出版社四年级上册教材）。可溶性固体物质在水中溶解的快慢主要依赖于三种因素：物质颗粒的大小（表面积的大小）、水的温度以及液体是否被搅动。本课从"搅拌对溶解的影响"这个对比实验入手，到学生自行设计"怎样加快溶解"的研究，指导学生运用对比实验的方法，探究影响物质溶解快慢的主要因素。在整个教学活动中，学生经历"问题—假设—验证—证实"的科学探究过程，有利于提升科学素养。

【学情分析】

经过前面的学习，学生已经对溶解有了一定的认识，会很自然地注意到溶解的快慢问题。根据前面几课的学习和自身的生活经验，学生最容易想到的就是搅拌会对溶解快慢产生影响。根据四年级学生的认知特点，在教学中，教师可以从猜测哪些因素会影响溶解的快慢入手，通过师生交流研讨，设计科学的对比实验进行验证，引导学生得出正确的结论。

运用对比实验研究科学问题，学生在三年级已经接触过。本节课要引导学生尝试设计一个简单的对比实验，让学生控制单因素变量进行对比实验，有一定的难度。在学生设计验证方案时，教师要适当地进行点拨，适当降低实验的难度。

【教学目标】

一、科学知识

可溶性的固体物质在水中溶解的快慢与物体颗粒的大小、水的温度以及混合溶液是否被搅动等因素有关。

二、科学探究

经历"问题—假设—验证—证实"的科学探究过程，培养通过控制单因素变量进行对比实验的逻辑思维能力。

三、科学态度

培养与小组成员合作进行研究活动的能力，勇于发表自己的意见，并能注意倾听他人的意见，体验科学探究的乐趣。

四、科学、技术、社会与环境

意识到用不同的方法可以改变物质在水中溶解的快慢，并能够学以致用。

【教学重点】

设计对比实验探究溶解的快慢。

【教学难点】

设计合理地控制单因素变量的对比实验方案。

【教学方法】

分组实验法。

【教学过程】

一、新课导入

师：小红上学之前，妈妈给她准备了一杯冰糖水。到了学校后，小红发现冰糖还没有溶解完。你能想办法让冰糖快速溶解吗？

提出问题：怎样让冰糖更快溶解呢？

二、新课教学

(一)思考

可以从生活中的哪些事例获得启发，想到加快冰糖溶解的方法？

(二)分组猜想

(1)用搅拌的方法可能会加快溶解。

(2)把冰糖放进温度较高的水中可能会加快溶解。

…………

(三)记录

根据小组的猜想，把猜想的结果及理由记录在《科学学生手册》16页(图10-2)。

🔍 **猜想加快冰糖溶解的方法**

在表格中记录小组同学的猜想。

猜想	理想
搅拌能加快冰糖的溶解	妈妈向豆浆里加糖时经常搅拌

图 10-2　猜想记录

实践活动一

（一）设计方案

（1）根据猜想设计"搅拌能否加快冰糖溶解"的实验方案。

（2）全班交流评价，完善实验方案。

注意：对比实验，每次只能改变一个实验条件。

（二）动手实验

学生根据实验方案，结合教材中的实验步骤及注意事项完成实验，并将实验过程、实验结果、实验结论记录在《科学学生手册》16 页（图 10-3）。

将实验结果记录在表格中。

不改变的条件	改变的条件	完全溶解所用的时间
水的体积 水的温度 冰糖质量	搅拌	
	不搅拌	

实验操作步骤：

1. ＿＿＿＿＿＿＿＿＿＿＿＿＿＿＿＿＿＿＿＿＿；

2. ＿＿＿＿＿＿＿＿＿＿＿＿＿＿＿＿＿＿＿＿＿；

3. ＿＿＿＿＿＿＿＿＿＿＿＿＿＿＿＿＿＿＿＿＿；

4. ＿＿＿＿＿＿＿＿＿＿＿＿＿＿＿＿＿＿。

通过实验，我发现＿＿＿＿＿＿＿能加快冰糖的溶解。

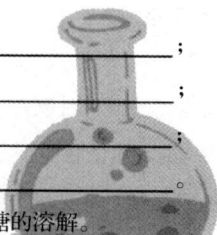

图 10-3　实验结果记录

（三）得出实验结论

（1）学生交流实验结果。

（2）教师归纳出实验结论：搅拌能加快冰糖的溶解。

实践活动二

(一)设计方案

(1)仿照搅拌的实验方案,根据本组之前的猜想,自主设计其他实验方案。

(2)全班交流评价,完善实验方案。

注意:对比实验,每次只能改变一个实验条件。

(二)实验验证

学生根据实验方案完成实验,并将实验过程、实验结果、实验结论记录在《科学学生手册》16页。

(三)得出实验结论

(1)学生交流实验结果。

(2)教师归纳出实验结论:通过实验,我们发现搅拌、升高水的温度、把冰糖研细等方法能加快冰糖的溶解。

实践活动三

提出问题:刚才的方法能够加快冰糖的溶解,这些方法也能使其他物质加快溶解吗?

小组实验:每组利用食盐或者小苏打,选择自己喜欢的方法完成实验。

得出结论:这些方法也适用于其他物质。

三、课堂总结

师:在生活中,人们根据实际需要,经常会控制物质溶解的速度。比如,将盐、碱等物质加工成细小的颗粒来加快溶解;制作相对较大颗粒的各种形状的糖块,可以降低溶解速度;制作食物的时候,使用搅拌机来加快溶解等。

课下,同学们可以通过上网调查、请教家长、参观工厂等方式,了解控制溶解速度在生活中应用的实例。

【案例评析】

本节课基于对"溶解的快慢"这个问题的研究,任课教师指导学生运用对比实验的方法,探究影响物质溶解快慢的主要因素,让学生经历"问题—假设—验证—证实"的科学探究过程,为以后设计科学探究实验打下了一定的基础。整节课内容充实,探究活动安排合理,教师在课堂上充分发挥了主导作用,让学生成为课堂的主体,自主设计探究实验方案并动手实验,获取新知识。在学生探究过程中,教师及时启发学生思考,鼓励组内合作,培养了学生的团队合作精神,提高了学生的科学探究能力。

案例 5
衣服的颜色

【教材分析】

《义务教育科学课程标准（2022 年版）》提出科学课程旨在培养学生的核心素养，为学生的终身发展奠定基础：掌握基本的科学知识，形成初步的科学观念；掌握基本的思维方法，具有初步的科学思维能力；掌握基本的科学方法，具有初步的探究实践能力；树立基本的科学态度，具有正确的价值观和社会责任感。学生在课堂学习中乐于合作与交流，能通过对身边自然事物的观察，发现和提出问题，运用已有知识做出自己对问题的假想答案，制订简单的科学探究活动计划并进行活动。本次课程围绕热的另一种传递方式——热辐射，从感知、理解和运用三个认知层面探究深浅颜色不同的材料与吸热快慢的关系，重点是指导学生观测不同颜色的材料吸收热量的多少。

【学情分析】

"衣服的颜色"（选自河北人民出版社五年级上册教材），主要是引导五年级学生在平时的生活经验以及对深色和浅色物体的观察、感悟的基础上，进行猜想结论、设计实验等活动，培养学生的探究能力。

【教学目标】

一、科学知识

第一，能够得出深色材料比浅色材料吸热多的结论。

第二，能够解释生活中利用热辐射的一些现象。

二、科学探究

第一，能够通过实验观察不同颜色的材料吸收热量的多少。

第二，能够准确地测量并记录观察到的现象。

第三，能通过分析实验现象得出相关结论。

三、科学态度

能实事求是地观察并记录实验现象。

四、科学、技术、社会与环境

能举出生活中利用不同颜色的材料的例子。

【教学重点】

观测不同颜色的材料吸收热量的多少。

【教学难点】

控制实验条件。

【教学方法】

分组实验法、小组讨论法。

【教学过程】

一、新课导入

教师讲述"高斯号"轮船的故事。

提问:"高斯号"是怎样脱险的?

师:从故事中你能提出一个问题吗?

生:黑灰和煤屑撒在冰面上,为什么可以将冰融化?

师:这节课我们就来研究这个问题。

二、新课教学

(一)联系生活,提出假设

师:想一想,生活中你还遇到过哪些类似的例子。

生:夏季,在阳光下穿黑色衣服会比穿白色衣服热。

师:你想过这是为什么吗?

生:可能黑色的物体吸热多,白色的物体吸热少。

师:下面我们就设计实验来研究深颜色的物体是否比浅颜色的物体吸热多。

(二)发散思维,设计实验

1. 指导学生设计实验方案

教师通过课件,讲解设计实验的思路。

(1)设计实验时要有明确的实验目的。该实验是研究不同颜色的材料吸收的热量是否一样,由此可以知道实验的要素(条件)是有光、有不同颜色的物品、有测定冷热的温度计。

(2)根据实验类型找出设计实验的关键。该实验是对比实验,可变的条件是颜色(有的深、有的浅),其他条件(模型的材料、质地、厚薄、大小等)都相同。

小组根据以上提示设计实验,教师巡回指导。

2. 组织全班进行交流

小组代表将本组的方案在全班进行交流,以达到相互启发、取长补短、完善方案的目的。

生1:(使用课件展示如下方案)直接用温度计来测量。在一个温度计下端贴上黑色胶布,在另一个温度计下端贴上白色胶布,分别去测量一杯热水,看哪个温度计测得的温度高。

生2:我觉得应该是看在相同时间内,哪个温度计升温较快。

生3：一只手戴上白手套，另一只手戴上黑手套，在阳光下体会有什么感觉。

生4：用两块金属片，一块是黑色的，另一块是白色的，中间放一支点燃的蜡烛，观察哪块金属片热得快。

生5：……

师：大家对这些方案有什么补充和建议？

生：上面的实验材料都要离光源的距离一样，实验材料的形状、质地等都应该一样。

教师根据小组设计进行归纳总结，形成了比较合理的方案。

(1)找两块金属片，把其中一块涂成黑色的，在金属片上面用凡士林粘上豆子，放在酒精灯或蜡烛的两侧，看哪块金属片上的豆子先掉下来。

(2)把两个一次性纸杯分别涂成黑色和白色，里面各放一块冰，放在阳光下，看哪个纸杯里的冰块融化得快。

(3)一只手戴上白手套，另一只手戴上黑手套，放在距灯光一样远的地方，体验手有怎样的感觉。

(4)取两个烧瓶，把其中一个涂成黑色，另一个涂成白色，放在距灯泡一样远的地方，用温度计测量哪个温度高。

(三)实验观察，获取事实

师：由于条件所限，我准备了三个实验的材料：一是"黑手套、白手套实验"，二是"金属片吸热实验"，三是"黑、红、白烧瓶吸热多少的实验"。请你根据情况自己选择实验开始操作吧。

学生确定实验内容后领取材料，组装实验模型。教师巡回指导，发现问题及时纠正。学生观察、记录实验数据或现象。

(四)分析归纳，形成知识

教师指定小组汇报、展示自己的研究和发现，根据学生交流情况，随机通过板书展示。

(在汇报中，教师要引导学生注意倾听，把其他小组的研究与本组做对比，同时提醒学生要注意记录有价值的发现，倾听其他小组的设计是否有错，并进行评价。)

教师根据学生的发言，经过交流评价之后，归纳出黑色物体比白色物体吸热多。(板书：吸热多、吸热少)

教师提问：在实验过程中，你们有什么新的思考吗？还想不想继续研究？变换一下别的颜色，看看是不是颜色越深吸热越多，颜色越浅吸热越少。

例如，改变一下白色纸杯的颜色，将它涂成浅灰色，是不是吸热还是比黑色纸杯少。

(五)实践运用，巩固知识

1.解释生活实例

(1)冬不穿白，夏不穿黑。在夏天，人们为什么都喜欢穿浅色衣服？

(2)太阳能热水器为什么要涂成深色的？

（3）课件展示：深颜色的油罐车、浅颜色的太阳伞、银白色的防火隔热服、红色的汽车遮阳板、黑色的保温壶、黑色的铁锅等。判断这些物品什么是科学的，什么是不科学的。对不科学的物品，提出自己的改进建议。

2. 生活实践

请你运用所学的知识设计一个窗帘，冬天会使室内暖和，夏天会使室内凉爽。

三、课堂总结

师：本节课我们学习了"相同条件下黑色物体比白色物体吸热多"这样一个重要的知识点。课下请大家联系生活实际，利用这一知识点合理地解释你观察到的一些生活现象，并请大家利用所学知识，分析"高斯号"轮船为什么能够平安脱险。

【案例评析】

本课教师针对五年级学生的年龄特点，利用精彩小故事导入新课，精心设计了一节精彩高效的小学科学实验课。课程实践活动设置主题明确，环环相扣。在学生实验的同时，教师将实验中的观察记录作为指导重点，目的是让学生注意观察实验现象，收集观察实验中的信息，以便为学生互相交流、归纳结论提供事实依据。在教学中，教师注重从一个问题引到另一个问题，这样可以有效地培养学生思维的发散性、变通性和独特性；通过解释现象、判断正误等，来帮助学生巩固知识，培养学生的创新精神和实践能力。

案例 6
电铃响叮当

【教材分析】

"电铃响叮当"（选自河北人民出版社六年级上册教材）。本课是在学生认识了各种常见的能量、知道能量可以通过某种物体从一种形式转化成另一种形式的基础上进行的。这节课的内容主要分为三部分：一是制作电磁铁，发现电能产生磁，认识电磁铁是一种将电能转化成磁能的装置；二是设计对比实验，探究电磁铁磁力的大小与哪些因素有关；三是认识电磁铁在生产生活中的用途，了解电铃的工作原理。

【学情分析】

本节课从小处着眼，引导学生认识能量转化的装置——电铃和电磁铁。通过亲自动手制作电磁铁，学生对电磁铁的构造和组成都有了一定的认识。在此基础之上，教师继续引导学生探究影响电磁铁磁力大小的因素；最后运用所学知识，解决实际中遇到的问题，达到学以致用的目的。在实验探究中，人人有任务，人人都参与，学生只有参与其中，才能在活动与体验中构建科学知识，在体验与发现中获得探究的快乐，并产生对科学的兴趣。

【教学目标】

一、科学知识

通过实验发现电能产生磁。

二、科学探究

能按照指导制作电磁铁，能分析出电磁铁是怎样进行能量转化的，以及影响电磁铁磁力大小的各种因素，并能设计实验证实自己的假设。

三、科学态度

能通过讨论发现本组制作的电磁铁的磁力与其他组不同的原因。

四、科学、技术、社会与环境

能举出三个及以上生活和生产中应用电磁铁的实例，能大致说出电铃的基本工作过程。

【教学重点】

按照指导制作电磁铁，分析电磁铁的性质。

【教学难点】

设计研究电磁铁的实验方案。

【教学方法】

分组实验法、小组讨论法。

【教学过程】

一、新课导入

师：（播放电铃声音）这个声音大家是不是挺熟悉的？这就是电铃发出的声音，在以前没有音乐铃声的时候学校一直用它来提醒我们上课。

师：你知道电铃为什么能发出声音吗？它的内部有什么装置呢？

［打开电铃（实物），让学生观察电铃内部的电磁铁。］

师：这里有两个缠绕着电线的装置，叫电磁铁（板书"电磁铁"），它是由铁芯、线圈和电源组成的。电铃之所以接通电源后能发出"叮铃铃"的声音，是因为有电磁产生。那么电磁铁具有什么性质呢？今天我们就来研究它。要研究它，我们首先需要制作一个电磁铁。

二、新课教学

（一）制作电磁铁

1. 掌握制作电磁铁的方法

教师演示并讲解电磁铁的制作方法（播放录像）。

思考：制作电磁铁分几步，应该怎样操作。

（出示制作电磁铁的方法，并说明制作中需要注意的事项。）

2. 制作电磁铁

学生分组制作电磁铁。教师根据学生的制作情况及时提醒学生将制作好的电磁铁接通电源，观察吸引小铁钉的数量，并记录下来。

3. 交流讨论

师：你们的电磁铁都制作成功了没有？哪个组愿意说说你们观察到的现象？

（学生汇报。）

4. 比较电磁铁与磁铁的不同点。

师：电磁铁能吸铁，磁铁也能吸铁，想一想它们有什么不同。

生：磁铁不需要通电。

生：电磁铁通电后能吸铁，断电后不能吸铁。

师：好，下面我们一起总结一下（出示填空）。

电磁铁通电后_____，断电后_____。

（二）自主探究电磁铁磁力大小与什么有关

1. 问题导入

（1）提出问题。

师：（统计各小组吸的小铁钉的数量后）为什么各小组制作的电磁铁吸的小铁钉数量有的多，有的少？

师：电磁铁的磁力大小可能与哪些因素有关？

（2）学生猜想

生：我认为电磁铁磁力大小可能与电池的多少有关。电池多，磁力就大；电池少，磁力就小。

（教师板书：电池的多少）

生：我认为影响电磁铁磁力大小的因素可能是铁钉缠绕电线的圈数，如果绕的线圈多，磁力就大。

师：铁钉在电磁铁里也叫_____。

生：铁芯。

师：线圈数叫_____。

生：匝数。

（板书：线圈匝数）

生：我认为影响电磁铁磁力大小的因素有铁芯的粗细和电线的粗细。

（板书：铁芯的粗细，电线的粗细）

生：我们认为绕电线的松紧也会影响电磁铁磁力的大小。

（板书：绕电线的松紧）

生：……

师：还有吗？没有了，看来我们班的同学挺善于思考的，能够在这么短的时间内猜想出这么多影响电磁铁磁力大小的因素，你们真棒！

2. 设计实验方案

师：大家考虑到的因素可真不少，看来我们的科学分析能力又提高了。这些猜想是否正确呢？我们还要通过科学的实验来验证。

在实验之前我们要先设计一个实验方案。设计的实验方案是对比实验，也就是在实验中只改变一个条件，其他条件不变。例如，我们要研究电池个数对电磁铁磁力的影响，在两个实验中铁芯、线圈的匝数不变，只改变电池的数量。

想一想，研究线圈匝数对磁力大小的影响的实验中什么变，什么不变；要研究铁芯对磁力的影响，应该怎样做。

师：这里有这么多的猜想，由于今天的课堂时间有限，每组最多只能选择其中两个问题来研究。

师：下面请四人小组讨论并设计你们的实验方案。如果有什么问题，请参考老师给你们的提示（出示温馨提示）。

学生设计实验方案，用文字或图表的形式记录实验结果。

学生交流实验方案，教师组织学生进行交流、质疑和评价，最后形成统一的实验方案。

3. 实验观察

(1)实验要求。

师：因为时间关系，请各小组组长根据本组的一个实验方案，选择合适的材料和工具进行实验，验证自己的猜想。为了使实验数据更可信，每组实验我们要做三次，做好实验记录。

(2)学生分组进行实验，教师巡回指导。

(3)组织学生进行交流。

师：刚才同学们研究得非常认真，小组合作得又非常好，能认真记录研究成果。下面咱们就开一个科学交流会，分享各小组的研究成果，好不好？

生：好！

师：在小组汇报时，同学们要认真听别人的研究成果跟自己的是否一样。如果不一样，研究相同问题的小组可以站起来进行补充。明白吗？

哪个小组先来汇报？好，有请第三小组上来，掌声鼓励。

(第三小组上讲台。)

生：我们研究的是第一个因素——电池的多少对电磁铁磁力大小的影响。

师：你们是怎样研究的？

生：（一边讲一边做实验）我们准备一条细长的导线和一个铁芯，分别用一节电池和三节电池做对比实验，结果发现用三节电池吸起大头针的数量比用一节电池吸起大头针的数量要多，证实了电池的多少会影响电磁铁的磁力大小。

师：他们做得多认真、汇报得多有条理呀！给点掌声好吗？其他同学有没有补充？

生：我们组用一节电池和三节电池来做，结果也是电池多的磁力大，电池少的磁力小。

师：还有补充吗？

生：没有。

师：下面哪个小组来？好，第一小组请上来，掌声鼓励。

生：我们小组研究的是电线的圈数对电磁铁磁力大小的影响（一边讲一边做）。我们用一个铁钉、两节电池做实验，在铁钉上绕 50 圈电线，能吸起 28 个大头针；再多绕 50 圈，就能吸起 42 个大头针。这证实了电线的匝数会影响电磁铁磁力的大小。

师：他们多像小小的科学家啊！那么细心地观察。其他同学有没有补充？

生：没有。

师：下面哪个小组来？好，第六小组请上来，掌声鼓励。

生：我们小组研究的是铁芯的粗细对电磁铁磁力的影响（一边讲一边做）。我们准备了一条电线、两节电池，分别用一个细的铁芯和一个粗的铁芯做对比实验。我们在两个铁芯上都绕相同的匝数，结果粗铁芯的电磁铁吸大头针的数量多，细铁芯的电磁铁吸大头针的数量少。这证实了铁芯的粗细会影响电磁铁磁力的大小。

师：我们知道了影响电磁铁磁力大小的因素是什么？

生：电池的多少、电线的圈数和铁芯的粗细。

师：每个小组的同学讲得都不错，大家做得非常棒！原来，电磁铁磁力的大小与这么多因素有关。如果我让大家设计一个"霸王电磁铁"，你准备怎么做？

生：增加线圈匝数，增加电池数量，加粗铁芯。

（三）电磁铁的用途

1. 认识电铃的工作原理

师：同学们，还记得本节课开始的时候我们见到的电铃吗？（出示课件）电磁铁到底在电铃中起着怎样的作用呢？

教师演示课件，讲解电铃工作原理。电能一次又一次地转化为电磁能，循环往复。

2. 引导学生认识更多的利用电磁铁的实例

师：其实电磁铁在我们的实际生活中的应用还有很多，大家请看（出示课件）。

3. 出示课件，讲述电报机发明的故事

三、课堂总结

师：通过今天的学习，你们有什么收获？

　　大家的收获真不少，那么电磁铁是否也有磁铁的性质呢，是否也具有两个磁极呢？两个磁极能否发生变化呢？

　　感兴趣的同学在课下可以找我，我们一起在课外活动时间来研究它们。今天的课就上到这儿，谢谢大家！

　　【案例评析】

　　教师完成了一节主题鲜明、精彩有趣的小学科学实验课。其中，第一个环节利用铃声导入新课，给学生一个刺激信号，引起学生的注意，并且提出问题，激发学生探究的欲望和兴趣，再打开电铃让学生发现里面有个电磁铁，进一步深化探究的问题；第二个环节让学生掌握电磁铁的制作方法，采用播放录像的方法，形象直观地让学生看到了制作中具体的操作方法，并通过提问的方法加深了学生对技术要点的理解，最后再把具体的制作方法呈现给学生；第三个环节是自主探究电磁铁磁力大小的影响因素，让学生选择自己感兴趣的问题，用自己喜欢的方法进行设计，体现了课程标准规定的"要面向全体学生"的教学理念，教学内容呈现具有多样性；第四个环节是表达交流环节，让学生充分交流，获得成功的喜悦，教师充分发挥了激励评价的导向作用，鼓励学生参与表达与倾听，把小组的探究成果变为集体的财富，使学生在相互评价中发现差异，取长补短，达到共享、共识、共进的目的，充分体现了"教学民主"的思想。

本章小结

　　本章列举了物质科学领域实验的 6 个典型案例。案例 1 是"糖到哪里去了"，通过观察糖的溶解过程，知道有些物质可以溶解在水中，有些则不能；案例 2 是"改变物体的形状"，通过实验探究可以知道力能使物体的形状发生变化；案例 3 是"弹力"，通过感受不同材料的弹力，从而理解弹力的特点；案例 4 是"溶解的快慢"，通过对比实验知道人们可以控制物质溶解的速度；案例 5 是"衣服的颜色"，通过观察与实验可以得出不同颜色的衣服吸收热量不同的结论；案例 6 是"电铃响叮当"，通过设计电磁铁实验，能够发现电能够产生磁。这 6 个案例包含对物质科学领域单一知识和综合性知识的教学，为科学教师关于该领域知识的教学提供了范例。

关键术语

　　糖的溶解；溶解的快慢；弹力；热辐射；电磁铁；磁力。

拓展阅读

喻伯军．小学科学教学关键问题指导［Ｍ］．北京：高等教育出版社，2020．

该书从小学科学课程的核心要素、核心内容、教学策略三个方面梳理、提炼出 27 个教学关键问题，讲述了教学关键问题的理论研究，提出了可操作的解决策略。每个教学关键问题还配有案例分析及教学建议，全方位地呈现了对小学科学教学关键问题的课堂实践和指导。读者可以扫描书中的二维码观看更多文本案例和视频案例（包括说课上课、反思、点评等）。该书及其配套的数字化资源有助于小学科学教师提升教学能力，发展专业素养，从而促进学生核心素养和能力的提升。

体验练习

1. 还有哪些生活中的例子可以应用到"糖到哪里去了"的教学中？

2. "改变物体的形状"的教学还可以怎样导入，以此来激发学生的求知欲和好奇心？

3. 通过物质科学领域实验教学能培养学生形成哪些素养？

章结构图

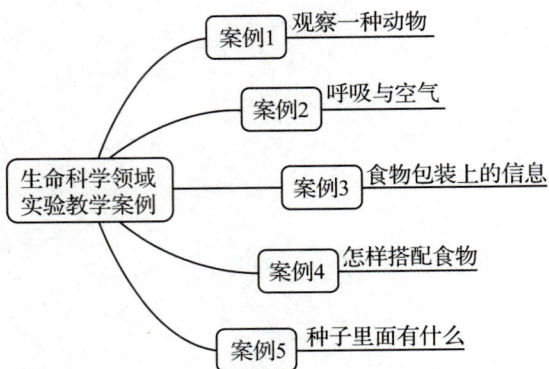

```
                                    ┌─────┐  观察一种动物
                                    │案例1│
                                    └─────┘
                                      ┌─────┐  呼吸与空气
                                      │案例2│
                                      └─────┘
        ┌──────────────┐               ┌─────┐  食物包装上的信息
        │生命科学领域   │───────────────│案例3│
        │实验教学案例   │               └─────┘
        └──────────────┘             ┌─────┐  怎样搭配食物
                                     │案例4│
                                     └─────┘
                                  ┌─────┐  种子里面有什么
                                  │案例5│
                                  └─────┘
```

本章概述

　　本章列举了生命科学领域实验教学的 5 个典型案例，包括"观察一种动物""呼吸与空气""食物包装上的信息""怎样搭配食物""种子里面有什么"，分别从教材分析、学情分析、教学目标、教学重点、教学难点、教学方法、教学过程和案例评析等方面进行介绍。

问题情境

　　陈老师是一名刚刚入职的小学科学教师，最近学校安排各个年级的科学教师互相听课。陈老师积极响应号召，不仅听了很多知识教学课，也听了很多实验教学课，从中收获了很多宝贵经验。但是陈老师还是存在很多关于实验教学的疑惑。例如，小学生比较活跃，课堂秩序很难掌控。对于一个问题，学生们有多种想法。面对这些不同想法，教师应该怎样组织课堂教学，是鼓励学生按照自己的想法进行实验探究，还是按照既定的教学设计主动掌控课堂节奏？对于一些偏离教学的比较新奇的想法，受课堂时长的限制，给不给学生自主探索的机会？到底该如何保证实验课高效地开展？本章针对生命科学领域的实验教学列举了 5 个教学案例，可以为科学教师提供一定的思路和方法。

案例 1
观察一种动物

【教材分析】

从这一课开始，学生将对一种动物进行细致的观察。这些观察活动将指导学生学习观察的方法，引导学生在获得观察结果的过程中了解动物的共同特征，建立起生命体的概念。教材中没有明确规定观察动物的名称，不过从一般情况来看，选取常见的蜗牛作为观察对象比较合适。

本课的聚焦板块从选择将蜗牛作为观察对象开始，引导学生细致观察。探索板块主要分为蜗牛的身体特点、应激反应和运动三大方面。学生通过放大镜观察蜗牛的口、触角、眼、腹足等结构；利用棉签触碰蜗牛，观察蜗牛的应激反应；让蜗牛在不同的物体上爬行，观察蜗牛的运动。通过研讨板块，学生认识到蜗牛身上的结构都有一定的用处，蜗牛爬行本领这么大，主要与腹足有关。在拓展板块，将蜗牛与相似的动物进行比较，进一步强化学生对小动物身体特点与生活习性的认知。

【学情分析】

学生在面对动物时具有天然的好奇心，这将为他们主动学习提供重要的心理保障。学生已经认识了校园里的许多小动物，但缺乏深入、细致的观察，对于蜗牛这一类动物并没有详细的了解。此外，学生使用放大镜并不是非常熟练，需要教师指导学生对蜗牛进行仔细观察。虽然已经经历一个学期的科学学习，但一年级学生的文字能力还非常有限，教师依旧需要重点指导学生利用画图记录观察所得。在科学情感上，需要培养学生对动物观察的浓厚兴趣，学会细致观察、交流倾听，并做到不打扰、不伤害小动物。

【教学目标】

一、科学知识

第一，学生能认识蜗牛身体上的壳、口、触角、眼、腹足等结构，知道这些结构能满足它们的生存需要。

第二，学生知道蜗牛能对外界的刺激产生相应的反应，如触角伸缩、将身体缩进壳内来躲避危险等。

第三，学生知道蜗牛能用腹足在不同物体表面爬行，爬行时腹足会进行细波浪状运动并留下黏液痕迹。

二、科学探究

第一，学生经历了从整体观察到局部观察蜗牛的探究过程，学习使用放大镜做更细致的观察，用简图画出蜗牛的外形，认识蜗牛的身体结构。

第二，学生通过棉签触碰蜗牛，发现蜗牛的应激反应。

第三，学生通过观察蜗牛在不同物体上的爬行，发现蜗牛身体各结构的作用。

三、科学态度

第一，学生对观察研究小动物表现出浓厚的探究兴趣。

第二，学生能如实地记录和描述蜗牛的形态结构，树立起认真细致、实事求是的科学观察态度。

四、科学、技术、社会与环境

学生懂得在观察活动中珍爱生命，学会保护小动物。

【教学重点】

学生能细致地观察蜗牛的外部特征、应激反应和运动等。

【教学难点】

学生在经历蜗牛的观察和描述活动中进一步深化对动物生命特征的认识。

【教学准备】

多媒体课件、班级记录表、蜗牛、放大镜、棉签、活动手册、菜叶、玻璃片、细线、树枝。

【教学过程】

一、聚焦：揭示课题，强调观察环境（预设 2 分钟）

(1)我们已经知道在校园里生活着许多小动物，让我们选择一种来仔细观察。

(2)揭示课题：观察一种动物（板书）。

(3)出示蜗牛的图片，今天我们要像研究人员一样观察蜗牛。

提问：研究人员会怎样观察呢？（预设：安静观察、用放大镜或显微镜观察）

二、探索：观察蜗牛的外部特征、应激反应和运动，并将蜗牛画下来（预设 20 分钟）

(1)布置任务：每个小组观察一只蜗牛，比一比谁发现的特点最多，并将蜗牛画下来。

(2)每组的小组长领取蜗牛（可以利用实验室培养皿放置蜗牛），和组员一起观察。

(3)在观察活动中，根据小组观察情况分发放大镜（每人 1 个），引导学生进行细致观察，实事求是地画图。

(4)分发棉签，用棉签轻轻触碰蜗牛的身体，观察蜗牛的反应。

(5)分发菜叶、玻璃片、细线、树枝，让蜗牛在不同的物体上爬行，观察蜗牛的运动。

三、研讨：蜗牛的身体特点和爬行本领（预设 12 分钟）

(1)出示 2 名学生的画，通过研讨、比较，概括蜗牛的身体结构，完成班级记录表。

小结：蜗牛的身上长有壳、触角(2 对)、眼睛(2 只)、口、腹足等。

(2)研讨蜗牛身体上的各个结构发挥了什么作用（主要交流蜗牛的运动本领）。

小结：蜗牛的壳有保护作用，当我们用棉签触碰蜗牛时，蜗牛会缩进壳里；蜗牛的触角(眼睛)在爬行时总是挥来挥去的，像是在探路；将蜗牛放在菜叶上时，蜗牛会用口啃食菜叶；蜗牛可以在多种物体上爬行，其运动方式与腹足的特征密切相关(初步感受蜗牛的形态结构与功能相适应)。

四、拓展：蜗牛能听到声音吗？观察与蜗牛相似的动物(预设6分钟)

(1)大家发现了很多蜗牛的结构特征，似乎没有观察到蜗牛的耳朵。

提问：蜗牛能听到声音吗？(预设：学生可能回答"能"或回答"不能"，答案不一)

(2)在蜗牛周围发出一定的声音，观察蜗牛的反应。

小结：蜗牛能感受到声音(蜗牛没有听觉神经，但能通过感受振动来判断声音)。

(3)出示蛞蝓、蛤蜊、螺的图片。

提问：这些动物和我们今天观察的蜗牛有什么相似之处？(预设：它们的身体都是软软的)

(4)如果我们在生活中看到了这些小动物，也可以用相同的方法去观察。

【案例评析】

在设计本节课前，教师认真地进行学情分析，做到了以学定标。本课的教学情境创设真实有效，符合低年级学生的兴趣特征。教师可以从学生最熟悉的儿歌、最喜欢的动画片入手，激发学生的兴趣，引出探究主体。本课巧妙地利用了信息技术手段。例如，通过大小屏互动将学生的记录或观察实时展现，或引起矛盾冲突，激发学生的探究欲望，或直观再现，丰富学生的感知信息。通过及时补充预先录制的视频，让学生从中寻找证据，很好地培养了学生实事求是的科学态度和实证意识。在本课中，科学概念都是在学生充分感知的基础上自主建构起来的。教师引导学生对蜗牛外形的认识，从壳开始，整体拼接出一幅完整的图片，整个过程从直观到抽象、从动态到静态、从局部到整体，使学生的认知一步步发展，探究一步步深入，让他们在轻松愉悦的氛围中亲历了完整的探究过程。

案例 2
呼吸与空气

【教材分析】

我们在呼吸时，吸进了空气中的氧气，呼出的气体中二氧化碳含量较高。"呼吸与空气"(选自人民教育出版社三年级上册教材)所在单元为第四单元"保护呼吸器官"。"呼吸与空气"是这个单元的起始课，后面是"呼吸器官"和"保护呼吸器官"。本课的主要内容是知道空气中的氧气对人的呼吸具有重要意义，通过实践活动对这一概念有具体形象的认识，为后面的"呼吸器官"和"保护呼吸器官"的学习奠定基础。

【学情分析】

三年级的学生已经对空气的作用有了一定的认识，但是因为空气是看不见摸不着的，学生在认识它时有一定的困难。通过向澄清石灰水中吹入气体使石灰水变混浊，学生对空气中含氧气和二氧化碳有了具体形象的认识。三年级学生对科学知识有了一定的了解，但仍无法完整、正确地用语言表述出来，需要和同学讨论交流后，通过教师的引导才能进行完整的描述。

【教学目标】

一、科学知识

通过猜想、实验、探究、交流等方式了解人呼出气体和吸入气体的主要成分的含量不同，能说出我们为什么要呼吸，以及我们的呼吸和空气的关系。

二、科学探究

能用澄清石灰水做对比实验，检测出人呼出气体中的二氧化碳含量较高，初步体验用比较的方法研究人体内不能直接观察到的生命活动；能对呼吸前后检测到的一些数据进行分析，培养分析问题的能力。

三、科学态度

能在实验中分工协作，如实做好实验记录，共同完成实验任务；能与同学相互交流，乐于倾听别人的意见，善于表达自己的想法。

【教学重点】

通过实验了解人在呼吸前后气体的主要成分发生了变化，说出人类为什么要呼吸。

【教学难点】

能用澄清石灰水做对比实验，检测出呼出的气体含二氧化碳，初步体验用比较的方法研究人体内不能直接观察到的生命活动。

【教学方法】

探究式学习、小组实验。

【教学过程】

一、创设情境

师：（展示郊外环境图和工业区浓烟弥漫对比图）你愿意在哪一种环境中散步？为什么？

生：我更愿意在郊外漫步，因为工业区的空气不好，郊外的空气新鲜，我们呼吸起来更舒服。

师：我们的呼吸与空气有什么关系？如果不呼吸我们会怎样？

生：不呼吸我们会很难受。

二、新课教学

(一)猜想与假设

师：每名学生憋气 15 秒，当感到不舒服时，停止憋气。我们憋气后有什么感觉？

生：长时间憋气后感觉不舒服，很难受。

师：为什么憋气后会难受？

学生交流讨论，进行猜想与假设。

预设 1：如果人类摄取食物是为了吸收其中的营养物质，那么人类呼吸是否因为空气中有某种物质对人类的身体有帮助呢？憋气的时候得不到这种对人类有帮助的物质，所以憋气会难受。

预设 2：人类吸进去的是空气，如果有某种物质被吸收，那呼出来的就不是空气了。

师：(在学生汇报后小结)人类呼吸前后可能进行了气体交换。

(二)实验与探究

1. 制订计划，设计实验

(1)师：我们在呼吸过程中吸进去的是空气，呼出来的是不是还是空气呢？下面我们就请出"小法官"(澄清石灰水)来断一断。

(2)教师进行实验设计。

第一，分别往两个杯子中倒入大半杯澄清石灰水。

第二，学生分组实验(两人一组)，其中一人用吸管向一个杯子中呼气，另一人用注射器向一个杯子中注入空气。

第三，几秒后观察两个杯子中的现象有什么不同。

(3)注意事项。

第一，往澄清石灰水中吹气时，不要把石灰水溅起来，以免伤到自身。

第二，更不能吸气，否则会将澄清石灰水喝进去。

2. 观察与实验

教师巡视、指导，提示安全事项。学生做实验并观察现象。

(三)获取事实与证据

师：通过实验，我们发现了什么现象？

预设 1：往石灰水里呼气的杯子中的澄清石灰水变混浊了。

预设 2：往石灰水里注入空气的杯子中没有明显现象。

师：这些现象说明了什么？

学生交流后回答。

预设：说明呼吸过程中呼出来的气体和吸进去的气体是不同的。

师：同学们真了不起，都会用科学的眼光来看待问题，科学家们也发现了这一点，他们通过研究发现，呼吸前后气体中的氧气、二氧化碳的含量是不相同的，他们利用仪器测量了呼吸前后气体中氧气和二氧化碳的含量(用课件显示测量数据)。

(1)师：仪器显示的空气中氧气的含量是多少？呼吸后，呼出气体中氧气的含量是多少？

生：呼吸前氧气含量是 20.9%，呼吸后氧气含量是 16.3%。

(2)师：呼吸前空气中二氧化碳的含量是多少？呼吸后气体中二氧化碳的含量是多少？

生：呼吸前二氧化碳的含量是 0.03%，呼吸后气体中二氧化碳的含量是 3.96%。

(3)师：这些数据说明了什么？

生：呼吸前后气体中的氧气、二氧化碳的含量是不相同的，呼吸前氧气的含量高，呼吸后二氧化碳的含量高，说明人类在呼吸的过程中吸进去了氧气，排出了二氧化碳。

(4)教师小结：人之所以每时每刻都在呼吸，是因为我们要吸进氧气，排出二氧化碳，才能保证正常的生命活动。

三、拓展与应用

师：关于呼吸，细心的同学们一定有这样的感受，有的时候我们呼吸会比较慢，有的时候会比较快。

生：安静的时候呼吸慢，运动的时候呼吸快。

师：运动前后，我们的呼吸次数有没有变化呢？

生：有。

师：测量运动前 1 分钟呼吸的次数(一呼一吸算呼吸一次)，并记录。

生(预设)：18~20 次。

师：测量运动 30 秒后 1 分钟的呼吸次数，并记录。运动的方式可以多样化，如下蹲、高抬腿等。

学生运动 30 秒后测量 1 分钟呼吸的次数。

师：讨论运动前后呼吸次数有什么不同，这种现象说明了什么。

学生交流后发言。

运动后 1 分钟的呼吸次数明显增加了，这是因为随着运动量的增加，人体需要更多的氧气，所以呼吸次数就增加了。

【案例评析】

教师对这节课的整体设计非常翔实。在教学活动中，学生经历了提问—猜测—操作—观察—讨论—得出结果的过程，通过动手操作与观察讨论得出了相应的结论，充分调动了动手操作与主动思考实验现象的积极性，发挥了学生作为教学主体的主观能动性。教学过程充分体现了科学实验的重要性，但是这个过程还不是真正意义上的探究。三年级的学生会提出多样的问题，教师如何引导和把握是非常重要的。另外，低年级的学生在做体验呼吸的实验时，教师要特别关注安全问题。

案例 3
食物包装上的信息

【教材分析】

在"食物包装上的信息"(选自人民教育出版社三年级上册教材)这节课中,食品安全教育是主线,是核心。

【学情分析】

食品安全关系到每个人一生的健康、幸福。在学习过程中,教师鼓励学生学习科学购物,抵制假冒伪劣食品,探讨食品安全问题。

【教学目标】

一、科学知识

通过观察食品的包装,我们可以获取这种食品的有关信息,了解食品的配料、保存方法等。

二、科学探究

第一,根据食品的保质期、配料表等信息,选择合适的食品。

第二,在观察食品包装信息的活动中,促进分析、处理信息的能力的提高。

三、科学态度

第一,在了解食品包装信息的活动中,加强关注自身健康生活的意识。

第二,认识到科学技术会给人类与社会带来好处,也可能产生负面影响。

【教学重点】

观察食品包装(袋、盒、罐)上的信息,能整理、分析获取的各种信息。

【教学难点】

会比较几种食品的保质期、配料,正确选择合适的食品。

【教学方法】

观察法、小组合作、探究学习。

【教学过程】

一、创设情境

师:平时我们不能带食品到学校吃,今天,为了学习,老师特别允许大家带来食品。在春游时你是怎样为自己选择携带的食品的?把你最喜欢吃的一种食品向大家介绍一下。

学生交流。

师：食品包装上有很多信息，学会看信息也是一门学问。这节课我们就来研究食品包装上的信息。

二、新课教学

(一)帮助学生观察食品包装上的信息，获取有价值的内容

教师出示课件——信息记录夹(一)，让学生仔细观察食品包装，收集主要信息，填写关键的词语，说说什么叫关键词。

学生讨论、交流。

师：在观察前老师还有个要求(板书出示温馨提示)，请小组内的同学合作完成。请放低你的声音，可别让你美妙的声音成为影响别人的噪声，听到音乐后马上停止活动并坐好。

分发材料后学生分小组观察、记录。

教师巡视。

学生汇报观察结果。

师：食品包装上的信息排列是有一定规律的，我们能不能对它们进行分类呢？小组讨论后汇报。

学生讨论。

师：(出示课件，把食品包装上的信息简单归类，如食品信息、厂家信息、质量安全和绿色食品等各种标识。)知道什么叫绿色食品吗？(严格控制使用或不使用有害化合成物质。)

在课后上网查阅资料，了解什么是有机食品、绿色食品和无公害食品，还可以到超市调查哪些是有机食品、绿色食品和无公害食品。

从健康、安全的角度出发，你最关注的信息是什么？

(二)比较食品的保质期，探究影响食品保质期长短的因素

教师出示课件——信息记录夹(二)。

学生分小组研究、记录。

教师巡视。

学生汇报观察、研究的结果。

师：保质期较短的食品是……保质期较长的食品是……不同的食品保质期不同，即使是同一种食品，保质期也不一样。影响食品保质期长短的因素可能是什么？

学生观察不同品牌的牛奶。

师：想一想，没过期的食品一定是好食品吗？

学生讨论、交流。

师：如果是同一种食品，选保质期长的好呢，还是选保质期短的好呢？(科学购

物、献计献策：我要去旅游三天，我应该选择哪一种牛奶？假如我在暑假去旅游一个月，我又该选哪一种？）

学生讨论、交流。

师：在短期内食用完的，选保质期短的；在长期内食用完的，选保质期长的。根据自己的需要和实际情况来选择食品。

师：课后老师奖励每人一块糖，由小组长分发。你知道这块糖有几种营养素吗？看看功效成分表。

(三)了解食品配料中添加剂的作用与危害，帮助学生科学选择食品

师：在这么多影响食品保质期长短的因素中，你觉得跟我们关系最密切的是什么？

学生思考、回答。

师：配料影响着保质期，食品中的配料必须真实填写并且按照加入量多少的顺序排列，将食品添加剂列于后。（出示冰糖冬瓜食品的配料：冬瓜、白砂糖、食用色素、山梨酸钾。）

学生思考：有营养的配料处在"膳食宝塔"的什么位置，食品添加剂对人体是否有影响。

教师出示文字资料：食品添加剂——癌之桥。

师：食品的保质期跟很多因素都相关。保质期较长的食物不一定添加了更多的防腐剂，食品腐败变质是由微生物的滋生直接造成的。所以，如果能够杀灭微生物，那么食品的保质期就会延长。但是无论如何，我们要尽量少吃含有大量食品添加剂的食品。好的食品能给我们增加营养，问题食物会严重威胁我们的健康。

(四)应用生活，关注科学

小明一家明天到郊外去游玩，今天到超市购买一些食物。

(1)小明到超市买牛奶，应该选哪种好呢？

袋装牛奶保质期是 45 天，盒装牛奶保质期是 6 个月。

(2)小明想买他最爱吃的蛋糕，选哪种好呢？

两种蛋糕的保质期都是 5 天，生产日期不同：一种蛋糕的生产日期是 2024 年 4 月 6 日，另一种蛋糕的生产日期是 2024 年 4 月 7 日。

(3)小明想给奶奶买八宝粥，但是奶奶有糖尿病，最好不吃含糖的食物，应该选哪种八宝粥好呢？

师：看来挑选健康、安全的食物，除了要关注生产日期、保质期以及食品的配料等，还要根据自己的喜好和实际情况，自由选择。现在检查一下你们自己带来的食品，仔细看看包装上的信息，是否健康安全？

学生讨论、发言。

师：不健康的饮食行为是健康的大敌，我们要靠毅力去消灭它们。现在我们能"慧

眼识真假"，希望同学们做到言行一致，做一个精明的消费者，科学购物，拒绝垃圾食品。最后送同学们一句话：选健康食品，保健康生活！

三、布置作业

制作有关如何选择健康食品的手抄报。

【案例评析】

整体教学设计完整，脉络清晰，在整堂课上教师都在引导学生思考、讨论。教学设计存在几个需要探讨的问题：第一，教学目标的撰写应该按照小学科学课程标准的四个维度撰写，在本节中呈现哪些维度即分析哪些维度；第二，在读懂食品包装上的信息方面，让学生认识标识是很有必要的，也是符合学生年龄特点的，但是对于包装上的文字信息，三年级的学生能读懂哪些，要读懂哪些？第三，三年级的学生上网查资料，怎么查，查什么？学生如何辨别网络信息的正误？

案例 4
怎样搭配食物

【教材分析】

"怎样搭配食物"（选自人民教育出版社三年级上册教材）这节课是在学生已经具有食物的主要成分（包括淀粉、蛋白质、脂肪、无机物）等知识的基础上，引导学生学会合理膳食。教学充分体现科学来源于生活，又应用于生活的道理，帮助学生将理论知识应用于实际生活。

【学情分析】

三年级学生有很高的学习热情，愿意参与教学中有趣的环节。本节课围绕与学生息息相关的食物合理搭配的问题，以讨论、合作为学习的主要方式，让学生学会合理搭配食物。

【教学目标】

一、科学知识

知道合理搭配食物的基本要求。

二、科学探究

第一，能根据食物"金字塔"评价自己的饮食结构。

第二，在适当的情境中发现问题和提出问题。

第三，能够运用语言、文字等多种方式表达探究结果，并进行交流。

第四，能设计一份科学、合理的食谱。

三、科学态度

乐于用科学搭配食物的方法改善自己的饮食结构。

【教学重点】

认识食物"金字塔",学习科学、合理地搭配食物的方法。

【教学难点】

依照食物"金字塔"结构设计自己一天的食谱。

【教学方法】

谈话法、讨论法、小组合作。

【教学过程】

一、兴趣导入,引出问题

师:同学们,你们都很羡慕篮球明星姚明,你了解他的一日三餐吗?

学生猜想。

师:(提供课件,展示姚明的一日三餐)你觉得什么样的人是健康的?

学生翻开书看第 43 页,各抒己见。

师:过胖或者过瘦、过矮都不是健康的人。看来如何科学搭配食物、合理饮食,也存在很多学问,今天我们就具体了解怎样搭配食物。

二、新课教学

(一)合理搭配,解决问题

教师了解班级学生的食谱,实物投影学生一天的食谱。

师:你认为这些食物搭配合理吗?请说出你的理由。

学生讨论。

师:(出示课件食物"金字塔")这是一个有趣的食物"金字塔",你能说说这个食物"金字塔"有什么特点吗?

学生观察后小组讨论交流。

师:请大家讨论怎样的饮食才算合理,饮食中要包括哪些营养成分(淀粉、维生素、蛋白质、脂肪等)。

教师引导学生把自己平时经常吃的食物按营养分类填在表格中。

学生讨论,完成表格。

师:请大家讨论,这么多食物,你认为哪些应多吃,哪些应少吃。

教师引导学生认识食物"金字塔",请学生分组讨论:

A. 金字塔分几层;

B. 每层有哪些食物,各是哪类食物;

C. 一共有几大类食物;

D. 金字塔的结构有什么特点,我们在搭配食物时应注意什么。

学生小组讨论，交流汇报。

师：我们每日的食物应包括这几大类食物，各类食物要搭配着吃，而且下面的食物（如粮食类）要多吃，上面的食物（如油脂类）要少吃。

（二）运用原则，设计食谱

师：同学们已经是一个合格的小营养师了。下面请你们露一手，用食物卡片配出一日三餐，把结果填在表 11-1 中，然后小组汇报，看看哪个小组的食物搭配合理、好吃、省钱。

表 11-1　我们的营养食谱

搭配的食物及理由	早餐	午餐	晚餐
我搭配的食物	牛奶 250 g 馒头 100 g	萝卜烧猪肉 200 g 米饭 100 g 蔬菜 150 g 水果 150 g	猪肉 100 g 蔬菜 250 g 面条 100 g
这样搭配的理由			

学生讨论，汇报交流。

师：同学们很会思考，找出了好多问题。我们每天的食物应该有荤有素，食物"金字塔"中的各层食物都要吃，下层多吃点，越往上吃得越少，平时注意营养全面，做到不偏食、不挑食，养成良好的饮食习惯。

学生对照食物"金字塔"，分组研究自己的饮食结构，分析自己一天的食谱，看是否科学合理。小组互相看，挑选一份食谱，并根据食物"金字塔"做出修改。每组汇报一个同学的食谱及分析意见。

教师将各组的食谱进行比较，并提出比较要求——科学、合理、好吃、省钱。

学生先分组设计食谱，然后利用水彩笔将食谱誊写在大卡纸上。

教师巡视指导。

学生展示、交流，小组互评。

三、趣味活动，课外延伸

师：这节课我们学习了用科学搭配食物的方法改善自己的饮食结构。这里有营养学家的提醒（出示课件）。

学生观看、思考。

师：课后合理设计一周的食谱，注意科学、合理、营养的多样化。回家后根据自己设计的食物"金字塔"食谱为家人准备一份晚餐，在父母的帮助下完成。

【案例评析】

这节课教师设计得非常用心，能够从学生真实生活中的具体问题着手开展教学。在教学设计中有几个问题供大家思考：第一，教学目标的撰写应该按照小学科学课程标准的四个维度撰写，在本节中呈现哪些维度即分析哪些维度；第二，导入环节提到的运动员姚明是大家熟悉的，但他的一日三餐是学生不了解的，而且运动员的食谱与非运动员的食谱相比是有差异的，建议教师选择一个更贴近小学生生活的案例。

案例 5
种子里面有什么

【教材分析】

在学习"种子里面有什么"（选自人民教育出版社三年级下册教材）这节课之前，学生已经对种子有了一定的了解，知道植物种子在发芽后能生长。不少学生极少参加种植活动，没有目睹过种子的发芽过程，更没有研究过它的内部构造。因此，当学生亲自解剖种子时，好奇心和探究欲会使他们感到无比震惊。

【学情分析】

三年级学生有一定的生活经验，但只是感性认识。学习种子的结构要求学生从理性角度认识接触过的事物。学生会感到新奇。教师要善于引导学生从感性的好奇走向理性的认知。

【教学目标】

一、科学知识

第一，了解不同植物的种子，它们的形状、大小、颜色等外部特征各不相同。

第二，知道种子都有种皮和胚，胚是新植物的幼体，胚包括胚芽、胚根和子叶。

二、科学探究目标

第一，综合利用多种观察方法，观察和描述种子的外部形态特征。

第二，根据植物生长的已有知识，预测植物种子的内部结构。

第三，解剖浸泡后的种子，研究种子的内部结构。

第四，基于观察到的现象推测种子结构的功能。

三、科学态度目标

引发关注植物生长变化的兴趣。

四、科学、技术、社会与环境目标

意识到植物与人类生活的关系，知道保护植物就是保护人类自己。

【教学重点】

知道种子的结构。

【教学难点】

解剖玉米，知道玉米种子的结构。

【教学方法】

观察法、实验法、探究学习法。

【教学过程】

一、创设情境，提出问题

师：看到种子，我们就想到了春暖花开。"春种一粒粟，秋收万颗子。"我们的生活离不开植物，植物给大自然增添了无穷的生机与活力。我们来欣赏大自然中有趣又美丽的精彩画面吧。

教师播放录像（"种子发芽了""已经长成的参天大树""一粒种子生长全过程的动画演示"），动态地展现出种子从萌发到生长的全过程。

学生观看录像，说出自己的感受、发现和问题。

师：种子长成植物的秘密在哪里呢？

学生积极思考。

师：让我们通过研究种子的构造来揭开这个谜吧。下面先请同学们介绍一下实物展台上的种子。

学生在实物展台上展示并说出自己感兴趣的种子的名字、颜色、大小、形状等。

二、新课教学——自己动手，观察探究

师：从外观上看，植物的种子千差万别，但它们的内部结构是怎样的呢？请同学们先猜一猜，种子里面有什么。我们怎样知道猜想是否正确呢？

学生剥开种子。

师：你想怎样去做这个剥开种子的实验呢？剥开时要注意什么？

学生之间相互交流自己想到的办法。

师：尝试评价一下其他同学提出的方法。

学生自由讨论。

教师引导学生学习用镊子解剖种子，在实物展台上边讲解边解剖种子，重点突出两个字："剥""掰"。

教师在本环节引导学生观察和解剖蚕豆、花生、芸豆的种子，对照课本明白种子各部分的名称，并观察它们像什么。

学生解剖种子。有的用指甲撕，有的用镊子剥，还有的用放大镜观察。

教师巡视指导，对操作不正确的学生进行纠正，引导学生用实物投影边解剖边汇报，并给予适当的鼓励、肯定和指导。

出示课件：花生、菜豆的构造图及其讲解。

教师使用熟玉米粒，在实物展台上先剥掉种皮，用指甲轻轻一掰，胚就出来了，剩下黄色部分就是胚乳了。玉米的胚根、胚芽连在一起，像一根光滑粗短的针。教师引导学生借助玉米构造图来观察。

教师引导学生观察种子的相同和不同之处，从而获得正确结论。任何种子都会有同样的三样东西：一是种皮，是保护种子的；二是胚，即植物的胚胎；三是包着胚胎的一种物质，即胚乳。

师：大家在掌握种子构造的基础上，猜想种子能长成植物与种子哪个部位密切相关，请你推测种子萌发的条件。

学生推测种子萌发的条件。

教师利用课件直观、高效地展示种子萌发的过程，帮助学生了解种子萌发的外界条件——适量的水分、适宜的温度和充足的空气。

师：请根据已有认识预测胚的各部分结构与未来长成的植物各部分的关系。

学生讨论、交流。

师：胚里的胚根会长成根，胚芽会长成茎、叶。

教师轻轻地用镊子去掉红豆种子的种皮，用投影放大子叶，请学生思考那两片嫩芽和已伸出的根分别像红豆种子胚里面的哪些部分。

学生观察、讨论。

教师通过演示种子的萌发过程，使学生明白胚根长成植物的根，胚芽长成植物的茎、叶。

师：请大家思考子叶和胚乳在这个过程中去哪儿了。

学生思考、讨论。

教师出示课件——菜豆、玉米种子萌发过程的图片和菜豆、玉米发芽过程的动画（突出子叶、胚乳部分），让学生结合手中的实物和平时生活中积累的经验想一想在植物生长过程中，它们是怎样变化的。

学生在小组内展开热烈讨论。

经过讨论，学生一致认为由于子叶、胚乳的养料在种子萌发过程中被种子吸收了，因此消失了，从不断实验和观察中知道了胚的生命力是从胚根、胚芽、子叶的生长发育过程中体现出来的。

三、巩固应用，拓展延伸

师：我们吃的绿豆芽主要是由种子哪部分发育而成的？（出示稻子、大米图片）我们吃的大米主要来自水稻哪一部分？种下大米能长出水稻吗？为什么？

学生思考并回答。

教师出示树苗图以拓展更多知识，同时教育学生爱护种子和幼苗，爱护植物。

教师布置课外作业，让学生根据自己的能力、兴趣进行研究。

师：（出示容易学的蚕豆种子实验图）另外还有一种更简单的方法，拿一个培养皿，放两层纸巾，倒入一些水，把纸巾完全浸湿，再放一粒饱满无病虫害的绿豆种子，放在通风窗台上，第二天再放一粒，连续放七天，把观察到的情形记下来，也可以画出来。你认为这个实验要注意什么？还可以种植一种植物（如凤仙花），并精心培育，直到结出种子。在这个过程中做好生长记录，写好日记。

【案例评析】

教师充分调动学生学习的积极性，用多种活动引导学生学习，另外有如下几个问题需要注意：第一，种子发芽后能重新生长，应强调是"活的种子"；第二，解剖种子后，用"震惊"一词不合适，学生看到种子内部结构会很新奇，但一般不会达到"震惊"的程度；第三，探究与经历，其中经历对三年级的学生很重要，依据学生的经历再引导学生思考相关的问题，进而提出要探究的问题，这一过程实施起来难度很大，需要教师认真思考；第四，用词要准确，如"用指甲轻轻一掰"，指甲和掰是很难联系在一起的；第五，科学性错误，如任何种子都会有同样的三样东西：种皮、胚、胚乳，植物分为单子叶植物和双子叶植物，二者的结构是有差别的，不能说"任何种子"。

总之，教师备课要非常认真，在生物学科知识的把握上还要进一步加强。

本章小结

本章主要提供了 5 个关于生命科学领域的实验教学案例。第一个案例是"观察一种动物"，通过观察简单的实验，学习蜗牛的身体结构，以及知道蜗牛可以用触角感知环境；第二个案例是"呼吸与空气"，通过向澄清石灰水中吹入气体，来了解人呼吸前后气体成分发生了变化，并能说出人类为什么要呼吸；第三个案例是"食物包装上的信息"，通过观察食品包装上的保质期、配料表、保存方法等信息，选择健康的食品；第四个案例是"怎样搭配食物"，主要学习了食物"金字塔"和科学、合理地搭配食物的方法；第五个案例是"种子里面有什么"，通过种子从萌发到生长的全过程视频和解剖玉米种子的实验，学习种子的结构。这 5 个案例分别从教材分析、学情分析、教学目标、教学过程等环节进行了详细阐述，为科学教师对该领域知识的教学提供了一定的思路。

关键术语

观察；蜗牛的结构；食品选择；搭配食物；呼吸；种子的结构

拓展阅读

1. 许兰娟，李甲亮．食品安全与健康［M］．徐州：中国矿业大学出版社，2016.

该书内容共分两篇。第一篇为食品安全，将学生在日常生活中可能用到的食品安全知识作为重点，主要内容包括食品安全基础知识，食品中的化学性、生物性污染与健康，常见的食物中毒事故及预防措施。第二篇为食品营养，以帮助学生了解食品中的营养元素和有害物质、引导学生养成正确的饮食习惯为目的，主要内容包括不同饮食结构的特点、合理营养的基本要求、饮食与健康、食品营养与各种慢性非传染性疾病的关系。这本书契合本章食品安全的教学内容，教师也可以对家长和学生进行科普。

2. 牛顿出版股份有限公司．小牛顿科学王·空气与燃烧［M］．成都：四川少年儿童出版社，2017.

该书包括"氧和二氧化碳""火焰""温度、空气和水""物质的加热情形"。在编排上，每个单元的前面都标明了此单元学习内容的重点；标题简洁、鲜明，突出实验和观察步骤；增加了"要点说明""整理"等特色板块，帮助读者把学过的知识清楚地整理出来，便于读者更进一步学习；"进阶指南""动脑时间""试试看"等栏目为读者提供了有关该部分内容更深入的说明，或是相关的趣味话题、必要知识等。本书既可以作为教师教学参考用书，又可以作为学生课外阅读书。

体验练习

1. 蜗牛的身体分为哪几部分？
2. 我们为什么要呼吸？
3. 你会怎样设计自己一天的食谱？
4. 种子的结构有哪些？

🔍 章结构图

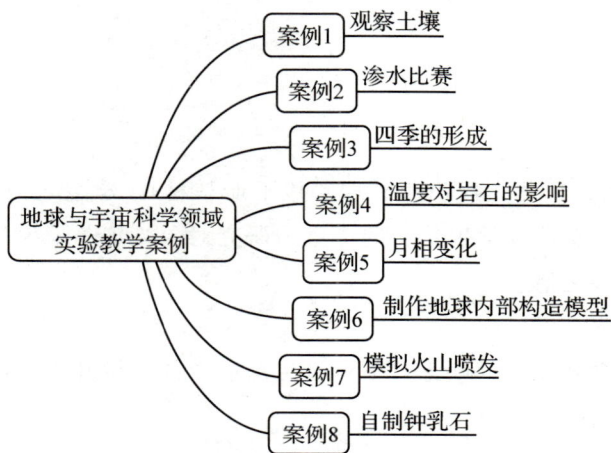

本章概述

　　本章列举了地球与宇宙科学领域实验教学的 8 个典型案例，包括"观察土壤""渗水比赛""四季的形成""温度对岩石的影响""月相变化""制作地球内部构造模型""模拟火山喷发""自制钟乳石"，分别从教材分析、学情分析、教学目标、教学重点、教学难点、教学方法、教学过程等方面进行分析。

☕ 问题情境

　　地球与宇宙科学领域的实验有什么特征？教师该如何授课？

　　王老师是一名新手教师，上课时总是更加关注理论知识，对于实验方面不知该如何教学，尤其是一些需要学生动手的实验，更让他手足无措。地球与宇宙科学领域的实验主要涉及一些日常的生活现象和这些现象背后的原因，需要学生在教师的指导下完成实验。那么这一领域的实验有什么特征？实验课该如何进行？针对不同年级的教学目标有哪些异同呢？

　　对于王老师遇到的这些问题，每一名新手教师都可能会遇到。那么该如何引导学生进行实验？应该培养学生哪些方面的实验能力？下面就让我们一起来学习 8 个有关地球与宇宙科学领域的实验教学案例。

案例 1
观察土壤

【教材分析】

"观察土壤"（选自河北人民出版社四年级下册教材）。学生之前已经学习了植物、动物的相关知识，本实验以学生熟悉的土壤为研究对象，培养学生的探索能力以及对大自然的保护与热爱之情。

【学情分析】

学生对土壤非常熟悉，但缺乏具体的、更深层次的土壤知识，这就需要教师在学生进行实验时加以指导。

【教学目标】

一、科学知识

第一，能利用感官和简单工具对土壤进行观察与记录。

第二，能通过观察实验说出土壤的主要构成。

第三，能通过对比归纳说出土壤的主要分类。

二、科学探究

第一，能够在教师的指导下，积极完成探究活动。

第二，能够掌握筛子等工具的使用方法，并完成实验探究活动。

三、科学态度

第一，能够积极与同学进行交流合作。

第二，在观察活动结束后，能够主动将土壤归还到大自然中去。

四、科学、技术、社会、环境目标

第一，培养参与保护土壤的意识。

第二，愿意采取行动保护土壤、珍惜资源。

【教学重点】

通过实践观察能够了解土壤的主要分类和土壤中的主要成分。

【教学难点】

通过实践观察能够了解土壤的主要分类和土壤中的主要成分。

【教学方法】

实验法、谈话法、探究法。

【教学过程】

一、情境导入

师：同学们，我们的身边有很多的植物，你们在生活中观察过植物是生长在哪里的吗？

生：土壤里面。

师：没错，植物生长在土壤里面，那大家都在什么地方见过土壤呢？

生：草坪上，菜地里，学校外面的路上……

师：同学们观察得很仔细，今天我们就一起来观察土壤，学习关于土壤的知识。

二、新课教学

师：老师这里有干的土壤和湿的土壤，请每个小组的材料管理员上来领取土壤。

师：同学们都拿到了土壤，请大家看一看它们的颜色有什么差异；分别捏取两种土壤，并用指尖搓一搓，有怎样的感受呢；用鼻子闻一闻干的土壤和湿的土壤，它们的味道有什么不同。把自己观察到的结论记录在实验记录单上（在学生观察时要提醒学生不要用手扬土，闻土壤气味时要注意保持一定距离，注意卫生）。

学生进行操作并记录。

师：请同学来分享一下他们小组的成果。

学生进行分享。

师：还有没有与其他小组不一样的呢？

学生继续分享。

师：同学们表达得非常好。我们刚刚通过看一看、摸一摸、闻一闻的方式知道了湿土壤和干土壤的特点，大家知道土壤里面到底有些什么物质吗？接下来我们就一起来探究探究。

师：同学们先把土壤倒在白纸中央，用放大镜仔细看一看，你发现了什么？

生：有石头、枯草，还有一些垃圾。

师：还有其他的发现吗？

生：土壤中有水，还有一些小颗粒。

师：其实石头、垃圾和枯草这些都不属于土壤中的物质，大家先将不属于土壤中的物质放入垃圾桶。同学们还发现土壤中有什么呢？

师：没有了吗？老师现在要求同学们把干的小土块轻轻放进盛有水的烧杯中，你们观察到什么现象了吗？

生：水变混浊了，有气泡产生。

师：有气泡产生，这说明土壤中有什么呢？

生：空气，土壤里面有空气。

师：没错，土壤里面还有空气。赶紧把这个结果记录在我们的实验报告单上吧。

师：刚刚有同学说土壤里面还有一些小颗粒，这些小颗粒又是什么东西呢？下面老师要请同学们帮我完成一项操作：大家把晒干的土壤全部倒入筛子中，将土壤铺平，抬起筛子，轻轻晃动5～10次。仔细观察留在筛子中的土壤和掉落在纸上的土壤，它们的颗粒大小是否相同。

生：不同，有的大，有的小。

师：没错，土壤里面的颗粒有的大，有的小。颗粒普遍较大的土壤为沙质土，颗粒普遍较小的土壤为黏质土，颗粒大小不等的土壤为壤土。

三、课堂总结

师：同学们，今天我们观察了土壤，不仅了解到了干土壤和湿土壤的特点，还观察探究了土壤的组成成分，原来我们生活中普普通通的土壤是由这么多物质组成的。今天的课到这里就结束了，请各个小组的材料管理员把材料交还到老师这里来。

案例 2
渗水比赛

【教材分析】

"渗水比赛"（选自河北人民出版社四年级下册教材），要求教师指导学生研究三种土壤的主要差别，探究土壤的渗水情况，通过对比实验总结出某种植物适合生长在哪种类型的土壤中，为下一课"怎样使植物长得更好"奠定能力和知识基础。

【学情分析】

四年级的学生对学科学已经有了一定的经验，在解释事物的现象方面会有更多见解。教师要注重让学生对自己感兴趣的事物提出想探究的问题，并能运用实验、观察等手段进行探究性学习。

【教学目标】

一、科学知识

第一，认识土壤的种类及其渗水性质。

第二，了解沙质土的渗水性最好，黏质土的渗水性最差，壤土的渗水性适中。

二、科学探究

第一，能够自主设计对比实验，探究三种土壤的渗水性。

第二，能够准确使用计时器，准确量取三份相同数量的水。

三、科学态度

第一，能够与同学合作完成实验。

第二，能够认识到土壤的渗水性，形成保护土壤的意识。

四、科学、技术、社会、环境目标

第一，认识到环境保护的重要性。

第二，了解人类的生活和生产可能破坏土壤。

第三，培养自觉采取行动保护环境的意识。

【教学重点】

自主设计对比实验，了解三种土壤不同的渗水性。

【教学难点】

自主设计对比实验，利用测量工具准确测量数据。

【教学方法】

实验法、探究法、谈话法。

【教学过程】

一、情境导入

师：同学们，还记得我们学习过哪几种土壤吗？

生：前面学习了三种土壤，分别是沙质土、壤土、黏质土。

师：我们是怎么分辨这三种土壤的呢？

生：根据土壤的颗粒大小来区分。含沙多的叫沙质土，含黏土多的叫黏质土；沙和黏土含量差不多的叫壤土。

师：同学们记得真清楚，回答得非常完整。今天，我们要让这三种土壤来参加比赛，看看它们谁渗水快（同时展示这三种土壤）。

二、新课教学

师：同学们，可以先猜一猜它们谁渗水最快吗？

生1：我猜壤土渗水最快。

生2：我猜黏质土渗水最快。

师：哇，看来同学们都有自己的想法，现在你们要记住自己的猜测，等会儿我们就来揭晓真相。

师：同学们，如果让你设计一个实验来验证自己的猜想，你会怎样设计这个实验？动脑筋思考，如果你的设计有创意，课上的分组实验就采用你的方法。

师：如果没有想到的话，老师给一个提示，我们做过这么多实验，用过最多的方法是什么？想一想在这个实验里面，我们可以用这种方法吗？（控制变量法）

生：用控制变量法，将三种土壤放入相同的容器里，倒入相同体积的水，在相同的时间内，哪种土壤渗出的水多，就说明哪种土壤渗水快（将学生的步骤书写到黑板上）。

师：思维缜密，但有几个小问题，老师帮你纠正一下，请坐。

这三种土壤是怎样的土壤呢？有没有要求呢？我一种土壤放得很多，另一种放得很少，这样可以吗？

生：要放同样多的土壤（也就是相同质量的土壤）。

师：要使用相同的容器，那是说准备一个容器，用完了洗净再接着用吗？还有更好的方法吗？

生：用三个相同的容器。

师：对了，这也是我们学过的，做对照实验。老师准备好了容器，就是塑料瓶，它经过剪裁刚好形成宽口漏斗的形状，方便实验。用纱布蒙好瓶口，既可以防止土壤流出，又不妨碍水下渗。而且纱布一定要用两层，防止其他因素干扰。

还有最后一点，在相同的时间内，我们不妨多加入几组对照实验，看在 2 分钟、4 分钟、6 分钟时，分别从土壤中流出多少水量。

师：同学们看课件上实验的具体步骤。还有，我们在倒水的时候，一定要缓慢倒入，可以采取三名同学同时倒入的方式。接下来由小组长管理、安排小组分工，记录员做好数据记录，开始实验。

学生开始做实验。教师环顾教室，协助每个小组做好实验。

师：哪个小组愿意来分享你们的成果？

生：我们小组通过实验，发现了在每个时间段都是沙质土渗出的水最多，黏质土渗出的水最少，壤土居中。

师：还有小组愿意来展示吗？

学生分享结果。

师：刚才几个小组都分享了他们的实验结果，大家的实验结果是不是都是这样的？都是沙质土渗出的水最多，黏质土渗出的水最少，壤土居中。我们一起得出实验结论：三种土壤的渗水能力由高到低依次是沙质土、壤土、黏质土。

三、课堂小结

师：同学们，通过这节课，你们学到了什么？

生 1：我们又用到了控制变量法，并用它完成了一个实验。

生 2：我知道了怎样用控制变量法设计实验，就是控制一个量改变，其他的量都不变。

生 3：我学到了经常使用的对照实验。

生 4：土壤的渗水能力由高到低依次是沙质土、壤土、黏质土。

案例 3
四季的形成

【教材分析】

"四季的形成"（选自湖南科学技术出版社五年级下册教材），遵循"从现象到原理"的认知规律，在学生获取直观感性的材料、了解四季的变化后，引导学生研究四季的形成。

【学情分析】

四季的形成是地球公转的结果。教师通过模拟实验，充分调动学生的兴趣，引导学生积极探究四季形成的原因，认识四季的成因是地球公转，培养与发展学生的空间想象能力。

【教学目标】

一、科学知识

第一，能解释地球公转的概念。

第二，能解释四季形成的原因。

二、科学探究

能用模拟实验研究地球公转引起四季变化的现象。

三、科学态度

愿意与同学合作完成模拟实验。

四、科学、技术、社会、环境目标

第一，体会科学知识与生活的联系。

第二，体会技术的发展和应用影响着人类对天文知识的探索。

第三，了解人类生活与自然规律息息相关。

【教学重点】

通过实验证明地球公转是引起一年四季变化的原因。

【教学难点】

能根据实验现象推理四季形成的原因。

【教学方法】

演示法、探究法、实验法。

【教学过程】

一、情境导入

师：孩子们，老师给带来了一些图片，想不想欣赏一下？（用课件展示不同季节的图片）

二、新课教学

活动一：了解四季带来的变化。

师：图片展示的分别是哪个季节的景色？

学生根据图片内容回答。

师：想一想在不同的季节，各种事物会发生怎样的变化。你能以一种事物为例，说说它在不同的季节是怎样变化的吗？

生1：树木在春天长出绿叶，树叶在秋天变黄掉落。

生2：夏天我们穿的是薄薄的短袖，冬天我们穿的是厚厚的棉袄。

生3：蛇冬眠，燕子南飞。

…………

师：现在是什么季节？接下来呢？然后呢？

生：冬季，接下来是春季，然后是夏季……

师：同学们，通过这些变化，你们发现了什么自然现象？

生：四季更替。

师：为什么会出现四季更替的现象？今天，我们就来探究四季的形成（板书：四季的形成）。

活动二：探索四季形成的成因。

师：同学们，猜想一下四季形成的原因，把自己的想法在小组内交流，最后在小组内达成共识。

生：四季的形成与地球绕太阳公转有关。

师：大家都认为四季的形成与地球绕太阳公转有关，那么地球公转是怎样产生四季的呢？让我们来看相关资料（课件展示有关地球公转的资料）。

师：通过资料，你发现了什么？

生：地球一边自转，一边绕太阳公转（提示：地球自转产生了昼夜交替现象，地球绕太阳公转一周的时间是一年）。

师：一年四季最主要的区别是什么？

生：温度不同。

师：温度不同说明我们获得的热量不一样，地球上的热量是怎样获得的？

生：太阳的照射。

师：太阳直射时地球获取的热量多还是太阳斜射时地球获得的热量多？

生：直射。

师：孩子们再仔细观察，地球转到不同的位置，对于地球上有某一个地方来说，受太阳照射的情况一样吗？有什么不同？

生：照射的光线不一样，四季的形成可能与太阳光照不同有关。

活动三：模拟实验。

师：今天我们根据地球公转的有关知识来做模拟实验，探究四季是如何形成的［介绍实验器材：地球仪（重点介绍南北半球、赤道），手电筒等］。

实验注意问题。

第一，我们生活在北半球，可以在北半球某处做个标记，观察地球转到不同位置时该处受光照的情况（直射和斜射）。

第二，地球绕太阳公转时，倾斜方向保持不变，指向北极星。

第三，因为太阳离我们非常遥远，所以我们在地球上看太阳很小。手电筒的光就好比是太阳的光，地球上的有些地方不能被直射到。

第四，太阳的光线是向四周发散的。实验时，可以转动手电筒。为了转动方便，同学们可以离开座位做这个实验。转动时要注意，地球的公转轨道是椭圆形的，手电筒和地球仪应在同一个平面转动。

学生交流实验结果。

师：地球在公转过程中，地轴始终倾斜指向北极星。由于地轴倾斜，当地球处在公转轨道不同位置时，同一地点接受太阳的照射程度不断发生变化，从而形成了四季。

补充知识：每年的 6 月 22 日前后，太阳直射北半球，这就是北半球的夏天。以后，太阳直射点南移，到了 9 月 23 日前后，太阳直射赤道，这一天是北半球的秋分日。到了 12 月 22 日前后，太阳直射南半球，这一天是北半球的冬至日。次年 3 月 21 日前后，太阳再次直射赤道，这一天是北半球的春分日。

师：现在你知道四季的成因了吗？关于四季你还有什么疑问？

三、课堂总结

师：关于四季，我国古代劳动人民对此也有着不一样的探索成果。我国古代劳动人民根据经验，提出了二十四节气，并编写了《二十四节气歌》（出示课件）。

师：大家知道节气歌里面的哪些节气？

生：清明、大暑、小暑、冬至……

师：很棒！我们的二十四节气就是具体反映农时季节的。比如，芒种是收割小麦的节气（课件展示）。

师：如果想要了解更多有关这方面的知识，课后我们可以查阅相关资料。

案例 4

温度对岩石的影响

【教材分析】

"温度对岩石的影响"（选自湖南科学技术出版社四年级下册教材）。学生之前已经学习了地球内部活动导致的地表形态的变化，本课讲的是地球外部的一些力量，内容衔接紧密，具有很高的探究价值。

【学情分析】

四年级的学生经过课程的学习与积累，已经具备了一定的科学知识和合作探究能力。大部分学生对科学充满好奇心和求知欲，能够主动观察、探究。

【教学目标】

一、科学知识

第一，能用自己的话解释造成地球表面岩石不断破碎的原因。

第二，能判断温度因素对地表或近地表的岩石造成的破坏是否属于风化作用。

二、科学探究

第一，能用模拟实验的方法验证岩石破碎的假设。

第二，能通过分析模拟实验的结果推测出使岩石破碎的各种因素。

第三，能设计一个模拟实验验证自己的假设。

三、科学态度

能用发展的观点看待地球表面岩石的变化。

四、科学、技术、社会、环境目标

第一，初步了解岩石相关知识在生活中的运用。

第二，认识到风化作用对地表改变的影响。

【教学重点】

通过观察、想象、假设、设计来完成模拟实验，初步认识风化作用对地表改变的影响。

【教学难点】

通过分析模拟实验的结果推测出岩石破碎的原因。

【教学方法】

演示法、谈话法、探究法。

【教学过程】

一、情境导入

师：同学们都知道大自然中有许多神秘、稀奇的事物。今天老师要邀请同学们一起到大自然中走一走，看一看。请同学们仔细观察并大胆猜想。我们出发吧！

师：（课件展示水滴石穿）同学们，让我们一起来欣赏这些岩石。请同学们仔细观察这些岩石，想一想这些岩石有什么共同特点。

生：岩石上面有小洞。

师：这些岩石一开始就有这些小洞吗？

生：没有。

师：那么谁能跟老师和同学说说这些岩石上的小洞是怎么来的？

生：是小水滴滴在岩石上面形成的，而且经过了很长的时间。

师：（课件展示海边的岩石）同学们，刚刚我们欣赏了被小水滴打出小洞的岩石，现在让我们一起去大海边欣赏一下海边岩石的美吧。运用刚才的学习方法，欣赏了这组图片后你有什么问题和想法呢？这些岩石是因为什么而变得这么美的？

生：海水的冲刷。

师：（课件展示大树下面的岩石）请同学们观察这组图片，然后谈一谈自己的看法。这些岩石有什么变化？是因为什么而发生变化的？

生：岩石被大树的根撑裂了，因为大树在生长时根部产生了很大的力。

师：（课件展示大山和戈壁滩上的岩石）同学们，你们去过泰山吗？去过沙漠吗？去过戈壁滩吗？欣赏过那里的岩石吗？现在让我们一起来欣赏一下吧。

师：看到这些图片，老师不禁想用几个词语来形容一下自己的感受（千姿百态、怪石嶙峋、危峰兀立）。

师小结：大自然的鬼斧神工可真了不得，小小的水滴能把石头滴穿；汹涌的海水能把岩石的棱角磨平；看似弱小的树根也能把岩石"雕琢"得形态各异。那么，又是什么把高山、沙漠和戈壁滩上的岩石变成怪石嶙峋、危峰兀立的样子的呢？今天我们就一起走进科学来研究岩石的风化（课件出示课题：岩石的风化）。

二、新课教学

（一）提问猜测

师：大家猜测一下使岩石发生变化的因素。刚才我们已经根据日常生活经验猜测了一些岩石发生变化的原因，有的是小水滴滴落，有的是海水冲刷，还有的是生物生长。那么，现在同学们猜想：高山、沙漠和戈壁滩都没有这些因素的影响，这些地方的岩石又是因为什么而发生变化的？

生：温度。

（二）实验验证

师：同学们提到了一个非常重要的因素——温度。那温度到底会不会对岩石产生影响呢？如果有，那又是怎样的影响呢？今天我们就通过模拟实验来探究一下。

师：老师这里有酒精灯、火柴、镊子、小块岩石、烧杯、冷水和护目镜。有了材料，到底该怎样进行实验呢？老师要请一名同学上来帮老师做一次演示操作。

师：首先我们要戴上护目镜，用火柴点燃酒精灯，在这个过程中要注意安全。用镊子夹住一小块岩石，在酒精灯上烧一会儿，然后立即把它放入冷水中，当然这个烧的时间要把握好，最后观察它有什么变化。

师：这就是我们的演示操作，谢谢刚刚这名同学。当然，同学们在实验的时候需要反复进行几次这样的操作。接下来就请各个小组进行实验，并按照实验记录单的要求记录实验现象。

教师在实验过程中进行指导。

师：下面请同学来分享你们小组的记录结果。

学生分享记录结果。

师：通过这些结果，你们小组得出了什么结论呢？

学生分享结论。

师：刚刚几个小组都为大家分享了各自的观点，我们通过总结可以看到，大多数的小组发现重复加热、冷却后，岩石的表面出现了裂缝，而且越来越大，甚至往下掉石屑。这其实是因为当岩石受热时，体积膨胀，由于岩石从表面到内部受热程度不一样，因此整块岩石各部分膨胀的程度也就不同。当岩石受冷时，体积收缩，由于从岩石表面到岩石内部受冷的程度不一样，整块岩石各部分收缩的程度也不同。时间长了，岩石各部分总是胀缩不均，内部结构就会受到破坏，产生裂缝，甚至脱落下石屑。通过过这个实验，我们非常直观地观察到了温度对于岩石的影响。

三、课堂总结

师：通过本节课的探究以及验证，我们把岩石在气温变化、植物生长、水流冲刷、风吹日晒等因素的影响下会发生破碎的现象叫作风化（板书：气温变化、植物生长、水流冲刷、风吹日晒、风化）。

师：同学们，通过刚才的实验，我们验证了冷热对岩石的影响，现在请同学们综合我们所学的知识思考，刚才我们欣赏到的许多形态各异的岩石仅仅是小水滴落打造成的吗？海边的岩石发生变化仅仅是因为海水的冲刷吗？还有树根下的岩石发生变化仅仅是树根的作用吗？谁想利用我们本节课所学到的知识来解释一下岩石变化的原因呢？

学生回答。

师：刚刚同学说得很对，影响这些岩石产生各种各样变化的，不仅仅有一种因素，大自然中还有许多因素在影响着岩石的变化。岩石最终呈现给大家的样子其实是受各种因素综合影响的结果。

师：风化不但会改变岩石的模样，而且对我们的历史文物的破坏也很大。让我们再来看看这些精美的石雕（课件出示云冈石窟等图片）。它们是山西省大同市云冈石窟中的石雕，距今已有1500多年的历史，是著名的世界文化遗产。由于风化的影响，有些地方破损得已经很严重了。

师：你们能想出好方法保护它吗？请同学们在课后查阅一些相关的资料，再做解答吧。

案例 5
月相变化

【教材分析】

"月相变化"（选自教育科学出版社六年级下册教材）是有关自然系统的宏观层次知识，属于地球与空间科学领域。课程内容接近生活，注重生活经验，重视知识及知识的形成过程，注重对学生进行科学探究的方法的训练和科学精神的培养。

【学情分析】

关于地球与宇宙的知识，对于小学生来说，较难的是发挥想象力，建立抽象的空间概念。在学习这节课的内容之前，学生已经了解了太阳、地球、月球的一些基本情况，但对于它们的运动却知之甚少，教师必须要将直观的材料提供给学生，通过模拟实验和课件帮助他们理解这部分内容。

【教学目标】

一、科学知识

能说出月相的变化规律，归纳出月球的运动规律和月相的成因。

二、科学探究

第一，能根据长期观察月相的发展，分析月相的成因。

第二，能设法用模拟实验研究月相的变化。

三、科学态度

第一，能坚持观察并记录月相的变化情况。

第二，能与其他同学合作完成月相的演示实验。

四、科学、技术、社会、环境目标

第一，体会科学技术、科学知识对人类探索天文的作用。

第二，体会人类对天文知识的好奇和社会的需求是科学技术发展的动力。

【教学重点】

通过自主探究、分析及小组合作交流，完成对月相的长期观察和月相的演示实验，并分析出月相的成因。

【教学难点】

对月相做长期观察。

【教学方法】

讨论法、探究法、谈话法。

【教学过程】

一、情境导入

师：今天曹老师给大家带来的这个朋友来自宇宙，你们猜它会是谁呢？

猜谜导入：有时落在山腰，有时挂在树梢。有时像面镜子，有时像把镰刀。

很多学生举手，教师请学生揭晓谜底。

生：月亮。

师：在我们的科学课上，我们把月亮叫作月球。月球与地球的平均距离大约为38.4万千米，因此，要探究月球的秘密，并不是那么容易的。但是科学家们依然坚持克服困难，不断地探索月球，探索宇宙（使用PPT出示月球的真实图片）。

同学们经过自己的观察和学习，知道了月球的哪些秘密呢？（板贴：观察）

生1：我知道月球上有很多陨石坑，它们是被宇宙中的陨石撞出来的。

生2：我知道月球有时是亮亮的、圆圆的，有时像香蕉挂在天空。

生3：月球是不会发光的，它是通过反射太阳的光才被看见的。

生4：有时月球被云遮住，我们就看不见了。

生5：故事中的月球上还住着一个神仙，养着一只兔子。

生6：我知道八月十五的月亮是圆圆的。

…………

师：哇，同学们知道月球这么多的秘密。在今天课堂上咱们将进一步探究月球被照亮的部分的形状，也就是我们平常能亲眼观察到的月球的"样子"。在科学课上，我们称其为月相（使用PPT出示月相图片）。

学生倾听并思考。

师：同学们，月相是不变的吗？你们见过哪些月相呢？（请学生说一说，说不清的可以到黑板上画一画）

学生回答并绘画。

设计意图：让学生说出关于月球的知识，激发学生对月相的学习兴趣。

二、新课教学

（一）探究上半月

师：月相的变化是不是毫无顺序的呢？你认为月相变化的顺序是什么样的？有谁知道大概过多久会再次见到这样的月相？

预设1：（学生回答——每个月的"十五"）

预设2：老师直接告知。

师：这个"十五"就是爷爷奶奶常说的农历十五。人们为了方便指导农事活动，一直沿用下来了（课件出示九月的日历，指导学生区分农历上半月、农历下半月）。

每个农历月就是一个轮回。如果没有持续记录，是很难发现它们的变化规律的。老师的一个好朋友通过反复观察后，用照片连续记录了上半月的月相。同学们想不想一睹为快呢？

生：想。

师：想看的话，老师有一个要求，能做到的话，老师就帮大家实现愿望。要求同学们拿出一张"观察月相"的记录单，一边看，一边在记录单上如实画下月相。

学生开始画月相。

师：会画吗？我们先来看看第一个月相，这是农历初三的月相。怎样画才能恰当地显示月相呢？谁有办法？

学生看着农历初三的月相，先说说如何画月相，然后到黑板上画。教师进行指导。

连续观察上半月月相，学生根据学习单画下农历初三、初六、初九、十二、十四、十五的月相。教师请学生将画下的月相在黑板上呈现出来，用板书记录日期（一般隔两三天月相变化会比较明显）。

（二）推测下半月

师：我们容易观察到上半月的月相，这是因为我们一般能在晚上9点以前见到。可是下半月的月相要观察起来可就不容易了，因为我们可以看到它的时间不断推迟。

师：同学们，现在我们都没有观察到下半月的月相。根据上半月的月相变化特点，你来像科学家一样推测一下，我们没看到的月相是怎么变化的。

生：下半月的月相由圆到缺，亮面朝左（东）。

师：月有阴晴圆缺，我们推测出来的并不一定是正确的，还要通过实际观察、持续记录来验证我们的想法。除了拍照片、画画，你觉得还可以用什么办法记录我们的月相呢？

生1：用黑色和白色橡皮泥制作月相。

生2：用一个圆圆的塑料做月球模型，外面贴上软的白纸，一半涂上黑色。

生3：用亮亮的、白色的轻陶泥来制作月相。

生4：用天文望远镜来观察、记录。

生5：如果我们能发明一个机器人，让机器人帮忙在晚上记录月相，那么这样的话我们在晚上睡觉也不会影响观察与记录。

生6：我用白纸剪出月相的形状，贴在黑色的球上，做月相卡片。

设计意图：探究上半月月相并推测下半月月相，引导学生不断思考并绘制月相图，有利于学生了解月相变化的相关知识，加深对月相变化的认识

三、课堂总结

师：谁来总结一下，上半月的月相是怎样变化的？

生：由……到……，亮面在……（板书）

师：下半月的月相是怎样变化的？

生：由……到……，亮面在……（板书）

师：月相变化是有规律的。农历上半月由缺到圆，下半月由圆到缺。

案例6
制作地球内部构造模型

【教材分析】

"制作地球内部构造模型"（选自人民教育出版社六年级下册教材）这节课主要介绍地球的内部结构，引导学生会用橡皮泥制作地球内部构造模型。

【学情分析】

通过对前面相关知识的学习，学生对地球已有一定的了解。在本课的学习中，制作地球内部构造模型是个难点，猜想胶卷盒里有什么也是个难点。

【教学目标】

一、科学知识

第一，知道地球的内部构造。

第二，能够利用工具，按照一定比例制作地球内部构造模型。

二、科学探究

知道地球内部构造是科学家通过对自然现象的探究推测得来的。

三、科学态度

体会科学家进行科学探究的方法，从科学探究过程中感受乐趣。

四、科学、技术、社会、环境目标

第一，了解现代科学技术在人类探索地球内部构造中的应用。

第二，了解人类对地球内部构造的好奇是相关科学技术发展的动力。

【教学重点】

了解地球的内部构造。

【教学难点】

能够制作一个比例合理的地球内部构造模型。

【教学方法】

谈话法、探究法、实验法。

【教学过程】

一、情境导入

师：在上课之前我们先来做一个小游戏。老师手上有一个密封的胶卷盒，在不打开盖子的条件下，你们能想办法知道盒子里装的是什么吗？

学生汇报方法，教师按照学生的方法进行实验，然后依据所得的信息判断盒子里可能是什么。

二、新课教学

（一）了解地球的内部构造

师：我们虽然看不到胶卷盒里到底是什么，但是还是有办法获得它的一些特征，并且根据这些特征做出猜测、判断的。其实我们生存的地球也正像一个无法打开的胶卷盒，那么关于地球内部的信息我们可以通过哪些现象去猜测呢？

师：我们先来看有关地表现象的图片和视频（课件出示火山、地震、地热、海啸等图片和视频，让学生观看）。

师：同学们能根据这些现象做出有关地球内部构造的猜想吗？说说你猜想的依据。

学生分享交流。教师注意让学生说出一些现象和判断。

师：同学们都说出了自己的看法，那么科学家们又是通过哪些途径来收集并了解有关地球内部构造的信息的呢？其实，可以通过发射地震波来进行检验，我们具体来了解一下。阅读书上第49页的相关内容，说说地球的结构，并说说这些部分分别在地球的什么位置。

学生阅读书本，进行回答。

师：没错，就如书上介绍的一样，地球内部是由地壳、地幔、地核三个部分组成的。大家看这个地球内部构造示意图（使用课件展示），你们觉得像什么？是不是像一个切开的鸡蛋呢？

师：我这有一个切开的鸡蛋，对照一下这张地球内部构造图，确实类似，请你们在记录本上画一幅切开的鸡蛋图，并标出地壳、地幔、地核（学生看大屏幕，了解地球内部结构，再看剖开的鸡蛋，画图）。

设计意图：学生对地球内部构造的知识接触得不多，教师结合教材、课件，让学生形象、直观地感受。

（二）制作地球内部构造模型

师：同学们现在对地球的内部构造有了一定的了解，接下来我们用橡皮泥做一个地球内部构造模型（展示制作材料：不同颜色的橡皮泥、橡皮泥刀、垫板）。大家先在小组内讨论制作步骤，想想准备用什么办法来区分地球的三个部分。

学生交流自己想好的制作步骤，教师注意及时归纳。

师：同学们都提到要用不同的颜色来区分地球内部的不同组成部分。这里老师要给大家指出一些要注意的地方，大家在进行制作前，一定注意选择合适的比例，各层的厚度要适合，而且相邻橡皮泥的颜色要尽量区分明显，同时，还要注意小刀的安全使用。下面，大家就开始制作吧。

学生动手做地球内部构造模型。

制作完成后，学生展示自己制作的地球内部构造模型，并说说自己是怎样做的，以及制作时的一些想法和感受。

设计意图：学生对地球内部构造有了一定的了解之后，自主思考制作步骤，通过实验，加深对地球内部结构的印象。

三、课堂总结

师：今天这堂课我们一起学习了地球的内部构造，并且亲手制作了地球内部构造模型。老师还有一项任务要布置给大家，就是用你亲手制作的地球内部构造模型，向你的家人介绍地球的内部构造。对于地球的内部构造，其实还有很多未知的东西，这就等待着大家去进一步探索。

案例 7
模拟火山喷发

【教材分析】

"模拟火山喷发"（选自江苏教育出版社五年级上册教材）。通过前期对地震的学习，学生已经对地壳的运动有了一定的了解。教材通过简单的文字介绍以及配图，让学生了解火山喷发这种自然现象。

【学情分析】

五年级的学生已经具备了独立思考、独立动手的能力，但仍需要教师加以指导。在实验中特别要注意酒精灯的安全使用。

【教学目标】

一、科学知识

第一，知道火山喷发的原因。

第二，能初步推测地球内部存在什么物质。

二、科学探究

第一，能独立进行火山喷发模拟实验，初步根据模拟实验推测火山喷发的成因。

第二，能发挥自己的空间想象力和创造力。

三、科学态度

第一，乐于把自己知道的关于火山的知识与其他同学进行交流。

第二，能大胆推测地球内部的情况。

第三，能产生探究地球内部秘密的欲望。

四、科学、技术、社会、环境目标

第一，体会火山喷发对人类生活的影响。

第二，探讨运用现代科学技术对火山喷发现象进行的研究。

【教学重点】

推测并理解火山喷发的成因。

【教学难点】

根据模拟实验推测火山喷发的成因。

【教学方法】

谈话法、探究法、实验法。

【教学过程】

一、情境导入

师：前面我们学习了地震，还有同学记得地震形成的原因是什么吗？

生：记得，是由于地壳的运动。

师：那么同学们，火山喷发的时候又会出现怎样的场景呢？它形成的原因是什么？火山喷发会给地球带来哪些改变呢？

学生思考并猜测。

设计意图：学生回忆之前学过的知识"地壳的运动"，教师引导学生对新课内容进行思考并猜测。

二、新课教学

(一)火山喷发给地球带来的变化

师：(展示火山喷发的图片)火山喷发的时候会出现哪些现象呢？

学生观看火山喷发的图片，回答火山喷发时会形成裂缝，熔岩喷涌。

教师展示世界上著名的火山的资料、图片，让学生观察火山喷发之后，周围的地表发生了什么样的变化。

学生交流、讨论、总结。

(二)了解火山喷发的成因

师：同学们，看了这么多的图片和资料，你能猜测一下火山为什么会喷发吗？

学生猜测。

教师总结回答并展示答案：高温高压、地壳中存在着薄弱地带、岩浆中存在着大量的气体。

(三)模拟火山喷发实验

师：同学们对火山喷发的原因进行了猜测，那么到底结果是不是这样的呢？今天老师为大家准备了三脚架、铁盒、土豆泥、番茄酱、酒精灯、火柴等实验器材，我们来模拟一下火山喷发，看看我们的猜测究竟是不是正确的。在实验开始之前，老师要先请同学们来讲一下，我们做这个实验需要注意一些什么问题。

生1：实验用到了酒精灯，要注意用火安全。

生2：不能触摸滚烫的铁盒，小心烫伤。

师：同学们总结得十分到位，下面我们要开始实验了。

教师讲解实验方法。

在罐头盒内放一些土豆泥，堆成小山的形状，并在顶部向下挖一个小洞。向小洞内倒入一定量的番茄酱(适当稀释)，然后用一层薄薄的土豆泥封住洞口。将罐头盒放在铁架台上，用酒精灯加热，观察"火山"喷发现象。

学生进行实验并观察现象。

设计意图：教师在讲授新知识时，让学生观看火山喷发时的场景，以吸引学生的注意力，并在之后模拟火山喷发实验，让学生观察"火山"喷发现象，达到实验教学目标。

三、课堂总结

师：同学们做完实验了吗？你从实验中得到了什么样的结论呢？有人愿意向同学们分享一下你们小组的实验结果吗？

学生回答并分享实验结果。

师：通过今天的学习，你们学到了什么呢？火山喷发是怎样形成的？它会给地表带来哪些改变呢？

学生根据本节课学习的内容进行交流总结。

案例 8
自制钟乳石

【教材分析】

"自制钟乳石"(选自河北人民出版社五年级下册教材)这节课继续引领学生探究自然力量对地表变化的影响，激发学生探究大自然奥秘的兴趣、欣赏大自然的奇美。在我国的大江南北，人们相继发现了多处奇妙无比的溶洞景观。凡亲自去溶洞游览过的人，无不被溶洞中的奇美景色所征服。教材以桂林山水为切入点，用简练易懂的语言描述了岩溶地貌形成的基本条件，并配合插图提出问题。

【学情分析】

五年级学生对外界事物的好奇心特别强。他们经过之前的学习，已掌握了一定的语言表达能力和动手实践能力，而且在生活中，他们对一些现象有所了解，这有利于他们学习用科学的方法探究事物的本质。

【教学目标】

一、科学知识

能用自己的话阐释钟乳石的成因。

二、科学探究

第一，能大胆提出假设，探究钟乳石的成因。

第二，能设计模拟实验来验证自己的假设。

三、科学态度

第一，能用一些优美的词语来描述钟乳石构成的美丽景象。

第二，能与周围同学交流自己的看法。

四、科学、技术、社会、环境目标

第一，认识到科学技术对解释自然现象的作用。

第二，认识到人类活动会对环境产生影响。

第三，形成保护大自然的意识。

【教学重点】

通过猜想钟乳石形成的原因和模拟实验，初步形成流水侵蚀作用会对地貌产生影响的概念。

【教学难点】

能够持续观察实验现象并记录，从实验现象中归纳概念性知识。

【教学方法】

谈话法、实验法、演示法、探究法。

【教学过程】

一、情境导入

师：在上课之前，老师有一个问题要问问大家，你们知道桂林山水吗？

生：知道，之前学过。

师：我们都知道"桂林山水甲天下"，那里的美丽景色吸引着众多游人。同学们是否知道那里还有许多美丽的溶洞？溶洞中的钟乳石随处可见，形成了奇妙无比的溶洞景观，体现了大自然的奇妙（多媒体展示钟乳石景观）。

设计意图：教师利用"桂林山水甲天下"这句话激发学生对本堂课探究钟乳石的兴趣。

二、新课教学

（一）语言描述

师：通过观察多媒体展示的图片，谁能来和大家分享一下你对钟乳石的印象？

学生观看钟乳石图片，用自己的话对钟乳石进行描述。

（二）猜测钟乳石的成因

师：同学们观察得非常细致，钟乳石这么漂亮，它到底是怎样形成的呢？同学们猜一猜。

师：（适当提示）老师给大家一些小提示——钟乳石是在怎样的环境中形成的？靠什么力量形成的？需要多长时间才能形成？同学们可以从这些问题入手进行猜想哦。

学生猜测并回答。

（三）实验

师：同学们各有各的看法，大家跟老师一起仔细观察图片，想一想溶洞里有什么。

生1：石头。

生2：水。

生3：空气。

师：猜想一下钟乳石的形成是由于什么力量。

生：钟乳石应该是由水生成的。

师：水能够溶解石头吗？

师：同学们不要着急，我们先做一个小实验。

师：请同学们看清实验方法：

第一，用滴管吸入稀盐酸；

第二，再将稀盐酸滴入烧杯中的石灰岩上；

第三，观察石灰岩被滴上稀盐酸后的变化现象，不要用手去摸，注意不要将稀盐酸滴在皮肤上。

学生开始实验。

师：哪位同学来说说你观察到什么现象了？

生：有气泡冒出。

师：除了有气泡产生，溶液还有什么现象？

生：烧杯中的溶液变混浊了。

师：你知道为什么变混浊了吗？

生：石灰岩溶解了。

师：石灰岩的主要成分是碳酸钙，它溶解了就会沉积下来，如果水分蒸发了，慢慢就会越沉积越多。这就是溶洞中的钟乳石形成的原因。

师：既然知道了钟乳石是怎样形成的，我还有一个疑问，大家想一想，石灰岩的溶解需要酸，水中的酸是哪来的呢？

生：不清楚（如果有的学生清楚，可让学生进行讲解）。

师：溶洞周围存在大量的二氧化碳，二氧化碳溶解于水中，形成弱酸，这样含有弱酸的水就溶解了少量的石灰石。含有少量石灰石的水从洞顶上掉下来，水蒸发后，石灰石慢慢积淀下来。

设计意图：本环节以观察与讨论为主，通过教师引导，学生完成实验，思考钟乳石形成的原因。

师：钟乳石的形成需要一个漫长的过程，人类很难看到钟乳石的形成过程，但是我们可以通过模拟实验来观察钟乳石是怎样形成的。

师：（展示自己提前准备好的已制成的钟乳石）同学们看我手里的东西，这就是老师通过模拟实验自制的钟乳石，接下来就由老师带领同学们通过模拟实验尝试自制钟乳石。

师：首先我们要戴好防护手套，分别向两个烧杯中注入半杯水。接着向烧杯中缓慢加入尽可能多的苏打晶体，让它能够完全溶解在两个烧杯中。然后是实验中非常重要的一个步骤了，将线绳两端分别夹一根回形针，并将线绳放在溶液中浸泡。这里要注意，两个烧杯之间要留出一定距离，隔开放置，把线绳两端分别浸在两个烧杯中。最后把培养皿放在两个烧杯中间，以接住水滴，经过一段时间，钟乳石就慢慢形成了。接下来就由学生通过小组合作进行实验。

学生进行实验，教师随堂指导，规范学生操作，提醒注意事项。

三、课堂总结

师：同学们可以把自己小组的实验装置存放在实验室里，老师给每个小组发放了实验记录单，在接下来的 6 天中大家要根据记录单上的要求进行记录，下一堂课我们请各个小组来展示自己的成果。

设计意图：学生已经初步掌握了自制钟乳石的方法，在教师的指导下，进行长期实验。

本章小结

　　本章主要介绍了地球与宇宙科学领域实验教学的 8 个典型案例：案例 1 是"观察土壤"，通过使用简单工具，了解土壤的主要分类和主要成分；案例 2 是"渗水比赛"，通过自主设计对比实验，了解不同土壤的渗水性；案例 3 是 "四季的形成"，通过模拟实验来探索四季形成的原因；案例 4 是"温度对岩石的影响"，通过模拟实验探究与验证，认识风化作用对地表的影响；案例 5 是 "月相变化"，通过演示实验知道月相变化的规律；案例 6 是"制作地球内部构造模型"，通过模拟实验了解地球的内部构造；案例 7 是"模拟火山喷发"，通过模拟实验了解火山喷发成因；案例 8 是"自制钟乳石"，通过实验了解流水侵蚀作用会对地貌产生影响。8 个案例都从教材分析、学情分析、教学目标、教学重点、教学难点、教学方法、教学过程等方面进行了说明，为教师的教学提供了借鉴。

关键术语

　　土壤；渗水；地球内部构造模型；钟乳石；风化；地球公转；四季形成；月相；火山喷发；岩浆

拓展阅读

　　1. 李金宝．宇宙与地球科学[M]．西安：西北大学出版社，2008.
　　该书不是单从地球的表象特征对地球科学进行研究的，而是从整个宇宙体系以及太阳系起源演化来认识它的本质的，如地球岩石圈构造动力地震的成因、地质演化史中多期次花岗岩的侵入、全球不同地质年代的成矿作用等。
　　2. 小法瑟尔，等．地球科学·地球与宇宙[M]．施忆，等，译．杭州：浙江科学技术出版社，2011.
　　该书在设计思想上注重方法渗透。书中存在两条方法渗透的线索。一是作为学习方法的线索，每章都有"预备活动""学习准备""学习聚焦"板块，安排了一个或几个学习方法的主题；在学习过程中有"想一想"栏目；在学习结束后有"章节回顾""标准化测试"内容。二是书中设计有"迷你实验"、"实验室"或"家庭实验室"板块，在学习进程中也经常渗透"科学应用""结合其他学科""交流你的数据"栏目。

体验练习

为了深化理解和巩固本章所学的内容，建议进行以下活动。

1. 成立研究小组，对下列内容展开讨论。

(1)结合义务教育小学科学课程标准，探讨在实验教学中如何实现 STSE 教育目标。

(2)在教学中，教师培养了学生的哪些实验技能？

(3)在这些案例中教师运用了哪些小学科学实验教学技能？

2. 观摩一节小学科学课。

观摩要求：观摩小学科学教师如何组织学生进行地球与宇宙科学一章的实验教学。

章结构图

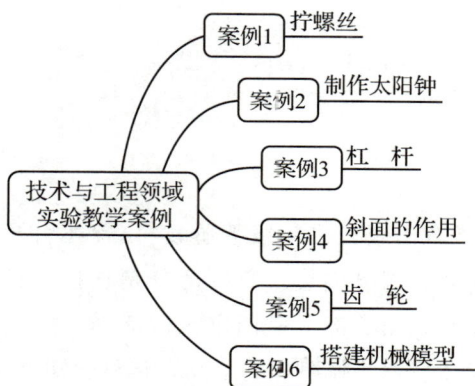

本章概述

本章列举了技术与工程领域实验教学的 6 个典型案例，包括"拧螺丝""制作太阳钟""杠杆""斜面的作用""齿轮""搭建机械模型"，分别从教材分析、学情分析、教学目标、教学重点、教学难点、教学方法、教学过程和案例评析等方面进行分析。

问题情境

在进行技术与工程领域的教学设计时应该考虑哪些因素？

某小学的一名科学教师在一次公开课上表现得不是很好，遇到很多小问题。他很疑惑，明明自己已经演练过多次制作过程，为什么在课上还是会有不如意的地方呢？开展设计类型的实验课应该考虑哪些因素呢？这些都是新手教师的困惑。

无论是在教学方案设计中还是教学过程中，教师都要考虑诸多因素。例如，在设计教学方案之前要明确问题，即弄清楚设计什么样的产品，满足什么需求；在设计方案的过程中可以适当引导学生运用头脑风暴等方式在产生方案后选择最佳方案；在制作过程中需要考虑材料选择的合理性、技术的可操作性、产品的实用性等方面。本章对技术与工程领域的实验教学提供了 6 个教学案例，可以为科学教师提供一定的思路和方法。

案例 1
拧螺丝

【教材分析】

"拧螺丝"（选自江苏教育出版社二年级下册教材）旨在引导学生认识并掌握拧螺丝的工具和方法。本节课包含三部分内容：第一部分是选择工具，让学生通过观察、比较，认识并选择合适的工具；第二部分是固定螺丝活动，通过动手制作，掌握固定螺丝的方法；第三部分让学生尝试维修身边的物品，将科学知识应用于生活实践。

【学情分析】

二年级学生正处于对身边现象和科学问题充满好奇心与求知欲的时期，喜欢亲自动手操作。本课学习内容非常贴近学生生活。学生经常见到螺丝，但很少尝试自己拧螺丝，因此对本课的学习能够极大地调动学生的积极性。学生在教师的指导下观察、认识各种拧螺丝的工具，掌握拧螺丝的正确方法。

【教学目标】

一、科学知识

第一，能说出螺丝的外形特点和功能。

第二，能说出适合不同螺丝的工具及其使用方法。

二、科学探究

第一，能通过观察螺丝的特点，选择合适的工具，并进行验证。

第二，能正确使用工具固定螺丝。

三、科学态度

第一，能对活动产生兴趣。

第二，能用事实验证猜想。

第三，能进行合作探究学习。

四、科学、技术、社会与环境

学会使用工具维修身边的物品，改善自己的生活。

【教学重点】

观察螺丝的特点，能够选择合适的工具固定螺丝。

【教学难点】

固定螺丝，进行维修和组装。

【教学方法】

谈话法、讨论法、实验法、练习法。

【教学准备】

第一，多媒体课件和相关视频资料。

第二，学生分组材料：各种各样的螺丝、一字改锥、十字改锥、六角扳手、钳子等工具。

【教学过程】

一、创设情境，形成问题

师：同学们，小淘气不小心把玩具踢坏了。谁能帮他看看，应该用什么把这些零件重新组装好呢？

教师展示玩具原型及踢散的零件，让学生观察、比较。

生：它们之间有螺丝。

生：可以用螺丝把它们组装起来。

师：你们观察得真仔细。我们需要用螺丝把这些零件组装起来。那么如何拧螺丝呢？今天这节课我们就一起来学习拧螺丝。

设计意图：学生在有趣味又熟悉的生活情境中获得代入感，能够激发强烈的好奇心和学习兴趣。他们通过对比图片，在对玩具进行仔细观察后锁定任务——拧螺丝，从而形成本课的探究问题。

二、观察特点，选择工具

(一)明确观察任务

师：老师给大家带来了四种螺丝和四种拧螺丝的工具。请你仔细观察，为每种螺丝选择最合适的工具，完成记录单。

学生两人一组，领取实验材料。

(二)掌握观察方法

1. 调动感官，多方位观察。

师：我们在观察时，除了可以用眼睛看，还可以怎样观察？

生：可以用手摸。

师：对，我们可以用多种方法观察。除了用眼睛看，还可以用手摸，感受每种螺丝和工具的特点。然后把这些螺丝最主要的区别画下来，选择最合适的工具。

2. 视频指导，实践验证。

师：在观察完成后，我们还可以用合适的工具拧一拧螺丝，检验自己的猜想。老师给大家播放一段视频，请大家认真学习如何正确拧螺丝。

教师播放微课，演示固定螺丝的方法：(1)观察螺丝顶部特征，选择合适的工具；(2)用右手大拇指、食指和中指握住工具；(3)将工具顶端与螺丝顶端对准、插紧，保持竖直状态；(4)左手扶住固定物，右手垂直向下拧动螺丝，使螺丝能够轻松拧紧。

学生在小组内合作观察，画出螺丝的特征，选择合适的工具固定螺丝，并进行验证。

(三)交流观察结果

师：哪个小组来展示一下你们的观察记录单呢？

学生展示观察记录单。1号螺丝—顶部一字—一字改锥；2号螺丝—顶部十字—十字改锥；3号螺丝—顶部中心有六边形—六角扳手；4号螺丝—顶部六边形—钳子。

师：看来每个螺丝的顶部都是不一样的。我们要仔细观察，根据它的形状选择合适的工具。

设计意图：在观察活动中运用了实物螺丝及工具，引导学生利用眼睛和手进行多方位观察，有利于学生更全面、准确地掌握螺丝及工具的特点，从而选择合适的工具。利用微课进行实验方法指导，强调拧螺丝过程中的三个重要步骤——握住、插紧、拧动，帮助学生掌握正确拧螺丝的方法，对猜想的结果进行验证，加深对工具选择方法的理解，感受合适的工具能够更轻松、方便地固定螺丝。

三、动手实践，固定螺丝

(一)明确任务，选择工具

师：下面就让我们一起用螺丝帮小淘气把玩具重新组装起来吧。请同学们仔细观察，材料里有哪几种螺丝，分析选择哪种工具最合适。

生：一字螺丝，用一字的螺丝刀。

生：还有十字螺丝，用十字的螺丝刀。

生：这个是六边形的螺丝，用六边形的(六角扳手)。

(二)掌握方法，分工合作

师：同学们观察得真仔细，为三种螺丝找到了合适的工具。在固定这些螺丝的时候还需要一个"好朋友"，它叫作螺母(展示螺母)。它们在一起是怎么固定的呢？我们一起看下面的视频。

教师播放微课，演示螺丝、螺母配合使用的方法：(1)按图纸选择需要组装的材料，找到拧入螺丝的位置，两孔对齐叠放在一起；(2)将螺丝从一侧小孔中完全插入；(3)在另一侧套入螺母，轻轻旋转几圈，直至用手很难拧动；(4)用钳子固定螺母；(5)选择合适的工具，在另一侧拧螺丝，直到完全固定。

师：同学们在用螺丝和螺母固定的时候，可以分工合作，一个同学负责用钳子固定螺母，另一个同学用合适的工具拧螺丝，轮流交替进行。

学生分工合作，根据图纸进行组装、固定。

（三）展示评价，交流改进

师：请每个小组把自己组装的玩具摆在展台上，给大家展示一下吧。

学生展示自己组装的玩具。

师：请你为自己小组的表现打分，并选出你认为表现最好的小组。

学生进行自评与互评。

设计意图：本环节延续了课题情境，学生在完成维修玩具的任务的过程中，巩固拧螺丝的方法，在实践中加深了对知识的理解。首先，准备的材料增加了螺母，拓展了螺丝的使用方法，拧螺丝的难度有所提升。其次，采用微课视频的方式讲解螺丝、螺母配合使用的方法，细化了方法的指导，能够让学生更清楚地看到制作中的关键操作。同时，让学生合理分工，既降低了任务的难度，又便于学生完成制作。最后，通过展示评价促使学生关注自己在制作中的表现，肯定自己的优点，反思存在的问题与不足，进而做出改进。

四、拓展练习，解决问题

师：通过今天的学习，同学们都能够选择合适的工具拧螺丝了。在生活中我们用到螺丝的地方有很多。请你在课下找一找，哪些地方有螺丝，它们是什么样的螺丝。如果螺丝松动了，就请你帮忙拧一拧，记得做好维修记录。

学生领取课后任务单，在课下寻找螺丝。

设计意图：将课堂与生活相结合，引导学生在生活中发现科学、运用科学，保持学习科学的积极性。

【案例评析】

开始上课时，简介生活中的四种螺丝和四种拧螺丝工具后，播放微课，展示拧螺丝的方法，然后让学生体验拧螺丝的环节。学生分组实验，每个人都参与，在这一过程中兴趣盎然，加上教师的适时指导，几乎每个人都学会了拧螺丝。

案例 2
制作太阳钟

【教材分析】

"制作太阳钟"（选自教育科学出版社五年级上册教材）这节课引导学生探究时钟发明之前人类的计时方法，感受古人的聪明才智。通过活动，学生不仅认识到通过对太阳运动周期的观察和物体影子的变化来计时，而且还认识到一些有变化规律的装置也可以用来计量时间。随着科学技术的进步，计时器的计时准确性在不断提高。

【学情分析】

学生在五年级第一学期的时候已经仔细研究过影子的变化规律，知道同一个物体的影子有长短、方向的变化。白天，在阳光下，同一个物体的影子的方向和长短的变化是有规律的。并且学生已初步认识了日晷及时间单位"天、小时、分钟、秒"，已为本课的学习打下了扎实的基础。

【教学目标】

一、科学知识

第一，认识古代多种多样的计时工具。

第二，知道太阳钟的计时原理。

二、科学探究

能够在教师的指导下，积极完成探究活动。

三、科学态度

第一，感受人类对时间测量的探索过程，认识到掌握和运用自然规律可以为社会发展服务。

第二，了解古人探索时间的过程，感受古人的智慧和探究意识。

四、科学、技术、社会与环境

体会到科学技术是不断发展的。

【教学重点】

了解有关时间测量仪器的发展历史及日晷和圭表的使用方法。

【教学难点】

掌握日晷和圭表的计时原理。

【教学方法】

讲授法、谈话法、讨论法。

【教学准备】

第一，多媒体课件。

第二，木板、彩笔、胶水、钉子、水平式日晷、课件、太阳钟、锤子、晷面记录纸等。

【教学过程】

一、创设情境，导入新课

师：谁能告诉老师，现在几点了？（学生说出时间）你们是通过什么知道现在的时间的？（手表，上课的时间表）那么在古代还没有手表的时候，人们是怎样判断时间的呢？（学生自由回答：太阳、影子等。）

（板书：太阳钟）

二、探究新知

(一)用太阳计时

(使用课件出示图片和说明)请学生判断。

师：日出时，太阳在哪里？

生：东边。

(板书：东)

师：日落时，太阳在哪里？

生：西边。

(板书：西)

师：这样过去了多长时间？

生：一天。

师：太阳明天还会从哪里升起来，从哪里落下？每天都会这样吗？太阳的运动有没有规律？有怎样的规律？

学生回答。

师：大家可真厉害，古人就是利用太阳来确定时间的。古时候一天分为几小时？是怎样划分的呢？

引出书中资料，让学生自由阅读：古埃及人通过观测星座在一年时间里横贯天空的情况，利用星座计算时间。古埃及人观察到在这段时间里有 12 个星座横过天空，于是他们把夜晚确定为 12 小时，同样，白昼也被确定为 12 小时，但夏夜实际上大约有 8 小时。

阅读后，请学生讨论并思考。

提出问题：古代白天和晚上每小时的时间一样长吗？为什么？

学生回答。

师：白天和晚上每小时的时间并不一样长。因为古埃及人在确定时间时，把从日出到日落这段时间确定为白昼，把从天黑到天亮这段时间确定为夜晚，白昼和夜晚各被分为 12 小时。但是，夏季的白昼比夜晚要长，而此时的白昼和夜晚仍然各自被分为 12 小时，所以白天和晚上每小时的时间经常会不一样长。

(二)用光影计时

师：后来我国古人又学会了更准确的计时方法——用光影来计时。

师：(引导学生思考回忆)在太阳下，将一根木棒竖直地插在地上，地面上会有一个木棒的影子。随着时间的变化，影子会发生变化吗？影子会发生怎样的变化？是怎样变化的？有没有规律？

学生回答。

(板书：从长到短再到长，从西到东)

师：下面再来考考大家（根据影子的方向来判断时间），现在可能是什么时候了？你是根据什么判断的？

分别出示三张图片：第一张根据影子的长度来判断，第二张、第三张根据影子的方向来判断（只要求学生说出大概的时间段便可）。

（三）认识日晷

师：大家都非常棒，古人通过长时间的观察，也发现了日影的变化规律，根据这个规律创造了一个伟大的发明——日晷。

师：下面让我们一起来认识一下日晷。日晷是利用太阳投射的影子来测定时间的装置，通常由铜做的指针和石制的圆盘组成，主要分为两种：赤道式日晷和水平式日晷。现在大家看到的就是赤道式日晷。铜制的指针叫作晷针，垂直穿过圆盘中心，石制的圆盘叫作晷面，南高北低，倾斜地安放于石台上，使晷针指向北极星。世界上最早的日晷诞生于六千年前的巴比伦王国，一直沿用了几千年。

师：现在大家看到的就是水平式日晷（出示图片及水平式日晷），它由水平摆放的石制晷面和斜插于晷面的铜制晷针组成，晷针倾斜指向北极星。

师：如何使用日晷来判断时间呢？请同学们4人为一组讨论一下。

根据学生的汇报，师生共同总结方法，重点介绍水平式日晷的使用方法。

课件出示方法：将日晷置于室外阳光下；确定正北方向，调整日晷的方位；根据晷针在晷面上的影子的位置确定时间。在中国古代，人们把一昼夜分为十二时辰：子、丑、寅、卯、辰、巳、午、未、申、酉、戌、亥。

小结：利用太阳光影来计时的装置被统称为太阳钟（板书课题）。

（四）制作太阳钟

师：大家想不想制作一个太阳钟来记录时间呢？

师：（使用课件演示制作方法）利用锤子将钉子垂直钉于圆心处；确定刻度；利用指南针找到正北方向，将太阳钟钟面上的字母"N"正对北方，将太阳钟平放于地面。这时，钟面上就会出现小竹棒的影子，将影子与圆心连上一条直线，并在直线处记录下此刻的准确时间。

师：请同学们在课下完成太阳钟的制作。在制作过程中需要注意哪些问题？

生：要将实验装置放在同一个地方。我们可以拿回家固定放在阳台上，利用星期六或星期日一天时间进行太阳钟的制作。

师：如果遇到下雨天怎么办？

生：只能等到晴天再做。这就是太阳钟的缺点。

师：晚上太阳下山了，怎么记录晚上的时间？

生：可以用对称的方法，如早上6点和晚上6点对称，早上7点和晚上7点对称，可是影子长短就无法记录了。

生：那我们可以不记录影子的长短，只记录方向和时间。再用对称的方法，标出晚上的时间。

生：我觉得影子长短一定要记录，我们可以只记录白天的时间。

师：不管用哪种方法，你们按照自己的想法去制作一个太阳钟，记录在制作过程中遇到的困难，想合适的办法解决或者找同学和老师一起探讨解决，并尝试用自制的太阳钟计时，记录自己制作的太阳钟的优点和不足，对不足之处尝试做修改。

三、讨论交流

在阴天怎么知道时间？在晚上又怎么知道时间？

板书设计见图 13-1。

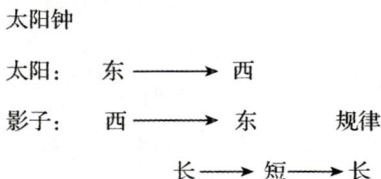

太阳钟

太阳：　东 ——→ 西

影子：　西 ——→ 东　　　规律

长 ——→ 短 ——→ 长

图 13-1　板书设计

【案例评析】

本课在前一节课的基础上，引导学生了解很早以前人们就注意到了太阳的运动和影子的变化是有规律的，能够利用这个规律来计算时间。当时计时的工具叫作日晷。在教学过程中教师准备了一份关于古时候日晷的资料，有水平式日晷、赤道式日晷，还有 12 时辰与现在的 24 小时的关系。在上课过程中有以下几点值得反思的地方：在提到用日晷来计时的时候，如果简单介绍一下日晷的工作原理会更好，还有在结尾让学生制作太阳钟的时候，应该给同学展示不同种类的太阳钟的制作方法，以及太阳钟的刻度标记。这部分教学应该讲得具体一点。

案例 3
杠　杆

【教材分析】

三年级的"跷跷板"一课已经介绍过简单的杠杆原理。本课(选自人民教育出版社五年级下册教材)是对杠杆的进一步研究，通过进一步的探究活动，引导学生发现杠杆的工作原理和在生活中的应用，并分析省力与费力杠杆的设计原理。本课以学生熟悉的跷跷板为切入点，引导学生进一步探究其中蕴含的科学规律以及这种科学规律在生产生活中的应用与创新，激发学生进行深层次科学探究的兴趣。

【教学目标】

一、科学知识

第一，了解杠杆平衡的条件，进行杠杆的探索性实验，并了解杠杆尺的工作原理。

第二，了解重点、支点、力点三者的关系，发现杠杆省力的规律。明确从力点到支点的距离大于从重点到支点的距离，杠杆省力；反之，杠杆费力；如果以上两个距离相等，则杠杆既不省力也不费力。

二、科学探究

第一，熟悉器材，能够正确、合理地组装实验器材，并通过调节平衡螺母使杠杆处于平衡状态。

第二，通过调节两点位置和钩码个数，推理出杠杆平衡的条件。

第三，探究如何使用杠杆解决生活中的问题。

三、科学态度

能够关注生活中对杠杆的应用，合理分析杠杆给人们带来的便利。

四、科学、技术、社会与环境

体验到科学探究要尊重证据，意识到合作交流的重要性，体会到科学技术与社会、生活是密切联系的，培养乐于探究、大胆想象的意识，知道科学探究可为进一步研究提供新经验、新现象、新方法、新技术。

【教学重点】

经历科学探究过程，归纳杠杆平衡的条件。

【教学难点】

在学习活动中，能综合运用所学知识进行归纳概括和创新设计。

【教学方法】

谈话法、讨论法、演示法、练习法。

【教学准备】

杠杆尺、钩码、尺子、长木棍、垫板、多媒体课件、剪刀、订书机、钳子、起钉锤。

【教学过程】

一、由谈话导入新课

师：大家都玩过跷跷板吗？谁能在黑板上画一个跷跷板？

学生回答。

师：制作一个跷跷板需要一根长木棍、一个垫板。请同学们利用手中的材料来制作一个简易的跷跷板吧。

学生分小组制作跷跷板。

师：大家在制作简易跷跷板的同时，也在组建一个简单机械。我们将类似跷跷板结构的简单机械称为杠杆。

（板书：杠杆）

二、学习新知

（一）认识杠杆

师：只有一根棍子，我们能撬起一块石头吗？

生：不能。

师：那还需要什么条件？

生：支撑的物体。

师：那它叫作什么呢？杠杆上有三个看不见的点，你们能找到吗？（学生试着回答，教师指正）起支撑作用的点叫作支点，对杠杆作用力的点叫作力点，承受重物的点叫作重点（边讲解边画出示意图及名称）。

（板书：支点、力点、重点）

师：同学们想一想，刚才用木棍撬石头，石头能够被撬起来。如果用手搬，能搬得动吗？是不是很吃力才能搬起来？

生：不能搬动，很吃力。

师：人们利用杠杆的目的是什么？

学生回答。

师：这儿是省力，如果移动用力的位置还会省力吗？（出示撬石头的图片）接下来我们就来做个实验验证一下。首先认识杠杆尺（为了便于观察实验，在木棍上刻了刻度，所以把它叫作杠杆尺）。

（二）研究杠杆的作用

师：首先我们要将杠杆尺调节平衡，可以调两侧的螺母（演示）。

我们教室里没有大石头，所以我用三个白色的钩码来代替石头，表示重物。请同学们指出这个杠杆上三点的位置（学生思考，教师指名回答）。同学们想办法把重物撬起来。

师：我松手后会有什么现象？（石块下落。）谁来说一说怎样把重物撬起来？（用手压另一头……）那么你知道用了多少力吗？省力吗？怎样才能知道用了多少力？（另一头用钩码代替，挂几个钩码就表示用了几个钩码的力。）

教师：什么情况下才能省力呢？重物是三个钩码，表示重物是三个力。那么我们用几个力把重物撬起来是省力？（少于三个钩码。）如果多了呢？（费力。）如果正好是三个呢？（既不省力也不费力。）

师：为了更准确地找出杠杆省力的规律，我们来用杠杆尺做定量实验。

(1)出示杠杆尺实验装置(杠杆尺一共有十格，挂三个钩码，教师手压杠杆尺的另一侧)。

教师介绍杠杆尺的特点：横杠能围绕支点转动；横杠处于平衡状态；横杠左右两边有小格，距离相等。

师：在每一个小格上都试一试，看看用几个力。白色的钩码表示重物，可以移动它吗？

生：不可以。

师：在杠杆尺的另一侧挂钩码时，能分开挂吗？

生：不可以，那样力就分散了，不知道用几个力了。

师：同学们看看实验表格。

师：下面我们一起来看看完成这个实验的注意事项(使用课件展示)，明确实验目的与做法，小组分工合作，开始做实验。

(2)分组实验。学生按教师演示的方法组装好杠杆后，在右侧格处分别挂钩码进行验证。

讲解：可按格计量距离，按钩码数量计量力的大小。

学生汇报实验结果。

讨论：三次实验可分成哪三种类型？(个人思考、小组讨论、大组汇报)

(3)选一组汇报他们的实验结论，做实验总结。

当支点到力点的距离大于支点到重点的距离时——省力；

当支点到力点的距离等于支点到重点的距离时——既不省力也不费力；

当支点到力点的距离小于支点到重点的距离时——费力。

(4)学生边演示边汇报，强调结论。

师：我们的重物用三个钩码表示，同学们想想，用一个钩码能不能撬起来？(能。)如果是十个钩码的重物用一个钩码能不能撬起来？要是一百个呢(拓展学生的思维)？有一个人正是由于有不断探索的精神，成了举世闻名的科学家，他就是古希腊科学家阿基米德。他曾说过：给我一个支点，我就能撬起整个地球。同学们，你们知道这是利用了什么原理吗？

三、应用新知

教师指导学生认识杠杆的应用。

分组观察：剪刀、订书机、钳子、起钉锤。

思考：它们的支点、力点、重点分别在什么位置，分析它们在工作时力的关系。

你还知道有哪些工具是利用杠杆原理设计的？(使用课件展示：钓鱼竿、起瓶器、面包夹、核桃夹)

四、思维拓展

第一，为什么有的工具要设计成费力杠杆？

第二，找一找在活动中人体的杠杆。

【案例评析】

在本教学案例中，教师由跷跷板入手，激发了学生的学习兴趣，促使学生尽快进入学习状态，再从学生的讨论发言中顺势引出杠杆的科学概念；在认识了杠杆省力与费力的原理后，让学生运用所学知识解释生活现象。这些活动充分利用了生活中的资源。

教师同时重视引导学生在实验中学科学。有些学生可能在生活中对杠杆有所理解，但是这种理解并不清晰，他们建立的更多的是感性经验而不是科学知识。本教学案例让学生通过杠杆尺开展实验研究，初步认识到杠杆是否省力与它的支点、力点、重点之间的关系有关，并在探究中认识到收集数据的重要性，发展学生利用数据来说明问题的能力。

案例 4
斜面的作用

【教材分析】

"斜面的作用"（选自青岛出版社五年级下册教材），之前学生已经学习了杠杆、轮轴、滑轮等简单机械，对简单机械的作用（省力、改变运动方向）已有所了解。本节课要研究斜面的简单机械原理。教师通过日常生活中的情境再现，引出斜面的作用是什么。学生通过动手实践，明白斜面的作用以及斜面的坡度与什么因素有关，在实验中对比测量直接提升重物与用斜面提升重物所用力的大小，更深入地对比用不同坡度的斜面提升同一重物的用力情况。通过研讨和再次实验，学生可以认识到斜面的坡度越大越不省力，坡度越小越省力。

【学情分析】

五年级学生已具备了一定的学习探究能力，能够结合材料设计简单的实验。基于之前学习其他简单机械的基础，学生能主动探究，并在探究中熟练运用对比实验的方法。

【教学目标】

一、科学知识

第一，知道像斜搭的木板那样的简单机械叫斜面，使用斜面可以省力。

第二，知道斜面的坡度越小越省力，坡度越大越不省力。

二、科学探究

第一，能从日常生活中应用斜面的例子提出可探究的问题。

第二，能设计实验方案，并能收集斜面的作用的证据，通过研讨、对比再次论证，发现斜面起作用的规律。

三、科学态度

第一，积极参与科学实验，能与同伴分享交流。

第二，能如实地记录和描述斜面起作用的证据。

四、科学、技术、社会与环境

解释"斜面的作用"这一知识点在日常生活中的应用。

【教学重点】

通过操作实验并根据实验现象和结果来说明斜面可以省力，以及省力的规律。

【教学难点】

设计实验方案，把学到的知识运用到实际生活中。

【教学方法】

谈话法、演示法、实验法。

【教学准备】

简单实验机械盒、钩码、测力计。

【教学过程】

一、创设情境，引入课题

师：（课件出示图片）要想把很重的油桶搬上卡车，你有什么好办法？

生：用绳子拉。

生：在卡车和地面之间搭一块木板。

教师动画演示把油桶滚上卡车。

师：（使用课件出示中国古塔、埃及金字塔的图片）古代并没有现代化的机械设备，在施工的过程中，他们是怎样将大块的石头送上去的呢？

生：可以搭一个斜坡。

教师出示古埃及人修建古塔时的模拟施工图。

师：从古到今，人们在生活中经常利用斜坡。斜坡也叫斜面，是我们常用的一种简单机械。今天我们就一起来探究斜坡。

设计意图：引用古今常见的生活现象、学生熟悉的事实，使学生感到科学就在身边，激发学生的学习兴趣，为后面设计实验方案、提出问题、进行猜想打下基础。

二、提出自己的猜想

师：（动画演示）用三种方法把小球提升到相同的高度：第一种方法是直接提起，

第二种方法是从比较陡的斜面上提起，第三种方法是从比较缓的斜面上提起。

教师出示以下问题。

第一，重物被抬高的高度是否相同？

第二，重物被抬高时所移动的距离是否相同？

第三，重物被抬高时是否有其他物体帮助托住了该物体？

第四，使用斜面可能会怎样？斜面在什么状态下更省力？

学生根据自己的日常生活经验猜想到，利用斜面会省力，斜面越长越省力。

师：斜面与地面的夹角是斜面的坡度，夹角越小，坡度越小，斜面越平缓。

生：不是斜面越长越省力，而是斜面越平缓越省力。

师：这是大家根据经验猜到的，是真的吗？我们需要实验验证。

设计意图：教师的动画演示直观具体，可见性较强。这里提出的几个具有指向性的问题，为学生进行猜想做了良好的铺垫，也为后面学生设计实验方案提供了思路。

三、设计实验，验证猜想

师：既然要实验，一般情况下为了保证实验的合理性，需要先来设计一下实验方案，有了实验方案，实施起来才能更科学、更完善。请根据探究计划想一想如何来做实验(使用课件出示探究计划)。

> (一)研究的问题
>
> 使用斜面是否会省力？斜面是否越平缓越省力？
>
> (二)实验材料
>
> 斜面、小车、钩码、测力计、直尺、计算器。
>
> (三)设计实验方案
>
> (1)利用上面的材料，想一想通过什么办法能证明使用斜面会省力。
>
> (2)组装什么样的装置能证明斜面越平缓越省力？
>
> (四)小组成员分工
>
> (五)开始实验

学生先在小组内讨论如何开展实验。

设计意图：设计实验的过程是培养学生发散思维的过程。学生明确了研究的问题，根据教师给出的一些材料，从不同的角度想出不同的方法验证假设，在这一过程中不断闪烁出创新思维的火花，设计出各具特色的实验，充分发挥了创造潜能。

四、汇报实验设计

(一)学生汇报自行设计的实验方案

师：哪个小组先来说一说设计的实验方案？

生：……

（二）对比修正，完善实验方案

师：同学们设计实验的能力很强，实验设计得非常不错，老师这里也有学生设计的一个实验方案，请大家来看一看（课件出示实验方案）。大家讨论、比较一下实验方案。

（1）将装载着钩码的小车直接挂在测力计的挂钩上，然后慢慢提升到盒子的顶端，观察测力计的读数，并记录下来。反复三次，求平均值。

（2）用盒子、木板在桌子上搭建一个坡度较大的斜面，沿着斜面把装载着钩码的小车慢慢提升到盒子的顶端，观察测力计的读数，并记录下来。反复三次，求平均值。

（3）用盒子、木板在桌子上搭建一个坡度较小的斜面，沿着斜面同样提升到盒子的顶端，观察并记录。反复三次，求平均值。

师：你们觉得谁的实验设计更合理、更完善？

师：在开始实验之前，老师想请大家弄清楚两件事：第一，实验目的是什么？第二，桌子上的这些仪器你们都会用吗？每个仪器都有使用的标准。老师给大家揭示一下特别的注意事项（使用课件展示温馨提示）。

师：完善了实验方案，接下来要干什么呢？

设计意图：学生设计的方案虽然各具特色，但多少都有不太完善的地方，在这里教师给出一个特例，目的是让学生进一步完善自己的实验方案，对于不太完善的地方，知道向哪个方向更改。教师对科学仪器的使用规范性要做出明确的要求，防止危险发生。学生在实验时一定要充分发挥小组合作的积极性，分工要明确，共同探究。

五、学生实验

学生实验，教师指导（观察学生做实验的情况，问一问学生观察到的现象）。

六、汇报实验结果

（一）分析物体上升的高度是否一样

师：哪个小组来说一说自己的实验结果，其他组的学生认真听。

师：这三个装置有什么不同？

生：装置1没有使用斜面，是直接提升重物的；装置2、装置3都使用了斜面。

师：重物升高的高度一样吗？

生：一样，都从桌面提到了盒子的顶端。

生：我们三次测量的高度都是11.9厘米（比较）。

生：不用测量，就是盒子的高度，一看就是一样的。

师：你很聪敏，测量一次就够了，就是盒子的高度（分析）。

（二）分析物体移动的距离是否相同

师：物体移动的距离也相同，对吗？（比较）

生：不对，第一次移动了 11.9 厘米，第二次移动了 18 厘米，第三次移动了 23 厘米。

师：物体移动的距离有什么规律？（分析）

生：第一次最小，第三次最大。

生：移动的距离越来越长。

师：也就是说三次上升的高度相同，但移动的距离逐渐变大（综合）。

（三）分析移动物体所用的力的大小

师：只测一次力够吗？为什么？

生：不够。

师：因为我们拉动小车的速度不均匀，力的大小会出现误差，故用求平均值的方法。

师：力的大小有什么特点？（分析）

生：第一次用的力最大，第三次用的力最小。

师：为什么第一次用的力最大？

生：因为没有使用斜面。

生：分别用了 25 牛顿、18 牛顿、13 牛顿的力（比较）。

师：你发现了什么规律？

生：使用斜面会省力（综合）。

（四）综合概括，得出结论

师：你能用一句话说一说高度、距离与力的关系吗？

生：当高度相同时，距离越长，用力越小

师：当高度相同时，斜面越长，坡度越小。

哪位同学再完整地说一说他们之间的关系？

生：斜面的坡度越小，越省力。

师：通过实验我们发现，使用斜面会省力，而且斜面越平缓越省力。

设计意图：汇报实验结果的目的是揭示学生的思维过程，培养学生的思维能力。分析数据，比较现象，综合事实，进而形成规律。过程由浅入深，由具体到综合，发展了学生对现象进行抽象分析的科学思维。此外，教师通过引导教学，使学生的认识能够上一个层面，从而完成教学任务。

七、实际应用，演绎事实

师：再回忆埃及金字塔。

埃及人为了省力，在搭建金字塔时用的斜面一定会很平缓、很长，这不影响他们的日常生活吗？

生：他们不会建造斜面，他们会环绕古塔修建很多个平缓的斜面。

师：你很聪明，现在我们也围绕高山修建很多个平缓的斜面，那是什么？

生：盘山公路。

师：斜面在日常生活中还有哪些应用呢？

生：……

设计意图：让学生体会斜面在日常生活中的应用，体会科学知识就在我们身边。

八、拓展

师：拧钉子时，普通钉子和螺丝钉相比，哪一个更省力？

螺纹细的螺丝钉和螺纹粗的螺丝钉相比，哪一个更省力？为什么？

生：……

设计意图：课堂教学应该从问题开始，用问题结束，激发学生继续探究的兴趣，让学习从课堂上延伸到课下。

【案例评析】

本课教学以学生所常见的生活场景"工人叔叔往卡车上搬运油桶"为切入点，激发学生探究科学的兴趣，由此引发学生提出问题：斜面是否省力？怎样搭斜面更省力？并且围绕这两个问题展开讨论，提出各自的假设，研讨设计并操作实验，然后汇报发现，得出结论，最后回到现实生活中，认识各种斜面(其中包括变形的斜面)在生活中的应用。学生经历了"问题—实验—结论—应用"的完整探究过程，在这一过程中潜移默化地认识到了科学源于生活，科学反过来还能应用于生活，改善生活。

案例 5
齿　轮

【教材分析】

"齿轮"(选自河北人民出版社五年级下册教材)是机器广泛采用的传动零件之一，学生在生活中见过很多齿轮。但是，齿轮为什么设计成我们见到的样子？它们之间的连接又会产生什么作用？学生可能不清楚，对其中的规律也可能比较陌生。本节课的探究活动是在前几课学习简单机械的基础上，继续深入探究简单机械，也为下面探究复杂机械打基础。

【教学目标】

一、科学知识

探究齿轮这种简单机械的作用，了解使用齿轮能传递动力，可改变力的方向及转动速度。

二、科学探究

在研究齿轮作用的过程中，学会设计和制定实验方案，并养成做好实验记录的习惯。

三、科学态度

在做齿轮的过程中，体验合作与交流的乐趣，增强发现问题、解决问题的能力。

【教学重点】

知道齿轮如何连接。

【教学难点】

知道如何加速齿轮的转动。

【教学方法】

谈话法、讨论法、演示法、练习法。

【教学准备】

第一，多媒体课件、各种齿轮工具、闹钟、机械表、齿轮组件。

第二，胡萝卜、小刀、钉子。

【教学过程】

一、由谈话导入新课

师：同学们，我们在生活中见过各种各样的轮子，像这样的轮子大家见过吗？（出示齿轮模型）

学生回答。

师：没错，这就是齿轮模型，你们还在哪里见过类似的齿轮呢？（玩具汽车、自行车、闹钟）

师：实际上，齿轮在生活中的应用非常广泛，它和杠杆、滑轮、轮轴、斜面一样，也属于简单机械。那么这些作为简单机械的齿轮，在工作中会起到哪些作用呢？大家想不想更多地了解齿轮呢？让我们一起来认识齿轮、研究齿轮吧。

（板书：齿轮）

设计意图：学生在生活中见过齿轮，对齿轮的作用也有一定的了解，尽管不全面，也不够准确，但这样的导入能唤起学生对齿轮的思考，为下一步活动做准备。

二、探究活动一：做齿轮，感受齿轮的特点

（一）激发做齿轮的兴趣

师：齿轮究竟有什么作用呢？

学生回答。

师：老师认为你们做出一个齿轮模型来研究它的特点，就会发现齿轮的作用。

设计意图：学生喜欢动手操作，为学生提供动手的机会和平台，让学生亲自体验做齿轮的过程，目的是让学生在制作过程中发现齿轮的特点，为探究齿轮的作用提供直接的经验。

(二)学生动手做齿轮

师：这是老师用胡萝卜制作的齿轮模型，你们想不想制作一个呢？我们该怎么制作呢？

学生回答。

师：大家说把胡萝卜先切成圆片，再在圆片上刻出许多齿，你们觉得这样能做成一个齿轮吗？

生：能。

师：你们觉得在制作齿轮的过程中大家该注意哪些安全问题呢？老师再次提醒，要注意安全，千万不要被小刀伤到；讲究卫生，不要乱丢垃圾；要在规定时间内完成。老师给你们5分钟的时间，以4人为一组抓紧时间行动吧。

学生制作齿轮。

师：时间到，请各小组收拾好材料，并坐端正。请同学们互相配合，把你们的齿轮组合起来，转一转，看看有什么发现。

学生把齿轮在泡沫板上进行固定、组装，并进行操作与观察，谈自己的发现。转动自制齿轮，初步感受齿轮的特点。

学生制作的齿轮普遍存在不够圆，齿不均匀，相邻的两个齿轮不能互相咬合的问题。个别学生还存在固定齿轮时轴没有插在圆心上，做齿轮的材料不够坚硬与结实的问题。

三、探究活动二：利用齿轮模型探究齿轮的作用

(一)设计研究方案

师：齿轮究竟有哪些作用呢？现在，我给大家准备了一些齿轮模型。你们准备怎样组装齿轮进行研究呢？

学生在小组内交流，并汇报研究方案(想用几个齿轮，怎么组装，转哪一个齿轮，观察什么，注意什么，这些都要汇报)。

为了避免研究的盲目性，保证探究的效果，学生有必要在实验前对实验方法进行设想。

(二)探究齿轮的作用

师：下面请同学们按照刚才设想的方法去研究。在研究过程中，要注意做好实验记录(为学生提供实验报告单)。

（三）汇报研究发现

请各个小组汇报各自的研究和发现，同时还要注意把其他小组的研究与本组的研究做对比，记录有价值的发现。

（1）学生汇报自己所在小组的发现。

（2）结合其他小组的发现，再次分析实验结果，得出实验结论。教师适时进行点拨，引导学生总结齿轮的作用。

（板书：传递力、改变转动方向、改变转动速度）

在学生做实验的同时，教师将实验中的观察记录作为指导重点，目的是让学生注意观察实验现象，收集实验中的大量信息，以便为学生互相交流、归纳结论提供事实依据。汇报时，教师引导学生注意倾听，同时提醒学生要注意记录别的小组的发言。

师：通过刚才的研究，我们不仅知道了齿轮能传递力，还发现了它能改变转动的速度和方向。

四、拓展活动：创新设想

（一）学以致用，科学猜想

师：（出示一个钟表）同学看，这是一块普通的钟表，它的里面就有齿轮，齿轮的转动带动了钟面上指针的运动。请同学们想一想，要保证时针、分针、秒针向同一个方向，也就是顺时针转动，你认为至少要有几个齿轮？它们是怎样组合的？

学生根据自己的理解发表意见。

对于这个问题，学生的意见可能各不相同。教师不给予肯定或否定，让学生自由发表自己的见解，在回答中互相启发，碰撞思维。这一设计的目的是让学生自主探究齿轮在实际中的应用，加深学生对齿轮的作用的认识，同时也渗透了培养学生运用掌握的科学知识分析、解决实际问题的能力，使学生意识到科学服务于生活。

（二）引出新问题，拓展延伸到课外探究

师：钟表里究竟有几个齿轮？它们到底是怎样组合的，又是怎样工作的？这样组合有什么道理？还有没有更好的组合方法？这些问题请你们自己在课下想办法去解决，老师相信你们一定能解决。下节课我们再来交流。

恰当引导学生在课下进行拓展活动，活动主题即为课上探究活动遗留下来的问题，既增强了学生的探究兴趣，又将探究活动持续到课下，达到使学生的科学探究兴趣及各项探究能力持续发展的目的。

【案例评析】

将生活中的齿轮引入课题，让学生猜猜齿轮的作用，带着"齿轮究竟有什么作用"这一问题进入科学研究。学生通过动手做齿轮发现正常工作的齿轮所应具备的特点，通过实验发现齿轮的作用，最后用获得的结论解决生活中的问题，带着问题在课下继续探究。整个教学过程重点体现了"让学生经历科学探究的全过程"的理念，让学生的探究活动从问题开始，以问题结束，使探究活动更具完整性、细致性、科学性。教师还特别注意引导学生动手操作、认真观察，通过一系列的探究体验活动，使学生能在课堂教学活动中一步步体会到齿轮的特点，发现齿轮的作用。

案例 6
搭建机械模型

【教材分析】

"搭建机械模型"在学生掌握了杠杆、滑轮、轮轴、斜面四种简单机械的作用和用法后，引导学生探究简单机械组合省力的方法，并根据自己的设计，制作一个省力的模型，以培养学生运用知识解决实际问题和创新的能力为目的，体现了科学与技术、工程、艺术、数学的整合。

【教学目标】

一、科学知识

第一，能够运用已有知识，设计省力方案，画出设计简图。

第二，能够按照设计简图，搭建机械模型。

二、科学探究

第一，在设计方案、搭建模型的过程中能与同学沟通合作，共同完成活动任务。

第二，培养探究能力、创新能力和科学实践能力。

三、科学态度

能够积极与同学进行交流合作。

四、科学、技术、社会与环境

通过整理已认识的各类机械及其作用，认识到机械与我们的生活密切相关。

【教学重点】

能够运用已有知识，设计省力方案，画出设计简图。

【教学难点】

能够按照设计简图，搭建机械模型。

【教学方法】

讲授法、谈话法、讨论法、演示法、实验法、练习法等。

【教学准备】

第一，多媒体课件。

第二，测力计、支架、重物、绳子、剪刀、斜面、轮轴、定滑轮、动滑轮等。

【教学过程】

一、创设情境，导入新课

师：（出示情境图）有两个工人要把重 1000 千克的货物搬到一米高的平台上，但是他们搬不动，于是他们搭了一个斜面，沿着斜面往上推，但是也推不动。你能给他们想个办法吗？

设计意图：用问题引导学生想到把省力的简单机械组合到一起来完成任务。

师：有同学想到了把两种省力机械组合起来。那么，还有别的组合方法吗？

学生发言。

设计意图：通过让学生猜测，激发学生兴趣，引出本课的主题。在这个过程中，学生会把之前所学的简单机械的相关知识进行加工、整理，锻炼了学生对知识的综合应用能力。

师：老师找到了两个组合在生活中的应用（使用课件展示运矿车图片）。这是运矿车。它用到了两种简单机械的组合，轮轴在地面，斜面连接地下和地面。这是电梯，它也用到了两种简单机械的组合，轮轴在最高点，动滑轮和电梯轿厢连在一起（使用课件展示轮轴、斜面位置）。

设计意图：通过展示生活中机械组合的设计简图，给学生的设计思路提供参考，引导学生正确设计省力装置的组合。

师：其实在生活中有很多机器用到了你们想到的方案，哪个方案更省力呢？我们用实验的方法，搭建一个机械模型来验证一下。

（板书：搭建机械模型）

二、提出要求，小组设计

（一）提出要求，指导设计

师：搭建模型与修桥、盖房子一样，都是工程。在实施工程时，首先要设计方案。

（板书：设计方案）

师：利用几个简单机械装置，设计一个省力的模型，把物体运到平台上。

教师出示课件演示实验步骤。

构思选材：小组交流设计思路，选择材料。

画图连线：把简单机械画到合适的位置，再用线连接起来。

确认上传：小组交流讨论，上传合理的方案。

学生复述设计步骤及注意事项。

教师使用课件展示设计步骤。

设计意图：遵循学生记忆的规律，设计了教师演示、学生复述、出示步骤三个环节，让学生掌握设计方法。

（二）小组活动，设计方案

师：我们都了解了设计步骤和注意事项，接下来以小组为单位，用 10 分钟来设计一套更省力的方案，比一比哪组的设计更合理。

学生小组活动。

设计意图：以小组为单位画设计图这个环节，可以锻炼学生的合作能力、沟通能力和知识应用能力，还可以培养学生对美术、科学和数学等知识进行整合的能力。

（三）小组汇报，交流评价

师：哪个小组来介绍一下，你们的方案用到了哪些省力的简单机械，这些简单机械是如何摆放设计的？请围绕自己的方案和评价要点进行汇报。

学生汇报。

师：通过分析比较，我们不难发现，2 组和 5 组的设计图更合理。接下来，老师给大家两分钟的时间再完善自己的设计图。

设计意图：通过教师指定小组汇报内容，引导学生思考设计过程中应当注意的事项，也为学生评价指明了方向。这个过程可以锻炼学生的语言表达能力和倾听能力，提高学生的评价设计能力。

三、搭建机械模型

（一）出示材料，开始搭建

师：现在我们都有了自己的设计图，但仅仅纸上谈兵是不够的，接下来我们用实物进行搭建，比一比哪个组搭建的模型更省力。老师给每个小组准备了定滑轮、动滑轮、轮轴、平台、斜面、测力计、重物、绳子。现在请以小组为单位，在 10 分钟内完成你们的任务，测出力的大小，重复三次，算出平均值。

学生以小组的形式共同合作，按图搭建。

（二）汇报交流

师：哪个小组来汇报一下你们的实验数据？

学生汇报，教师记录。

师：通过搭建模型、比较数据，你发现了什么？

学生汇报。

师：已知他们两个人最多可以搬动 300 千克的货物，那么利用你们的省力装置，能帮他们把 1000 千克的货物搬到平台上吗？（出示引入图）

学生发言。

设计意图：通过小组合作，按图搭建模型，可以锻炼学生的交流合作能力，提高学生的技术应用能力和工程制作能力，培养学生对科学、技术、工程、数学等知识进行整合的能力。

（三）教师总结

师：同学们都能利用简单机械的优势，组合搭建成一个比较省力的模型。

四、拓展应用

师：看，工人叔叔用了同学们的设计方案，很轻松地把货物运到了平台上。

其实生活中还有很多机器用到了简单机械的组合。比如，倒链，又叫"手动吊车"，5T 是它的型号，就是一个人可以用它拉起 5 吨的重物。你知道它用到了哪些简单机械的组合吗？它们又是怎么组合的呢？感兴趣的同学在课下可以接着研究。

设计意图：教师再次设置情境，提出问题，让学生把问题带到课下，给学生提供应用本节课所学的知识的机会，以提高学生应用知识的能力。

【案例评析】

本节课以生活场景激趣，以问题为切入点，将小组合作、学生点评、生生互动、师生互动等结合起来，变单边活动为多边活动，问题由教师提出，方法、方案由学生提出。在课堂教学中师生对话、互动，彼此分享思考、经验和知识，交流情感、体验和观念。教师在学生设计方案的基础上巧设铺垫，层层追问，使学生对问题进行反思，培养了学生思维的深刻性、批判性。

本章小结

本章提供了 6 个关于技术与工程领域实验教学的案例。案例 1 是"拧螺丝"，学生固定、维修和组装螺丝；案例 2 是"制作太阳钟"，通过了解时间仪器的发展历史，学生知道日晷的计时原理；案例 3 是"杠杆"，学生通过体验科学探究过程，归纳杠杆平衡的条件；案例 4 是"斜面的作用"，学生了解斜面可以省力以及省力的规律；案例 5 是"齿轮"，通过制作齿轮，学生知道齿轮的转动原理；案例 6 是"搭建机械模型"，学生运用简单机械，搭建省力模型。这 6 个案例分别从教材分析、学情分析、教学目标、教学过程等环节进行了详细阐述，包含对单一知识点和综合性知识的学习，为科学教师对该领域知识的教学提供了一定的思路。

关键术语

技术与工程领域实验教学；螺丝；太阳钟；杠杆；斜面；齿轮

拓展阅读

1. 上海市教育委员会教学研究室 . 小学科学与技术单元教学设计指南[M]. 北京：人民教育出版社，2018.

该书编写的初衷包括三个方面：一是聚焦学科核心素养，二是解决当下教学中的实际问题，三是提供思路与方法。围绕单元教学设计，需要做什么，可以怎样做，是教师迫切需要了解的，也是着力点。

2. 英国 DK 公司 . DK 儿童 STEM 创新思维培养　图解科学、技术与工程[M]. 库柏特科技，译 . 北京：清华大学出版社，2019.

该书充分体现了当前国内外 STEM 教育的成果，旨在帮助中小学生从小培养对科学、技术、工程和数学的学习兴趣，掌握基础知识，锻炼创新思维。该书知识体系完善，思维方式独特，以图片为主的分步骤讲解方式能够紧紧抓住学生的注意力，带领学生循序渐进地步入科学殿堂，提升科学思维和应用能力。

体验练习

1. 在"拧螺丝"一课中，还可以如何设计"创设情境，形成问题"这一环节，以更充分地激发学生的兴趣和求知欲？

2. "制作太阳钟"的实验材料可以有哪些改进？

3. "杠杆"一课对杠杆的介绍还可以采用哪些教学方法？

4. "斜面的作用"一课该如何设计本节课的问题链？

5. 如何改进"齿轮"一课中学生制作齿轮的材料？

6. 在搭建机械模型的过程中可能会遇到哪些突发问题？

🔍 章结构图

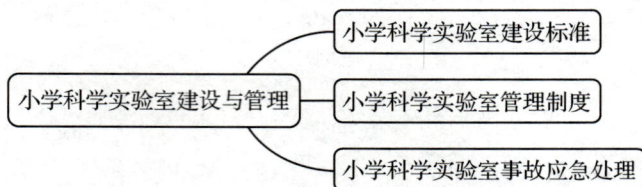

本章概述

　　小学科学实验室是开展小学科学实验活动的重要场所，小学科学实验室的建设与管理对于提高小学科学教学质量意义重大。为了加强小学科学实验室的建设和管理工作，本书特意辟专章进行论述。本章内容分三节：第一节是小学科学实验室建设标准，第二节是小学科学实验室管理制度，第三节是小学科学实验室事故应急处理。

📋 问题情境

　　如何加强小学科学实验室的建设与管理？

　　李老师发现在进行小学科学实验时，学生的心情十分激动，他们在进行实验时，难免会出现一些意外情况。为了防止这些意外情况的发生，我们应该不断地加强对小学科学实验室的建设与管理。首先，应该健全小学科学实验室的设施并讲解这样做的目的与原因，在进行实验之前给学生介绍实验室的各种仪器与注意事项；其次，在上实验课前给学生提出一些实验室可能出现的应急问题，并与学生讨论解决策略；最后，强调在做实验时要遵守实验室的纪律与规则。

第一节
小学科学实验室建设标准

一、小学科学实验室类型

小学科学实验室一般包括"科学实验室""探究实验室""教学实验室""仪器室""实验员室""准备室""培养室""生物园地"8 种类型。从功能上看，小学科学实验室一是要能够满足实验教学要求，为学生创设科学氛围，有利于学生进行科学探究、体验科学过程，方便开展科学活动；二是应努力为学生自行查询科学信息和开展科学实验活动创造条件。

二、小学科学实验室配备标准

(一)实验员

实验员的基本任职要求有两个：一是具有中专以上学历，二是具有小学三级教师以上职称。具备其中一个要求即可。实验员的数量应根据办学规模确定。2 轨以下的至少应配备一名专职科学教师兼任科学实验教师，2~5 轨的要配备 1 名兼职实验员，6~8 轨的要配备 1 名专职实验员。

(二)科学实验室

每个科学实验室的使用面积不小于 86 平方米或生均使用面积不小于 1.91 平方米，2~3 轨的最少配备 1 个，建议配备 2 个；4~7 轨的最少配备 2 个，建议配备 3 个；8 轨及以上的最少配备 3 个，建议配备 4 个。

(三)探究实验室

每个探究实验室的使用面积不小于 86 平方米或生均使用面积不小于 1.91 平方米，4 轨及以下的要求配备 1 个。

(四)教学实验室

每个教学实验室的使用面积不小于 86 平方米或生均使用面积不小于 1.91 平方米，4 轨及以下的要求配备 1 个。

(五)仪器室

仪器室的使用面积不小于 43 平方米，用来存放实验仪器和实验药品，药品柜应采取防潮、通风和安全等措施。2～4 轨的最少配备 1 个，5～8 轨的最少配备 2 个。

(六)实验员室

实验员室的人均使用面积不小于 6 平方米，是实验员办公的场所，8 轨及以下的最少配备 1 个。

(七)准备室

准备室使用面积不小于 18 平方米，建议不小于 23 平方米，位置应邻近科学实验室、探究实验室和教学实验室，方便实验员进行实验准备和简单的仪器维修。4 轨及以下的最少配备 1 个，8 轨及以上的最少配备 2 个。

(八)培养室

培养室的使用面积不小于 43 平方米，要求朝阳，通风良好，用于进行组织培养等，8 轨及以下的最少配备 1 个。

(九)生物园地

生物园地用于进行种植、饲养等，可室内外结合布置，8 轨及以下的最少配备 1 个。

三、小学科学实验室建筑要求

(一)地面

各教室与走廊的地面不宜设台阶。地面应防尘易清洁，耐磨，防滑，耐酸碱腐蚀，设有地漏。

(二)门窗

应根据人员安全疏散的要求设置后门，门洞的宽度不应小于 1000 毫米，门扇上宜设观察窗，门框上部设采光通风窗。科学教室窗台的适宜高度为 800～900 毫米，科学教室的窗间墙宽度不应大于 1200 毫米。门窗打开后不应影响室内空间的使用和走廊通行的便利与安全。

(三)综合布线系统

室内有水源、电源的应设总控制阀。科学教室内电源插座与照明用电应分路设计、分别控制。新建科学教室应预留综合布线系统的竖向贯通井道及设备位置。

(四)用电负荷

科学实验室用电负荷的设计应兼顾现代化教学设备及仪器设备增多的需要。

四、小学科学实验室环境要求

(一)采光

应保证科学实验室最佳建筑朝向，避免阳光直射室内。主要采光面应位于学生座位左侧。准备室应至少有一个向阳的窗户，存放生物标本的仪器室宜为北向布置。

(二)照明

1. 基本要求

(1)实验台面的平均照度应符合 GB/T 50034-2024 的有关要求，不低于 300 勒克斯；其照度均匀度应符合 GB/T 5700-2023(自 2024 年 8 月 1 日起实施)的要求，不应低于 0.7。

(2)灯具悬挂高度距实验台面不应低于 1700 毫米，不宜用裸灯。

2. 规划建议

(1)书写板宜设局部照明，书写板面的平均照度应符合 GB/T 50034-2024 的有关要求，不低于 500 勒克斯，照度均匀度不低于 0.7。

(2)实验台上若设计局部照明，前排灯不应对后排学生的视线产生直接眩光。

(三)遮光

在窗户上安装窗帘。

(四)温度

室内温度应符合 GB/T 5701-2008 的有关要求，即宜在 16℃～28℃。寒冷和炎热地区应因地制宜地设置采暖和降温设施。

(五)通风换气

1. 基本要求

(1)科学实验室、准备室的换气次数应符合 GB/T 17226-2017 的有关要求，不低于 4 次/小时，使室内二氧化碳浓度低于 1.5‰。

(2)采用自然换气方式时，应设气窗、通风道等。气窗的开口面积不得小于教室地面面积的 1/60，便于开启；严寒与寒冷地区冬季采用自然通风方式时，应符合 GB 50099 的有关规定。

2. 规划建议

采取强制置换室内污染空气的措施：安装排风扇，排风扇应设在外墙靠地面处。风扇的中心距地面不应小于 300 毫米。风扇洞口靠室外的一面应设挡风措施，室内的一面应设防护罩。

(六)环保

第一，室内噪声不大于 65 分贝。

第二，新建、改建、扩建科学教室及附属用房时，甲醛、苯、氡等有害气体和放射性污染应符合相关标准的要求。

(七)安全

各室应配备有效的消防设施。

五、小学科学实验室固定设施

(一)书写板

书写板下沿与讲台面的垂直距离宜为 850～1000 毫米。

(二)讲台

两端与书写板竖直边缘下延长线的水平距离不应小于 200 毫米，宽度不应小于 650 毫米，高度宜为 200 毫米。

（三）电源

科学实验室电气线路应采用符合防火要求的暗敷配线方式，安装自动断电保护器，有可靠的接地措施。

（四）水源

各室应设给排水设施，宜设水槽和拖把池，排水口应有水封装置。

（五）气源

可根据需要设置气源，并应有一定的安全措施。

（六）通信

可根据实际情况设一处或多处网络接口。

（七）教学屏幕

在科学实验室内安装屏幕时，屏幕下沿距讲台面不应低于 1000 毫米，屏幕的宽度宜为屏幕垂直面至最后一排座椅距离的 1/6。

六、小学科学实验室设备

（一）实验台

实验台生均有效操作面积不小于 550 毫米×500 毫米，外观应平整，无明显缝隙。若采用封边处理，封边条不应有脱胶、鼓泡现象。实验台应有良好的稳定性，前沿可设高约 50 毫米的围板，延伸到两侧的围板长应不大于 150 毫米。铺设有管线到桌的实验室，实验台与地面间应采取固定措施。

（二）演示台

演示台尺寸不小于 1400 毫米×700 毫米，外观应平整，无明显缝隙。若采用封边处理，封边条不应有脱胶、鼓泡现象。演示台应有良好的稳定性。

（三）准备台

准备台尺寸不小于 1400 毫米×700 毫米，外观应平整，无明显缝隙。若采用封边处理，封边条不应有脱胶、鼓泡现象。准备台应有良好的稳定性。

（四）台面材料

台面材料应符合相应材质的力学性能和理化性能要求。耐腐蚀、耐污染等要求应符合相应标准。

（五）仪器柜

仪器柜的数量、规格及内部格局可根据实际情况设计。其中，柜中搁板位置应可调节，对于存放较重仪器的隔板宜做承重加强处理。

（六）陈列柜

陈列柜的数量、规格及内部格局可根据实际情况设计。陈列柜宜设计成透明体，并应采取防潮、防虫蛀等措施。

（七）资料柜

资料柜的数量、规格及内部格局可根据实际情况设计。

（八）储物柜

储物柜的数量、规格及内部格局可根据实际情况设计。

（九）学生凳

学生凳的高度应可调节，无棱角。

（十）电源

第一，演示台、准备台应有 220 伏交流电源，实验台应设置低压电源。

第二，教学电源和学生电源选用集控电源或分流电源，负荷应能充分满足实验教学的需要。

第三，学生实验台不建议采用交流电，建议使用直流电或干电池。

（十一）插座

220 伏交流电源，演示台宜采用不小于 3 安的电流，通过国家强制认证的安全插座设计位置应合理。

（十二）水槽

第一，水源应到演示台、实验台。

第二，水槽置于台面上的，水槽的四周应做密封处理，无脱胶、漏水现象，排水口应有水封装置。

(十三)工具

制作、修理仪器所用的工具及仪器、小车、梯子等。

(十四)信息传输设备

宜配置适当的显示装置和播放设备。

第一，信息的传送和显示：信息传送部分可由局域网端口等信息源，计算机等信息查询设备和音、视频电子设备组成，并由终端显示装置来实现。设备的功能和技术指标宜适时选择。

第二，实验资料的查询：装备一套或多套与网络相连接的计算机设备，方便查询相关资料，便于师生自主设计实验。

(十五)辅助电器

根据学科需求配备冰箱、恒温箱等。

(十六)培养室设备

宜设置超净工作台、培养架、培养箱、高压灭菌锅、接种环等培养室设备。

七、小学科学实验室布置

第一，科学实验室及辅助用房宜布置在同一层面。

第二，科学实验室第一排实验台的前沿与书写板的水平距离不应小于 2500 毫米，边座的学生与书写板远端形成的水平视角不应小于 30°。最后一排实验台的后沿与书写板的水平距离不应大于 9500 毫米。

第三，科学实验室实验台端部与墙面(或凸出墙面的内壁柱及设备管道)的净距离不应小于 550 毫米。

第四，学校在进行科学实验室布置时，应结合学科特点，充分体现科学性、合理性、安全性。

第二节
小学科学实验室管理制度

在小学科学实验室中，小学科学实验仪器配备属于硬件建设，小学科学实验室管理制度属于软件建设。硬件建设和软件建设同等重要，缺一不可。一般来说，小学科学实验室的管理制度包括"小学科学实验教师职责""小学科学仪器室管理制度""小学科学实验室使用管理制度"三部分。

一、小学科学实验教师职责

第一，根据学校的学期工作计划和教研组的教学进度计划，制订本学科实验教学工作学期计划。

第二，根据本学科教材要求，保证全部演示实验和学生分组实验的正常开展，并认真落实各项制度。

第三，刻苦钻研业务。通读本学科教材，熟练掌握本学科全部演示实验和学生分组实验的操作技术，并对实验现象做出恰当的理论解释。

第四，按时开展实验课堂活动，积极协助任课教师辅导好学生的实验课，保证实验课正常进行，并认真填写实验记录单。

第五，与任课教师一起组织学生的科技活动、实验竞赛、实验复习和考评工作，为学生实验技能的提高提供有效的服务。

第六，熟悉实验室、仪器室、准备室的管理规则，熟悉仪器业务知识，及时编报仪器采购计划，对仪器要精心管理，科学存放，及时维护。掌握检测和维修的过硬本领，保证仪器的完好率，适应新科学、新技术在实验教学中应用的新形势，不断更新自己的业务知识。

第七，积极开展实验教学研究活动，不断改进实验方法，提高实验效果，大力开展自制教具的研制活动，积极自制、代用和改进教具，创造条件，多做实验。

第八，培养学生良好的、科学的实验习惯，要求他们遵守实验室纪律，爱护设备，精心使用仪器，体现文明礼貌的作风。

第九，做好实验室、仪器室和准备室的卫生工作、安全防范和财产保护工作，熟悉防火器材的使用，经常检查安全措施的落实情况，根据仪器设备性能定期完成维修保养工作。

第十，调进或调出实验室，要办好交接手续，及时完成教学仪器账目管理任务，账目清楚，实物点清，以保证实验室工作正常进行。

二、小学科学仪器室管理制度

(一)小学科学仪器室管理规则

第一，学校要按有关规定指派专(兼)职人员负责仪器室管理工作，其他人员未经批准不得进入仪器室。

第二，教学仪器要按国家统一标准分科、分类，科学存放，要有明显分类标签、橱目标签、仪器标签。仪器、药品、标本要分室存放，贵重仪器，易挥发、易燃、易爆、剧毒、放射性药品应设专库(柜)保管。形体特殊的仪器应有专用橱存放。自制教具单独存放并妥善保管。

第三，仪器存放要注意防潮、防压、防冻、防晒、防磁、防霉、防震，要经常做好清洁工作，保持室内及仪器表面无尘土，达到干净、整齐、美观的要求。

第四，仪器室要有防火防盗措施。定期检查防火防盗设备是否完好，室内无人时要切断水源、电源及关好门窗。

第五，对新调拨和新购进的仪器首先进行质量验收，合格后才能进入仪器室。

第六，仪器室要有严格的账目管理制度。按要求记好仪器账目和消耗品账目，每学期期末要清点一次仪器，做到分类账、消耗品账与物相符，每学年结束应与仪器总账核对一次，做到账账相符、账物相符。自制教具要单独建账管理。

第七，教师使用仪器和药品，要提前填好通知单，使用前要熟悉仪器的性能和操作方法，用后整理好送交仪器室。

第八，仪器室要严格执行仪器领用和借用制度，在不符合制度时，实验员有权拒付仪器。

第九，根据仪器的技术要求，定期进行保养和维修，保证仪器的完好率。对丢失、损坏的仪器要及时登记，并按有关规定处理。

第十，对危险品的领用和使用要严格执行危险品领用制度。

(二)教学仪器维修和保养制度

第一，仪器室要有通风、遮光设施，经常保持清洁卫生，并保持合适的温度和湿度。

第二，各种仪器必须在橱内整洁、科学存放，并放入干燥剂。仪器表面要保持清洁、干燥、无尘。电工仪表周围不应有强磁场。仪器、设备、动植物标本、原材料不能与化学药品存放在一个仪器室。要防止化学药品潮解挥发。

第三，加强精密仪器的质量管理，如验收、实验效果、故障、维修保养等均要做记录。

第四，根据仪器说明书的要求，做好对一些仪器的定期保养，如烘烤、通电、去尘、擦拭上油等特殊保养工作。

第五，教学仪器(含设备、器材)出现故障或发生损坏，应停止使用，凡能修复的，实验室均应进行维修。教学仪器的维修属于实验室的日常工作范围。对于实验室维修不了的仪器，由实验负责人处理。

第六，教学仪器维修的原则为：(1)保证实验教学的正常开展；(2)维修费用不超过仪器原有价值的50%。

第七，为保证维修工作的正常进行，准备室应有符合标准的工作台和全套维修工具。

第八，实验室应设仪器维修与保养记录册。每次维修与保养均应有记录，贵重仪器的维修记录应存入该仪器的技术档案。

第九，维修所需材料、元件的购买由维修人员负责，经主管人员批准后采购，费用记入消费品账。

(三)教学仪器借用制度

第一，凡由实验室保管的教学仪器(包括设备、器材、材料等)须移出实验室使用时，应严格按本制度执行。

第二，任课教师教学需要的仪器、材料等物品。由教师本人到实验室办理借用手续。在借用仪器时要仔细检查和了解仪器的完好程度。使用完毕，由教师本人将所借用的物品送还实验室。实验员检查验收后，注销借用手续。

第三，实验室要有仪器借还登记册，内容包括借还时间、仪器数量、仪器完好情况等。借用时领取人要签字，归还时实验员要登记。

第四，校内有关部门或人员因非教学需要借用仪器，应由教务(导)主任批准签字后，才能办理借用手续。

第五，非教育单位不得借用。兄弟学校之间因教学急需借用仪器时，要凭单位介绍信并经主管校长批准签字后才能办理借用手续。

第六，学生因课外科技活动需要借用教学仪器时，由辅导教师代为借用并负责按时归还。

第七，教学仪器外借后应及时归还，每学期期末必须将仪器全部交回实验室，对到期不还者，由批准人员负责追回。

第八，归还的仪器如有损坏现象，借用人要说明原因。能够修理的待修好后再办理交还手续；不能修理的，待查明原因，按有关规定处理后再办理交还手续并注明处理意见。

第九，对不合理的借用，实验员有权拒借，以保证实验教学的正常进行。

第十，下列仪器、设备不准向外借出：（1）实验室用于维修的仪器、仪表、工具等；（2）新购进的、未进行验收的仪器；（3）损坏后未修好的仪器；（4）学生分组实验用的仪器；（5）不宜搬运的较精密的仪器；（6）消耗性材料及易碎仪器，如药品、玻璃仪器等；（7）危险品，易燃、易爆品。

（四）教学仪器调出及报废审批制度

第一，由实验室管理的，属于固定资产部分的教学仪器发生损坏后，实验教研组组长（或实验员）认为应做报废处理时，由实验教研组组长（或实验员）对该仪器提出报废申请。

第二，申请提出后，应由鉴定小组对申请报废的仪器进行鉴定。鉴定小组由主管校长、主任及了解该仪器性能的教师代表组成。小组必须有三人以上成员，其中不得有实验室成员和造成仪器损坏的当事人员。

第三，鉴定小组的意见属于仲裁意见。报废申请获得批准，该仪器即行报废；未获批准，该仪器继续维修使用。

第四，报废申请通过，主管校长在报废申请书上签字后，申请生效。申请书由实验室存档，实验员注销该仪器的明细账、分类账，并报总账注销。报废后的仪器由学校主管校长授权做出处理。

第五，因学校体制或轨制变动等因素造成一部分教学仪器长期废置不用时，应予调出，以发挥教学仪器的使用效益。

第六，各地（市）县仪器站应每年对所管辖学校仪器的使用情况调查一次。对长期不用的仪器，应在各兄弟学校之间给予有偿或无偿调剂，对调出仪器的学校给予表彰，并报上级主管部门备案。

第七，在调出仪器时，应由学校填写调出仪器申请书，并经主管仪器站领导批准。对于有偿调出的仪器，根据仪器的新旧程度，由仪器站划定价格，由调入学校支付费用，调出仪器的学校要做好账目处理。

第八，乡镇中、小学的仪器调剂工作由乡镇负责。

三、小学科学实验室使用管理制度

（一）实验室使用管理规则

第一，实验室是学校进行教学、科研的重要基地。学校要按有关规定指派有一定业务水平的专（兼）职人员负责实验室的日常工作，其他人员未经允许不得入内。

第二，实验室用于：(1)实验教学活动；(2)课外科技活动；(3)进行实验教学研究，培养教师和实验技术人员；(4)在不影响教学的前提下，面向社会，为当地教学和经济服务。不准将实验室挪作他用。

第三，做好实验课的管理工作：(1)学期初按实验教学计划总体安排全校的实验课程表，并分科分年级列出，贴在墙上；(2)分组实验于一周前登记；(3)演示实验于三天前登记；(4)以上三种文字资料按学期和年度装订成册存档。

第四，分组实验或课外科技活动结束时由教师按要求清点好仪器，布置好环境，由实验员验收，认为合格后方准离开实验室。遇有仪器损坏或丢失，要当场处理，不能拖延。

第五，做好档案资料管理工作。(1)实验室日志：记载各次实验、课外科技活动及其他与实验室有关的各项工作。(2)实验室技术档案：记载研制、代用、改进实验装置和自制教具情况，实验教学成果，科技活动的发明制作，新设计或探索性实验等方面情况。(3)各种仪器说明书要分类长期存档。(4)实验室(课)事故记录。(5)有关实验室工作的文件杂志及书籍。

第六，坚持勤俭节约的精神，节约水电、药品、材料，爱护仪器。

第七，严格执行有关实验室工作的各项规章制度，对违反者及时进行批评教育。实验员进实验室要穿工作服。

第八，保持实验室环境整洁，创造出良好的科学环境和气氛。实验室应有科学家画像、实验挂图、实验陈列橱窗，各学科实验室应体现本学科的特点。

(二)实验室安全防护制度

第一，要做到安全用电，实验室的电路安装要规范化，电线不能裸露。对电气设备要经常检查。使用时不能用湿手接触电器。

第二，学生在做实验时，将实验设备和电路按要求连接好，经教师检查无误后，方可进行实验，用电结束后应拔掉连接电源的插销。

第三，教育学生遵守纪律，认真做好实验预习，严格按规程操作，发现异常现象要立即向教师报告。

第四，实验室要有良好的通风排气设施和防护用品。进行有毒气体产生的实验时，尽可能密封化，能回收的要回收。化学实验要特别加强安全操作，切实做到防毒、防爆炸。

第五，实验室安全设施要齐全。按要求配备灭火、防盗设施。灭火器要定期检查，定期换药液。

第六，实验员每天离开实验室前，要认真检查门窗水电，一切无误后，方可离开。

第七，实验室里要设置急救药箱，以便初步处理临时发生的烧伤、烫伤、割伤等事故。

(三)学生实验守则

第一，做分组实验是学生理论联系实际的重要手段，对提高学生的观察能力、操作能力、分析和解决问题的能力有重要作用。因此，每个学生必须高度重视实验课，珍惜每一堂实验课。

第二，在实验前要做好预习，明确实验目的、要求、原理、步骤以及实验内容和注意事项。

第三，进实验室时要保持良好秩序，按实验小组顺序就座。实验时要遵守纪律，不准喧哗、打闹。

第四，实验开始前须认真听教师讲解有关实验问题，看清教师的示范。

第五，实验开始后须检查实验用品是否齐全，如发现短缺或损坏，应及时向教师报告。

第六，实验过程中，要严格遵循实验步骤，操作要规范，仪器的连接和安装要稳固，取用药品要适量，接通电源，点火加热，接触药品或动力时要注意安全。实验时如发现异常现象或仪器损坏等情况，立即停止实验并及时向教师报告，不得擅自处理。

第七，实验过程中要认真观察实验现象，仔细分析思考，实事求是地做实验记录。不经教师允许，不得做规定以外的实验。

第八，实验结束时要切断电源、水源、火源等，清洗容器，清理实验用品并摆放整齐，遇有损坏、丢失仪器时应及时报告。废液要倒入废液缸，其他废物扔入垃圾箱，严禁将废液倒入水槽，经教师检查允许后，方可离开实验室。

第九，要注意安全，节约水电及实验材料，爱护室内一切设施和用品，未经允许不得擅自动用。要保持实验室的清洁，不要乱扔碎纸和杂物，下课后轮流值日，打扫卫生。

第十，实验课后要及时写实验报告，对失败或漏做的实验要申请重(补)做。

第三节
小学科学实验室事故应急处理

一、实验室急救药箱的设置

每一个小学科学实验室里都应备有急救药箱，这样才能够保证在烧伤、烫伤、灼伤或溅伤等事故发生后进行紧急现场处理，减少对人员的伤害，起到保护实验者的人身和财产安全的重要作用。急救药箱内应配备下列药品和器械。

（一）药品

消毒剂：75％医用酒精、3％过氧化氢、碘酒。

创伤药：3％三氯化铁酒精溶液（用于止血）、消炎粉、止血粉、创可贴（碘酒与红药水不能同时使用）。

烫伤药：烫伤膏、甘油、凡士林。

化学灼伤药：3％碳酸钠或碳酸氢钠、2％乙酸、2％硼酸、稀氨水、1％硝酸银、3％硫酸铜、松节油等。

（二）器械

治疗用品：消毒药棉、消毒纱布、绷带、胶布、剪刀、镊子等。

应急用品：LED手电筒（含电池）、高频救生哨、急救毯、人工呼吸面罩、一次性医用橡胶检查手套、医用冰袋、医用退热贴等。

二、实验事故应急处理

（一）触电

若出现触电事故，应先切断电源或拔下电源插头；若来不及切断电源，可用绝缘物挑开电线，在未切断电源之前，切不可用手去拉触电者，也不可用金属或潮湿的东西挑电线。遇到人员触电，应及时实施救护。若触电者出现休克现象，要立即进行人工呼吸，并拨打120急救电话，送往医院进行抢救。

（二）火灾

发现火灾事故时，应根据具体情况采取必要而有效的措施。首先应先切断一切火源、电源，再根据燃烧物的性质，使之降温、隔绝空气或选择合适的灭火器灭火。人员衣服着火时，不要慌张，不可乱跑，可依据引燃物的性质，采用水、湿布、灭火毯等扑火；如火势较大，可将衣服脱掉或者在地上滚灭。

（三）烫烧伤

脱离热源，用冷清水冲洗20分钟至无疼痛感，轻轻擦干伤口，用纱布遮盖，保护伤口。不随便涂药，不挑开水泡。伤势严重时，应立即就医。

(四)酸、碱灼伤或溅伤

可先用大量清水冲洗。被酸烧伤时，可先用饱和碳酸氢钠溶液或稀氨水、肥皂水洗，再用清水冲洗，最后涂敷碳酸氢钠软膏；被碱烧伤时，可用1％～2％乙酸溶液或饱和硼酸溶液洗，然后用清水冲洗，可涂抹凡士林或烫伤药膏；眼睛被灼伤时，应使用实验室内安装的洗眼器，仔细冲洗，脸向一侧，伤眼向下，冲洗时张开眼睛，由内角往外角冲洗20分钟以上，包扎双眼，不可用手揉眼，并前往医院救治。

(五)割伤

如被玻璃管等玻璃仪器割伤时，不能用手抚摸伤处，伤口较小且无碎玻璃时，可敷止血消炎药并用纱布包扎或使用创可贴；如伤口内有碎玻璃，则小心取出后，再行上药、包扎处理；如伤口较大，就要用手或止血带压迫伤口进行止血，并迅速送往医院救治。

(六)中毒

吸入有毒气体，症状轻时，应马上打开窗户通风，并及时离开实验室，到室外空气新鲜处换气；毒物入口时，要迅速吐出；如已咽下毒物，则用手指伸进喉咙处催吐，也可服用催吐剂，严重时应及时送往医院就医。

本章小结

本章主要涉及小学科学实验室建设标准、小学科学实验室管理制度和小学科学实验室事故应急处理。

第一节主要介绍小学科学实验室类型、小学科学实验室配备标准、小学科学实验室建筑要求、小学科学实验室环境要求、小学科学实验室固定设施、小学科学实验室设备、小学科学实验室布置，对小学科学实验室的基本情况进行了详细说明；第二节对小学科学实验教师职责、小学科学仪器室管理制度、小学科学实验室使用管理制度进行了详细规定，明确了教师和学生在实验室内应该注意哪些事项；第三节主要讲解了实验室急救药箱的设置和实验事故应急处理，面对触电、火灾、烫烧伤、酸碱灼伤或溅伤、割伤、中毒这些情况时教师应如何处理，该小节对这些实验事故的处理方法进行了详细介绍。

关键术语

小学科学实验室建设标准；小学科学实验室管理制度；小学科学实验室事故应急处理

拓展阅读

1. 上海市长宁区少年科技指导站 . SEED 科学实验室[M]. 上海：上海科学技术文献出版社，2021.

该书由上海市长宁区少年科技指导站的教师组织编写，收集了教师在日常教学指导中常用的科学小实验近百个，以图文并茂的形式展示了各类小实验的实验过程，并强调了实验的注意事项，配有实验过程的文字描述和实验现象解析。本书适合小学高年级课外阅读，有助于提高学生对自然科学的认识，让学生通过动手实验的方式学习自然科学知识，在做中学，寓教于乐，更真实立体地学习和理解科学知识。

2. 和彦苓 . 实验室安全与管理[M]. 2 版 . 北京：人民卫生出版社，2015.

该书主要涉及实验室安全管理、实验室废弃物管理、实验室意外事故处理、实验室质量管理、实验室资源管理、实验室评价制度、实验室信息管理系统简介。本书对第一版原有章节进行了整合，加大了实验室生物安全和实验室废弃物管理等内容的篇幅，并将实验室安全管理和安全置于最前面的章节，突出了实验室安全知识的重要性。该教材内容较全面、系统，具有指导意义。

体验练习

1. 教师应该怎样建立健全小学科学实验室建设标准？

2. 小学科学实验室管理制度的建立应该注意什么？

3. 教师应该怎样尽力避免小学科学实验室安全事故的发生？一旦发生安全事故教师应该怎样做？

参考文献

[1]霍绍周．系统论[M]．北京：科学技术文献出版社，1988.

[2]梁慧姝，郑长龙．化学实验论[M]．南宁：广西教育出版社，1996.

[3]《自然辩证法讲义》编写组．自然辩证法讲义（初稿）[M]．北京：人民教育出版社，1979.

[4]吴浩．定性实验与定量实验的区别及应用[J]．中学生物学．2008，24(12).

[5]李文娟，王亚敏，周硕林．小学科学实验设计与指导[M]．南京：南京大学出版社，2023.

[6]赵骥民．小学科学实验设计与实施[M]．北京：高等教育出版社，2013.

[7]王强．小学科学实验教学论[M]．北京：人民教育出版社2015.

[8]王晨光．义务教育小学科学课程标准：科学概念・术语・实验[M]．北京：北京师范大学出版社，2019.

[9]高翔．小学科学实验教学说课与课例研究[M]．福州：福建教育出版社；海峡出版发行集团，2022.

[10]余翔，朱圣平．自然科学基础[M]．镇江：江苏大学出版社，2017.